"福建省'十三五'中小学名师名校长培养工程丛书"编委会

（福建教育学院培养基地）

丛书主编：郭春芳

副 主 编：赵崇铁　朱　敏

编 委 会：（按姓氏笔画排序）

　　　　　于文安　杨文新　范光基　林　藩　曾广林

名校长卷

主　　编：于文安

副 主 编：简占东

编　　委：陈　曦　林文瑞　林　宇

名师卷

主　　编：林　藩

副 主 编：范光基

编　　委：陈秀鸿　唐　熙　丛　敏　柳碧莲

福建省"十三五"
名校长丛书

点亮可能

——从薄弱走向优质

陈文斌　著

厦门大学出版社
XIAMEN UNIVERSITY PRESS

国家一级出版社
全国百佳图书出版单位

图书在版编目（CIP）数据

点亮可能——从薄弱走向优质 / 陈文斌著. -- 厦门：
厦门大学出版社，2023.2
（福建省"十三五"名校长丛书 / 郭春芳主编）
ISBN 978-7-5615-8613-6

Ⅰ．①点… Ⅱ．①陈… Ⅲ．①中小学教育－教育模式
－研究－厦门 Ⅳ．①G632.0

中国版本图书馆CIP数据核字(2022)第240664号

出 版 人　郑文礼
责任编辑　郑　丹
封面设计　蒋卓群
出版发行　**厦门大学出版社**
社　　址　厦门市软件园二期望海路 39 号
邮政编码　361008
总　　机　0592-2181111　0592-2181406(传真)
营销中心　0592-2184458　0592-2181365
网　　址　http://www.xmupress.com
邮　　箱　xmup@xmupress.com
印　　刷　厦门集大印刷有限公司

开本　720 mm×1 020 mm　1/16
印张　16.75
插页　2
字数　302 千字
版次　2023 年 2 月第 1 版
印次　2023 年 2 月第 1 次印刷
定价　58.00 元

厦门大学出版社　　　厦门大学出版社
微信二维码　　　　　微博二维码

◎ 总　序

　　"百年大计,教育为本;教育大计,教师为本。"教师队伍建设是教育质量提升的关键。2018 年,中共中央、国务院印发《关于全面深化新时代教师队伍建设改革的意见》,吹响了新时代教师队伍建设改革的集结号,提出教师队伍建设改革的目标是"到 2035 年,教师综合素质、专业化水平和创新能力大幅提升,培养造就数以百万计的骨干教师、数以十万计的卓越教师、数以万计的教育家型教师"。福建省委、省政府牢记习近平总书记"福建没有理由不把教育办好"的殷切嘱托,以高度责任感、使命感,坚持教育优先发展,始终将建设一支师德高尚、业务精湛、结构合理、充满活力的高素质专业化教师队伍作为基础工作,出台了一系列政策措施,激发广大教师投身教育综合改革的积极性、主动性、创造性。福建省教育厅为打造基础教育高层次领军人才队伍,实施"强师工程"核心项目——中小学名师名校长培养工程,旨在培养一批在省内外享有盛誉的名师名校长,促进我省教育高质量发展。

　　"十三五"期间,福建教育事业紧紧围绕"新时代新福建"发展战略,坚定不移走以提升质量为核心的内涵发展之路,着力推动规模、质量和效益的协调发展,努力让教育改革发展成果更多地惠及民生,让人民群众有更多的获得感。2017 年,省教育厅会同财政厅启动实施了"十三五"中小学名师名校长培养工程,在全省遴选培养 100 名名校(园)长、培训 1000 名名校(园)长后备人选、100 名教学名师和 1000 名学科教学带头人。通过全方位、多元化的综合培养,造就一批师德境界高远、政治立场坚定、理论素养深厚、教学能力突出(治校能力突出)、教学风格鲜明(办学业绩卓越)、教育视野宽阔、富有开拓创新精神、在省内外有较大影响力的名师名校长,为培育闽派教育家型校长和闽派名师奠定基础,带动和引领全省中小学教师队伍建设,为推进我省基础教育优质均衡发展、办好人民满意教育,为"再上新台阶、建设新福建"提供有力的人才保障。

为扎实推进福建省"十三五"中小学名师名校长培养工程,保障实现预期培养目标,福建教育学院作为本次名师名校长培养工程的主要承担单位,自接到任务起,就精心研制培养方案,系统建构培训课程,择优组建导师团队,不断创新培养方式,努力做好服务管理,积极探索符合名师名校长成长规律的培养路径,确保名师名校长培养培训任务高质量完成,助力全省名师名校长健康成长,努力将培养工程打造成全省乃至全国基础教育高端人才培养示范性项目。

在培养过程中,我们从国家战略需求、学校发展需求和教师岗位需求出发,积极探索实践以"五个突出"为培养导向,以"四双""五化"为培养模式的基础教育高端人才培养路径。其中"五个突出":一是突出培养总目标。准确把握目标定位,所有培养工作紧紧围绕打造教育家型名师名校长而努力。二是突出培养主题任务。2017年重点搞好"基础性研修",2018年重点突出"实践性研修",2019年重点突出"个性化研修",2020年重点抓好"辐射性研修"。三是突出凝练教学主张(办学思想)。引导培养对象对自身教学实践经验(办学治校实践)进行总结、提炼、升华,用先进科学理论加以审视、反思、解析,逐步凝练形成富含思想和实践价值、具有鲜明个性的教学主张(办学思想)。四是突出培养人选的影响力与显示度。组织参加高端学术活动,参与送培送教、定点帮扶服务活动,扩大名师名校长影响。五是突出研究成果生成。坚持研训一体,力促培养人选出好成果,出高水平的成果。

"四双":一是双基地培养。以福建教育学院为主基地,联合省外高校、知名教师研修机构开展联合培养、高端研修、观摩学习。二是双导师指导。按照理论联系实际原则,为每位培养人选配备学术和实践双导师。三是双渠道交流。参加省内外及境外高端学术交流活动,积极承办高水平的教学研讨活动,了解教育前沿情况,追踪改革发展趋势。四是双岗位示范。培养人选立足本校教学岗位,同时到培训实践基地见学实践、参加送培(教)活动。

"五化"：一是体系化培养。形成"需求分析—目标确定—方案设计—组织实施—效果评估"的培养链路,提高培养专业化、精细化、科学化水平。二是高端化培养。重视搭建高端研修平台,采取组织培养人选到全国名校跟岗学习、参加国内高层次学术会议和高峰论坛、承担省级师训干训教学任务等形式,引领推动名师名校长快速成长。三是主题化培养。每次集中研修,都做到主题鲜明、内容聚焦,坚持问题导向和结果导向,努力提升培养的针对性和实效性。四是课题化培养。组织培养对象人人开展高级别课题研究,以提升理性思维、学术素养和科研水平,实现从知识传授型向研究型、从经验型向专家型的转变。五是个性化培养。坚持把凝练教学主张(办学思想)作为个性化培养的核心抓手,引导培养人选提炼形成系统的、深刻的、清晰的教育教学"个人理论"。

　　通过三年来的艰苦努力,名师名校长培养工作取得了显著成效,积累了丰硕成果,达到了预期目标。名校长培养人选队伍立志有为、立德高远的教育胸襟进一步树立,办学理念、政策水平和管理能力进一步提升,立功存范、立论树典的实践引领能力进一步提高,努力实现名在信念坚定、名在思想引领、名在实践创新、名在社会担当。名师培养人选坚持德育为先、育人第一的教育思想进一步树立,教书育人责任感、使命感和团队精神进一步强化,教育理论素养进一步提升,先进教育理念进一步彰显,教育教学实践和创新能力进一步增强,独特教学风格和教学主张逐步形成,教育科研和教学实践均取得了丰硕成果。一是专项研究深。围绕教学主张或教学模式出版了 38 部专著。二是成果级别高。84 位名校长人选主持课题 130 项,其中国家级 6 项;发表 CN 论文 239 篇,其中核心 16 篇;53 位名师培养人选主持省厅级及以上课题 108 项,其中国家级 7 项;发表 CN 论文 261 篇,其中核心 81 篇。三是奖项层次高。3 位获 2018 年教育部基础教育国家级教学成果奖二等奖;15 人获得 2017 年、2018 年福建省基础教育教学成果奖,其中特等奖 3 位、一等奖 7 位、二等奖 5 位;1 位评上国家级"万人计划"教学名师;34 位培养人选评上正高级职称教师;13 位获"特级教师"称号;2 位获"福建省优秀教师"称号。四是辐射引领广。开设市级及以上公开课、示范课 203 节;开设市级及以上专题讲座 696 场;参加长汀帮扶等"送培下乡"活动 239 场次;指导培养青年骨干教师 442 人。

　　教育是心灵的沟通,灵魂的交融,思想的碰撞,人格的对话,名师名校长应该成为教育的思想者。在我省名师名校长培养对象即将完成培养期时,福建教育学院培养基地组织他们把自己的教学(办学)思想以著作的形式呈现给大家,并资助出版了"福建省'十三五'名校长丛书""福建省'十三五'名师丛书",目的就是要引领我省中小学教师进一步探究教育教学本质,引领我省中小学校长进一步探究办学治校的规律,使名师名校长培养对象成为新时代引领我省教师奋进的航标,成为办人民满意教育的先行者。结束,是下一阶段旅程的开始,希望我省名师名校长培养对象不忘立德树人初心,牢记为党育人、为国育才使命,积极投身新时代新福建建设,为福建教育高质量发展再建新功。是为序。

福建教育学院党委书记、教授、博士

郭春芳

2020 年 8 月

◎ 序

　　我与陈文斌校长结识于 2009 年,当时蔡塘学校开展"先学后教,反馈矫正"教学改革实验,邀我为其诊断指导。十多年来,我有幸见证了学校领导班子和广大师生自强不息、锐意进取、谦虚谨慎、力争上游的精神,见证了学校一步步地发展壮大的全过程。今天陈文斌校长的著作付梓,邀我作序,我欣然应允。

　　翻开我的工作日志,里面记录着我每次到蔡塘学校的见闻和思考。其中有一次,记录了蔡塘学校搬迁新校区之际我和陈文斌校长交流的内容:

　　"2014 年 9 月 12 日再次前往蔡塘学校,就学校发展的文化定位与陈文斌校长交换了意见。从这个学期开始,蔡塘学校的小学部已经迁往新校区,初中部计划明年搬迁。新校区规模很大,学生数和教师数都将成倍地增加,学校发展面临新的机遇和挑战。要在学校原有经验的基础上,从教育哲学和文化的高度对学校发展进行顶层设计,从而引领学校不断地创造新的业绩,形成特色和品牌,走向卓越。我给陈校长提的建议是构建'和融'的学校文化,它包括以下几个方面:一是小学与初中的和融,要从学生身心发展的规律和特点出发,以核心素养为导向,在教育目标与要求、课程体系与内容、教学方式与模式上构建一体化的有机衔接的九年一贯制学校,体现和发挥九年制学校的优势。学校首先要做的是提炼和确立自己的核心素养内涵和指标以及各学科的教学宗旨或学科宣言,以此作为灵魂贯穿九年,切实提升学生的素养。二是体制内教师和体制外教师的和融。蔡塘学校是教育体制改革试点学校,学校既有教育行政部门聘任的编内教师,又有学校自主聘任的编外教师。随着学校规模的扩大,这两种教师都有一定的数量,形成两个不同的群体。如何协调这两个群体教师的利益、地位、情感,使之真正成为一个教师共同体,就成了教师管理的头等大事。

学校要不遗余力地打造有归属感的文化,营造一种用工作业绩说话而不是用身份说话的文化氛围,要协调教师彼此的利益,让大家对学校都有归属感。三是本地学生与外地学生的和融。学校本来就以招收外来务工人员子女为主,规模扩展后,外来务工人员子女大量增加,本地生源相对越来越少,今年小学一年级招收六个班,本地生源就一个班。本地居民要求独立编班,家长的心态可以理解,但是这显然是不符合我们的教育宗旨的。对此,学校要做规划和安排,让这两拨学生不断地加强互动和交流,学会彼此包容和欣赏,构建学习、生活、活动和情感的共同体,真正融为一体。四是国家课程和校本课程的和融。蔡塘学校从创校之始,就特别注重开发校本课程,特别是在国学和艺术方面进行了有益的探索,积累了一些经验。学校规模扩大后,校本课程开发将会有更大的空间和舞台,学校要做整体的规划,在特色和系列化上做足文章,为学生提供丰富的精神食粮。"

如何将一所薄弱学校快速发展成为优质学校,让外来务工人员子女也能接受良好的义务教育?这是实现义务教育优质均衡发展亟须破解的难题。厦门市蔡塘学校的改革创新为我们提供了一个典型案例,学校在陈文斌校长的率领下从薄弱校一跃成为优质品牌校,办学水平上了一个新台阶,成为"老百姓家门口的好学校"。

一所好学校,离不开一位好校长。正如苏霍姆林斯基所说:"校长对学校工作的领导,首先是教育思想的领导。"一所成功的学校,一定要有前瞻性的教育思想和管理理念,而这个思想和理念需要校长来引领。陈文斌校长谦虚谨慎,勤奋务实,敢为人先,是一个有教育情怀的思想者。在他的著作中,我们可以清晰地看到他的理想和思考,激情与执着。他俯身于细微的教育实践,又心怀教育的大视野。他努力寻找真实的教育,在他的教育视野里,"求真知,做真人"大抵是一个需要坚守的底线,他实实在在地为每一个在其学校就读的孩子服务,努力创造适合学生自我可持续发展的教育。

陈文斌是一位充满诗意的校长。这个诗意,是一种温暖的情怀:俯下身子服务教育,以一个"侍者"的姿态面对学校的学生、老师。而文字也是他的诗意、他服务教育的脚印。他在繁忙的教育工作中,用文字安放自己的思索,安放对教育和未来的期待。

"点亮"是陈文斌校长著作的关键词,关爱每一个学生,用爱去点亮每一个希望的灯火,让孩子们找到前行的方向,照亮他们的前程,这正是他和学校教师团队毅然前行的动力。

这本书,心存教育理想的老师可以读。在这里,相信你会遇到志同道合者,会看到你憧憬的教育生态的模样,教育梦可能会因此变得更加清晰明亮。不论是刚刚走上教坛的年轻教师,还是有丰富实践经验的骨干老师,不管你是踌躇满志还是受困于职业倦怠,你都可以从年轻的蔡塘学校创业团队那里感受不断学习的魅力,并从中领悟职业发展之道。

　　这本书,不甘于现状的校长可以读。书中的故事会让你再次感慨"教育无止境"。当你将目光从大的概念、统计数据、宣传噱头转向一个一个具体师生,你看到的将是教育的海洋。蔡塘学校改革与发展的历程一定会给你启迪,让你思考怎样通过学习和行动让自己和学校变得更好。

　　对创办学校的复杂与艰辛,对课堂变革的勇气与智慧,对教育的光荣与梦想,陈文斌校长做出了生动的记录,但愿这些温润的文字能像投入池中的石子,在每一个读者的内心泛起一阵阵涟漪,也期待他的思考可以得到更多人的呼应和回响。

余文森

2022 年 11 月

◎ 前　言

　　如果说蔡塘学校的办学是成功的，那么成功的密码在哪里？这些年，我反复在思考。

　　一所外来务工人员随迁子女学校，薄弱的学情基础，局促的办学条件，人们很难把它与优质的教育和深入的教改联系起来。但是，厦门市蔡塘学校就是在这样的条件下，凭着一群年轻人的教育热情和对理想的追求，凭着坚韧和隐忍，十余年来，执着地行走在教育改革的路上。从人的发展着眼，从细微处着手，以新课改的理论为指导，扎实地开展教育教学改革探究，经过15年的努力，学校从无到有、从小到大、从普通到优质，实现了华丽的转身，形成了独具特色、生动活泼的教育生态。

　　2005年夏，在厦门经济特区的发祥地——湖里，政府决定组建一所新型学校，在这所学校里进行多项办学新举措的尝试：一是学制改革，实行九年一贯学制。在那个时期，九年制学校并不多见，厦门行政区域内还没有，湖里区这一举措是在厦门教育的空白区先行先试。二是开展进城务工农民工子女教育的研究。当年国家有关外来务工人员子女入学"两为主"的政策刚出台不久，湖里区是外来务工人员的主要聚集区，"两为主"政策的落地还需要一个尝试与摸索的过程。三是尝试改革学校用人机制。为了改变传统公办学校人事制度中存在的一些弊端，激活学校办学活力，政府尝试给予学校一定的用人自主权，教师队伍的主体由学校向社会自主招聘，实行"合同聘用，财政供养"的灵活用人制度。

　　至2020年，蔡塘学校已经成立15年了，大体分为两个阶段：2005年至2014年期间，蜗居于一个不足18亩地的村办小学校址，在"三个一"中开始办学，条件简陋得无法把它与特区联系起来。初期专门招收符合入学条件的进城务工农民工子女，教师队伍以刚刚毕业的大学生为主体。办学开始的阶段,在优质学校林立的厦门教育界,蔡塘学校可能连一只丑小鸭都不敢自比,我们经历了被人忽视的起步阶段;经历了因经费拮据,用着别的学校淘汰下来援助的仪器设备的苦日子;经历过办学有了起色,形成了一定特色后,却仍得不到社会认同的困境。许多教育同行都认为蔡塘学校是一个"另类"。

尽管先天不足,但我们的团队把薄弱的办学基础看成是机遇和挑战,正因为学校没有历史的积淀,也就没有历史的包袱,我们找到了学校精准定位、全面规划、制定发展蓝图的契机。针对校情实际,学校先后确立了"向管理要质量,向常规要效益"的管理策略,"以优质为目标,以教改促发展"的发展策略,蔡塘人十几年埋头耕耘,砥砺前行,取得了优质的教育成效,不论是教学质量,还是学生综合素质的发展,都让同行们惊讶。薄弱的办学基础与优异的办学成效形成了巨大的反差,蔡塘学校打破了办学条件和生源基础限制办学质量的魔咒。

2014年,学校发展迎来了新契机,搬入了80亩的新校园,办学规模迅速扩大,由26个班增至86个教学班,学生4300余人。然而,学校也迅速陷入了由扩校带来的洼地效应。

那些年,办学规模每年都在扩张,每个学年新增1000余名学生,增加60余名新教师,几乎等于每个学年建一所中等规模的学校。扩校后的生源基础更差了,迅速翻倍的教师队伍中"新手"更多了。巨大的体量使学校管理的难度增大,仿佛是一坛已经酿熟的甘醇美酒被瞬间稀释了5倍,我们所面临的困难是可想而知的。

那些年,带领学校真是一件苦差事。面对新形势,我们又一次坐下来思考学校的办学策略,通过诊断与分析,确立了"开发课程平台,创办新优教育"的提升策略。大概用了四年时间,通过艰难的自我整合,坚持课堂教学改革,坚持发展学生能力,坚持教师共同体发展,我们逐渐走出了洼地,教育教学质量又回到了优质状态。

2016年3月16日,日本教育家佐藤学先生到蔡塘学校讲学考察,观摩教学,他说了一句鼓舞我们的话,他说:"我在亚洲走过两千多所学校,在厦门市蔡塘学校看到的学生课堂学习状态与我提倡的学习共同体最为接近,我想把日本的教师带来这里学习。"2017年,《人民教育》以《蔡塘传奇:一所随迁子女学校的崛起》(同期《福建教育》刊登)和《实现学生增值的优质教育》两篇长文报道学校,学校的影响力日益扩大。

时光荏苒,至2020年蔡塘学校办学已经15年了,15年时间里我们始终是在行动中研究,在研究中突破,在突破中超越。15 年来,有创建时的艰辛,有起伏中的挣扎,有不被接受和不被理解时的迷茫和失落,也有不断取得成果后的兴奋和喜悦。很庆幸,这一路走来,得到了不少专家、名师的指导与帮助;很庆幸,在自己几乎陷入困顿的时候,想要放弃的时候,得到许多人对蔡塘学校的关心与支持、鼓励和帮助;很庆幸,这些年遇到的家长绝大多数对学校的工作都是高度理解与支持,所有的孩子都是那么质朴、懂得感恩和积极上进;很庆幸,这些年有这样一群年轻的伙伴同行,虽然他们稚嫩,但他们奋发向上;也很庆幸,在我遇到职业迷茫的时候,能有机会多次参与各级校长培训和学习,为我释疑解惑,助力我的成长。本书记录的是蔡塘学校一路走来的各种成长——教师的成长,学生的成长,我自己的成长,是在成长中的探索总结和思考展望,以及一种痛并快乐着的回忆。

陈文斌

2020 年 12 月

目　录

CONTENTS

第一篇　"三个一"中蹒跚起步 ……………………………………………… 1

1/仓促中建校 ……………………………………………………………… 1

2/艰难中起步 ……………………………………………………………… 3

3/另类的存在 ……………………………………………………………… 4

4/别样的学生 ……………………………………………………………… 5

5/不同的家长和家庭教育环境 …………………………………………… 10

6/特别的队伍,特别的问题 ……………………………………………… 13

第二篇　创新,点亮学校发展的可能 ……………………………………… 16

1/"经营"这样一所学校真的很迷茫 …………………………………… 16

2/含辛茹苦的家长,期望些什么 ………………………………………… 17

3/回不了原乡的孩子,未来在哪里 ……………………………………… 20

4/外来娃带来的惊喜,发现了优秀的可能 ……………………………… 21

5/外来娃需要一座"融合桥" ……………………………………………… 24

6/"丈量"自己的痛,点燃发展的希望 …………………………………… 26

7/摆脱困境,那把钥匙是什么 …………………………………………… 29

8/"驿动的心",我该怎么呵护你 ………………………………………… 31

9/改革创新,点亮学校优质发展的可能 ………………………………… 34

第三篇　寻找学校教育的出发点 ………………………………………… 36

1/一个家庭的期望:共同成长进步 ……………………………………… 36

2/ 一个学生的愿望:我想有个家 ……………………………… 38

3/一个老师的愿望:与学校发展共赢 ……………………… 41

4/ 一个"行为偏差生"的善举:做最好的自己 …………… 43

5/一个记者的"解码":习惯比成绩重要 ………………… 46

6/ 一本"家书"的启示:拒绝野蛮生长 …………………… 49

7/一个团队的探索:共同愿景的力量 …………………… 52

8/发现教育,点亮外来娃发展的可能 …………………… 54

9/教育慢生活,给学生自然成长的空间 ………………… 56

第四篇 我的办学主张——立本至善 ……………………… 60

第一部分　办学主张的形成 ………………………………… 60

1/在教育实践中的思考 ………………………………………… 61

2/我的教育生涯和我的教育认知 …………………………… 63

3/办学主张的形成 ……………………………………………… 64

第二部分　"立本至善"的内涵和释义 …………………… 65

1/立德为本 ……………………………………………………… 65

2/ 学以至善 ……………………………………………………… 66

3/"立德为本"与"学以至善"的内在关系 ………………… 68

第三部分　"立本至善"办学主张的理论依据 ………… 69

1/以公民教育为基础 …………………………………………… 69

2/以立德树人为核心思想 …………………………………… 70

3/根植于民族的教育智慧 …………………………………… 71

4/借鉴西方的道德教育哲学 ………………………………… 73

第四部分　"立本至善"办学主张的实践探索 ………… 74

1/文化立本,以文化人树核心价值 ………………………… 74

2/实践立本,以德为先育优秀品行 ………………………… 75

3/课程立本,多元平台促个性发展 ………………………… 78

4/课堂立本,深度教改促教学相长 ………………………… 79

第五篇　德育不是说教与管理 …………………………… 83

1/"中小学生学道理,大学生学习惯"该休矣 …………… 84

2/我们需要怎样的德育 ……………………………………… 86

3/德育不是说教 ………………………………………………… 88

4/德育不仅仅是管理 ·· 90

5/德育不是口号 ·· 92

6/德育不是花样 ·· 94

7/也说"尊重天性" ·· 95

8/放手不是放任 ·· 97

9/为了明天,孩子,今天你得学会"规矩" ······························ 100

10/为了明天,家长,你得学会尊重教育 ································ 102

11/为了明天,老师,今天你得学会坚守 ································ 104

12/做真人,虽不能至,然心向往之 ···································· 106

第六篇　课堂应该是学堂 ·· 109

　第一部分　把课堂还给学生 ·· 109

　　1/学生为何不爱上课 ·· 109

　　2/课堂为何而教 ·· 112

　　3/把课堂还给学生 ·· 114

　第二部分　点亮学习的火把 ·· 117

　　1/学习的动机在哪里 ·· 117

　　2/努力让学生主动起来 ·· 121

　　3/让每个学生都有自信 ·· 123

　　4/找准学生"最近发展区" ·· 126

　　5/点亮学生参与课堂的动机 ······································ 129

第七篇　把课堂改造为学堂 ·· 132

　第一部分　建构"教学案"课堂模式,转变教与学的传统形态 ············ 133

　　1/"支架"——教学案的提出 ·· 133

　　2/编制教学案的理论基础 ·· 134

　　3/教学案的界定 ·· 136

　　4/教学案的基本环节 ·· 138

　　5/编写教学案的基本模块 ·· 140

　第二部分　以"互助小组"为平台,建立学习型伙伴关系 ················ 143

　　1/互助小组的构建与管理 ·· 144

　　2/小组的评价机制 ·· 147

　　3/互助小组管理的实施策略 ······································ 149

第三部分　开展学习型展示的研究,突破低效展示的困境 ············· 152
　　1/课堂展示中存在的低效现象 ·············· 152
　　2/学习型展示的内涵与特征 ·············· 154
　　3/学习型展示的组织与实施 ·············· 156
　　4/对合作学习的几个看法 ·············· 159

第四部分　构建学习型课堂,培养学生关键能力 ·············· 161
　　1/关键能力与教学策略 ·············· 161
　　2/学习型课堂的内涵与特征 ·············· 162
　　3/学习型课堂的实施策略 ·············· 164

第八篇　教师应该是学师 ·············· 169
　　1/老师,这个职业想说爱你不容易 ·············· 169
　　2/我们应该做一个什么样的老师 ·············· 171
　　3/我们应该承认,我们离"师"还很远 ·············· 174
　　4/学着让自己有"师者"的心态 ·············· 177
　　5/学着让自己有"为师"的行为 ·············· 180
　　6/学会"蹲下来与学生对话" ·············· 183
　　7/学会低头务实的同时,要心怀"诗和远方" ·············· 186
　　8/学会承认孩子在某些方面不比我们差 ·············· 188
　　9/学着做一盏点亮学生的灯 ·············· 190

第九篇　制度即管理——学校文化之基 ·············· 193
　第一部分　管理不应该忌讳制度 ·············· 193
　　1/教师工作真的就那么特殊吗? ·············· 194
　　2/没有制度支持的人本管理是虚弱的 ·············· 196
　　3/学校"以人为本"管理的几个误区 ·············· 198
　　4/走出"以人为本"管理误区的几个对策 ·············· 201
　第二部分　法德相依,构筑学校和谐管理 ·············· 205
　　1/科学制度是有序管理的奠基石 ·············· 206
　　2/人文管理是学校发展的推动力 ·············· 207
　　3/法德相依是和谐校园管理之本 ·············· 209
　第三部分　精细管理点亮学校品质发展 ·············· 211
　　1/着力于教学常规落实,致力于教师的职业规范 ·············· 212

2/着力于教学过程优化,致力于课堂的生态建构 ············· 213

3/着力于微型课题研究,致力于教师的专业成长 213

4/着力于校园细致管理,致力于环境的育人作用 ············· 216

5/着力于顶层系统设计,致力于目标的导向功能 ············· 217

6/建立诊断与反馈机制,致力于坚持与落实 ················· 219

7/着眼于团队情感管理,致力于工作激情的唤醒 ············· 220

8/精细化管理的几个误区 ······························· 222

第十篇　精神即积淀,学校文化之魂 ························· 224

第一部分　筚路蓝缕,积淀出"蔡塘精神" ················· 224

1/"百分之五十的可能"压出来的韧劲 ··················· 224

2/窘迫的条件挤出来的闯劲 ·························· 226

3/垫底的生源逼出来的拼劲 ·························· 228

4/"实现增值的教育"奠定了自信 ····················· 231

5/"草根的群体"注定更接地气 ······················ 233

第二部分　对学校文化建设的思辨 ····················· 234

1/厘清学校文化与校园文化的从属关系 ················· 235

2/理解学校文化内在结构的层次关系 ··················· 236

3/把握学校文化建设中的主要关系 ··················· 240

后　记　教育需要坚守 ································· 245

第一篇

"三个一"中蹒跚起步

1/仓促中建校

"用一个月时间把这所学校组建起来并开学。"2005年7月底,组织突然找我谈话,任命我为一所即将组建的新式学校校长,这是当时领导交给我的任务。对这所还没有名称的学校,除了"九年一贯制"之外,校址在哪、规模多大、师生情况等,我一无所知,这个任命于我而言太意外了,一切来得太突然。

此前几个月,区里的有关领导考察了国内外一些发达地区的基础教育,注意到新兴的九年一贯制学校呈现出独特的优势,而当时在厦门还没有这类型的公办学校,遂决定率先在湖里区尝试办一所这样的学校。由于考察时间并不长,对九年制学校的办学特点、管理要求、学校定位等各方面了解并不充分,且筹备时间太短,许多问题还没来得及进行充分的论证,决策时还有些不同意见。但时不我待,区里做出决定,从小规模开始先行先试,后续视情况调整办学规模。同时,为稳妥起见,政府决定在一所生源已经枯竭而面临拆撤的村级小学校址中开办这所承担特殊使命的学校。从决策到计划开学的时间仅余不足两个月,蔡塘学校就在仓促之间诞生于特区的一个犄角旮旯之地。

正式移交蔡塘小学校址定在2005年8月1日,这一天,也算是蔡塘学校成立的开始。在8月1日这个特别的日子里,蔡塘学校开始了一段艰难而富有特色的办学历程。

从8月1日成立到9月1日开学，仅有一个月的时间，这在常规情况下，几乎是不可能完成的任务。没有现成的案例可以借鉴，没有外在的资源可以借助，我不知道当初哪来的勇气接下了这个担子。当我一个人面对小学校园开始筹建学校时，心中难免有一丝悲凉，破败而局促的校园怎么能承载起九年制学校的办学需要呢？而且单枪匹马的我还要面对自己经验不足、知识储备不够的问题，在此之前，我对九年制的学校没有任何概念，小学教育根本就不在我的教育认知范畴里，一切都从零开始，这注定是一条艰难无比的办学之路。

因为只有一个月的时间，只有我一个人，没有时间整理心情，甚至没有来得及思考，从走进校门的那天开始，各种工作迎面压来，我只有埋头去做了。

为了避免不必要的猜测和误会，稳步推进蔡塘小学的关停并转工作，蔡塘学校开办工作不宣传，不见媒体。白天我在学校忙活着筹备工作，晚上带着帮手到附近社区的广告墙上张贴招生通告，一场静悄悄的学校变革开始了。

第一个星期，分流原蔡塘小学的编制教师和为数不多的学生，同期发布教师招聘信息；接着一个星期招聘教师；第三个星期忙着收集其他中学淘出来的教学设备；8月最后一个星期招收学生。一个月的时间，我居然完成了这看上去不可能完成的任务。9月1日，蔡塘学校如期开学了，举行了第一次升旗仪式，438名学生和31名老师，其中勉强凑到了72名初一新生。没有庆祝，没有宣传，没有仪式，没有条件，甚至没有经费，在懵懵懂懂和跌跌撞撞中，厦门第一所公办九年一贯制学校揭牌了。

蔡塘学校的建校过程是我所知的新建学校中最为仓促的。同时，蔡塘学校也是最能体现特区政府办学决心和改革魄力的学校。成立这所学校的决定无疑富有改革创新精神，但前期没有经过充分的可行性论证，没有方向性的指导，没有酝酿和筹备的过程，一切都还没有开始准备就开张了，现在想来，难免有些草率和过急之嫌。如何办好这样一所学校，是我这十几年校长生涯无时无刻不萦绕在心中的问题，也是促使我不断地对教育进行由浅及深的思考与探索的动力。

2/艰难中起步

蔡塘学校起步的艰难远远超出了我的想象。

当我怀着忐忑和激动交织的心情走进蔡塘小学时,眼前的景象让我无法相信这个校园能承办九年制学校。

蔡塘小学原为蔡塘村办小学,由20世纪60年代的一个办学点发展而来,占地面积不足18亩,有一栋不足2000平方米的教学楼,18间小学教室,没有专用教室,没有实验室,另有一栋不到500平方米的临时建筑,作为储存间和老师午休宿舍。蔡塘村是厦门市改革开放后崛起的郊区亿元村,随着特区的快速发展,20世纪90年代后期蔡塘村改为社区居委会,蔡塘小学与蔡塘社区隶属关系脱钩,划归湖里区教育局管理。由于当地居民经济条件较好,子女大多数送往市区学校就读,从20世纪90年代末开始,蔡塘小学生源萎缩,已经列入拆并之列,政府已经多年没有投入经费进行建设。因此,2005年接收学校的时候,校园校舍一副破败景象,运动场是200米煤渣跑道,中间的足球场杂草过膝,仅有的一个篮球场水泥地面已经开始沙化,球场上矗立着几座锈迹斑斑的篮球架。财产移交仅有几百套木质的旧课桌椅,以及三台该报废的电脑。这个学校没有一件与现代教学相关的设施设备,没有办公电脑,没有多媒体,每间教室里仅有的电器是一台电视机,据说是以前社会爱心人士捐赠的,被蔡塘小学的师生用防尘罩精心地保护着。

尽管我对校园有硬件方面的奢望,但如此"破落"的家底完全超出我的心理预期。当年城区片中小学已经进入网络办公、多媒体教学的时代,这个学校的硬件基本是停留在20世纪80年代,可谓是"一穷二白",以这样的条件办一所小学尚且不能满足需要,更何况用来办九年一贯制学校呢。

更难以理解的是,当年组建蔡塘九年制学校时,政府没有安排开办预算,没有经费添置初中所需的桌椅及最基本的实验仪器设备。所幸附近的一所中学伸出了援手,援助了100套初中课桌椅和一批生物仪器设备,还派出了地理、生物、思品、历史等学科的教师来支援,解了燃眉之急。在这所学校的帮助下,总算有设备了,生物课可以上了。我们就是在"一本书,一支笔,再加一张嘴"的条件下开始了蔡塘的办学征程。

苦日子持续了多年,其间每年改善办学硬件的专项经费申请总是因为蔡塘学校办学的不确定性而未获通过。那些年,我们真可谓是勒紧腰带过日子,节约每一分办公经费,我们甚至强制规定每一张纸必须双面使用,为的就是省下每一分钱用于改善条件,能给老师添置一些教具,配上教学仪器,给学生多买一些图书。我个人甚至拒绝了一次去北京学习考察的机会,因为当时我认为,用那笔差旅费给一间教室配上简易多媒体设备比我个人的学习提高更为急迫。

在拼拼凑凑中过了三四年,养成了我们集体勤俭节约的习惯,有时甚至到了"吝啬"的程度。节约每一张纸,节约每一度电,爱惜每一件教具,都成了群体潜意识的行为。在日积月累的"吝啬"中,学校的硬件逐渐得到改善,教室有了简易多媒体,学科终于有了必要的教具、挂图,有了临时搭盖的多用途理科实验室,有了最基本的仪器配置,教师终于有了办公电脑。经过十年的发展,我们在简陋的条件下取得了优质的成效,被誉为"蔡塘奇迹",颠覆了"办学条件限制办学质量"的固有观念。在条件艰苦的时候,"贫穷并没有限制我们的想象力",这使我们明白了,外在的硬件条件不是决定办学质量的主要因素。人的内心丰满,充满着教育的热情和理想,有着对教育的憧憬,才是最为重要的办学条件。

多年以后,建校的伙伴回忆起那段艰难的日子,不胜感叹之余,总是感慨那段日子,虽然带给我们辛劳和磨砺,也教会了我们在艰难中坚持,在困难中创造。

3/另类的存在

从来没有一所学校,外界对它的认知是如此的多面。蔡塘学校是在特定的条件下成立的,建校的初衷是为了探索办学新模式,解决教育新问题。然而,前期的仓促建校,未经论证的办学模式,并不统一的办学意见,没有跟进的配套制度,使蔡塘学校从一开始就处于一种尴尬的境地。

九年一贯制学校、农民工子女专门学校、合同制教师队伍,各种"另类"特征聚集在一起,在当年的办学环境中,这样的学校是绝无仅有的,使人们对蔡塘学校处于一种雾里看花的视角,在同行的眼里,这是一所"四不像"学校:不像公办校,不像民办校,不像中学,不像小学。

这是一所被"放养"的学校。由于上级对是否办蔡塘学校的意见不统一,学校的发展遇到了别人没有的困难,不论是主管部门,还是业务管理部门,对这些学校的管理与指导都还处于探索阶段,早期的蔡塘就是处于被"放养"的状态。

这是一所"被私立"的学校。就学校的所有制而言,这是一所纯粹的公办学校。但在用人机制方面进行改革尝试,很多教师是由学校自主招聘的合同制员工,类似于"事业单位企业管理",这在所有的公办学校中是没有先例的。由于宣传不足,很长时间外界都认为蔡塘学校是一所民办学校。

这是一所"被透明"的学校。由于是在特定的条件下起步,又是教育改革的试水,上级领导并没有充分的把握,所以,也不想把工作做得过于张扬,要求学校低调而稳妥推进改革,不要引发社会面不必要的舆论纷争。办学前五年,每个年级仅有两个班级,全校学生不超过 700 人,初中首届毕业生不足百人。局促的校园、简陋的条件、过小的体量,在厦门教育界,蔡塘学校几乎袖珍到了可以忽略不计的程度。

蔡塘学校办学前期取得了优异的办学成效,但我们没有收获掌声,更没有收获喝彩。如果不是保持着对教育的热爱和怀着对外来务工人员子女的疼惜,我们无法坚持下来。

4/别样的学生

"这所学校专门招收进城务工农民工子女",这是政府赋予蔡塘学校的又一个特殊使命。

湖里区是厦门经济特区的发祥地,户籍人口与流动人口倒挂,是随迁子女在厦主要聚居区,这些孩子受教育的问题始终是家长们的心头之虑,也困扰着当地政府。2003 年 9 月,国家六部委联合颁布了《关于进一步做好进城务工就业农民工子女义务教育工作的意见》,首次提出了进城务工农民工子女就学"两为主"的政策,湖里区委区政府积极响应,策划成立一所专门学校,尝试建立农民工子女在厦接受教育的工作机制,探索外来务工人员子女适应城市生活的教育方式并积累经验。新成立的蔡塘学校承担起了这个使命，成为厦门第一所公办农民工子女专门学校。从建校初期学生全部为农民工子女，发展至4300多名学生的大规模学校，仍有90%以上的孩子为外来务工人员随迁子女，始终保持着"外来娃"为主体的特征，这种生源状况与其他中小学相比有着显著的不同点。

外来人员及其随迁子女，在城市人看来，他们是外乡人。而在故乡人看来，他们又是进城生活的人。他们是这个特定的时代游走在城市与原乡之间的特定人群，外来随迁子女也就成了一批批"流动的花朵"。不论是前期的进城务工农民工子女，还是现在的外来务工人员随迁子女，乃至"外来人员"随着城市化进程而落户城市，转型为"新市民"的子女，本质上都是流动学生，是城市教育中一群特殊的学生，这类学生有其独特的一面。

他们是一个来源和结构复杂多元的群体

早期的流动学生以农民工子女居多，来源地复杂。这些孩子多数出生在农村，学前阶段大多在老家随祖辈生活，成为留守儿童。到了六七岁甚至更大的年龄进城与父母团聚。这时期的外来工子女往往带有浓厚的乡村气息，他们总体上表现出勤劳质朴、做事刻苦、成熟懂事、生活自理能力强。同时，这些孩子远离原来熟悉的生活环境，远离小时候的玩伴，也普遍表现出不适应城市生活的一面。由于在语言、家庭教育、生活习惯等各方面与本地的孩子不同，大多数生活在城乡接合部或城中村，农民工子女往往自成一个小生活圈，与城市生活存在较大的隔阂。

随着城市化的发展加速，新一代的外来务工人员随迁子女群体的特征又有一些明显的变化。2000年后的随迁子女多数出生在城市里，成长在城市里，这些孩子名义上是外来务工人员随迁子女，但他们已经没有故乡的观念，有明显的城市化行为特点。但与城市居民相比，这群孩子的生活环境、家庭经济条件及所拥有的家庭教育资源，仍有着明显的差距。

他们是一群"无根的城市边缘孩子"

对于随迁子女而言，"我是哪里人"是一个矛盾的问题，一方面很难回故乡生活学习，另一方面与栖息的城市却总是隔了一层，无法融入。

江同学从小在厦门长大，老家就在不远的漳州，但他很少回老家。他的家人及不少亲戚都在厦门,平时大家习惯用家乡话交流。不过,他至今不会说家乡话。家人曾试图专门教他,无奈他不买账,只肯用普通话作答,家人只好作罢。显然,对他而言,老家虽然近在咫尺,却很陌生。

"少小离家老大回,乡音无改鬓毛衰。儿童相见不相识,笑问客从何处来。"唐代诗人贺知章离乡五十多载,告老还乡后有无限感慨。而现代人,在城市化进程中,有可能离家一年,家乡面貌就已发生巨变。当许多在城市学习生活的孩子利用寒暑假返回老家时,他们发现心中的老家已经渐渐远去,孩童时代的玩伴已经与他们有显著的不同,生活习惯、知识视野已经存在明显的差异。许多外来工孩子都说,每年都盼着回老家过年,可是回去后又觉得没意思,老家变得很陌生,年未过完就想提前回城市。而一些生在城市长在城市的二代外来工孩子,他们连家乡话都不会说了,回老家只是跟随父母进行一次长辈的礼节返乡而已。在所谓的老家,他们没有朋友,亲戚只是名义上的关系,甚至对祖辈也感到陌生,没有上一代人浓浓的亲情,老家对他们而言就是一个特殊的符号而已。

然而,他们在城市又属于游离者。这个城市对孩子来说,可以触摸得到,可以感受得到,却无法放心地拥有。他们渴望城市生活,却又存在明显的经济落差。进入学校后,他们有较好的自强自立意识,但自卑的性格倾向也比较明显,生活和学习习惯都有待加强。调查显示,在学习方面,由于原籍地幼儿教育缺失,原籍学校英语学习起步晚,对现行教材和学习进度不太适应等因素,不少随迁子女学习基础较薄弱。在融入城市学校学习生活的过程中,绝大多数随迁子女与老师关系良好,他们能与班级同学融洽相处,但由于与城市学生在诸多方面差异明显,"同伴接纳感"不高,不少学生表示,自己的好朋友限于随迁子女或老乡,对于自己是否受城市同伴的欢迎心存疑虑。共同的处境又使这部分学生感觉彼此同病相怜,在随迁子女内部自成"一帮",成为游离群体。

这群孩子,离开了老家,没有形成本土意识,同时又很难融入新的环境中。一边脱离,一边又融不进去,就变成了"无根的人",这会形成巨大的价值危机、生存危机,使他们成为两边都不靠的"边缘人"。

他们是一群"迷茫的孩子"

随迁子女进入城市与父母团聚,减少了"留守儿童"隔代抚养带来的问题,但由于在城市打拼的父母忙于生计,无暇顾及孩子,在家庭教育方面存在价值引导缺失的现象,孩子们始终被"我为什么而来?我要去哪里?"所困扰。

一方面老家渐渐生疏,另一方面城市未能融入。让人忧虑的是,这群孩子多数不明确自己将来的愿景。对自己的身份模糊直接带来了对自己的定位模糊,缺乏归属感,他们介于城市和农村两个群体之间,长期在失落和憧憬间徘徊,自我期望值低,发展定位低。

与学生们的交流中发现,大多数随迁子女对未来很迷茫,问及将来想做什么,如何实现目标,大部分随迁子女都会犹豫,一脸茫然,多数人都沉默或直接回答不知道。不想回老家也不知道自己的未来应该怎么过,缺乏改变生活现状、改变自己和家庭命运的决心,因而多数学生缺乏积极学习的内在动机。

与早期的外来务工人员子女相比,现在的外来人员随迁子女对知识改变命运没有那么强的执念。他们的父母经过多年打拼,经济条件比以前好了,孩子在物质上存在一定的攀比心理,衣食无忧之后,也开始沉迷于物质享受、网络游戏等。此外,不少父母忙于生计,且囿于自身的教育认知,缺乏对孩子人生发展的高位引领。有些家长对孩子的学历要求不高,认为初中毕业不读书了也没关系,开店、卖烧烤同样可以赚钱。

父母的眼界、观念会对孩子造成潜移默化的影响,不少随迁子女的生活目标很现实,看到城市发达的经济、城市学生相对较好的生活学习条件,他们很想改变自己的物质生活,于是不少学生错误地选择辍学打工。13岁的杨同学老家在江西,学业水平不好的他在初三年辍学了,他告诉老师,想早点出来赚钱。他的梦想是开一家工厂,专门处理废品,进行废物循环利用,这一想法源自课堂上老师传授的环保知识。"几块钱回收的东西,加工一下就能卖十几元甚至几十元。"他说,这是目前他能想到的比较能赚钱的方法。

他们是备受"关注"却又"被另类"的孩子

"人民对美好生活的向往,就是我们的奋斗目标。"2012年11月15日,中共十八大闭幕当天,习近平总书记如是说。

在中国城镇化进程的关键时期,农民工承担着社会建设的重任,在城市里拼搏,他们身上印证了"家和万事兴"的道理:子女教育好,家庭有希望。为了让随迁子女的教育问题得到妥善解决,党和政府高度重视,从2003年开始,陆续出台了一系列的相关政策,特别是《国务院关于深入推进新型城镇化建设的若干意见》(国发〔2016〕8号)中指出,各地政府需保障农民工随迁子女以流入地公办学校为主接受义务教育,实施义务教育"两免一补"与学生公用经费基准定额资金随学生流动可携带的政策,彻底拉平了城市儿童与随迁子女享受义务教育的公平待遇,从政策层面解决了随迁子女就学问题。多年来,党和政府对城镇化进程中农民工随迁子女教育问题始终热切关注。

随着我国经济飞速发展,教育条件迅速改变,近年来,"同在蓝天下,共同成长进步"所需的政策环境已经不是问题,一定程度上随迁子女享受到与城市学生一样均衡的教育资源。然而,在社会实际生活中,这群孩子始终没能摆脱"外来娃"的标签,"另类学生"的问题还没有根除。如在一些外来工较多的发达城市,随迁子女入学需要根据父母在城市暂住、务工、社医保缴交等条件进行积分排名入学,这一政策本意是缓解学位紧张和公平排序,但这也把随迁子女直接标签化了。此外,这种保障毕竟是低水平的,由于随迁子女大量涌入城市,城市教育资源不足,尤其是优质教育资源不足,同不断增多的随迁子女教育需求的矛盾仍很尖锐,随迁子女更多集中在一些条件较差的城市边缘学校就学,他们仍然无法和城市"原住民"平等地享受优质教育资源。

尽管随迁子女在城市接受教育,但相当一部分随迁子女很难真正融入当地生活。与城市家庭相比,随迁子女家庭的收入水平、家庭成员的受教育程度、教育观念和方式均处弱势。毋庸讳言的是,当前社会上存在着部分城市人对外来务工人员的歧视、偏见、排斥,这些偏见也影响着他们的下一代,使本地户籍的学生或多或少会排斥随迁子女学生。因此,随迁子女的自卑心理可能会更加严重,性格、行为习惯也会出现偏差。相当一部分外来工子女在人际交往方面比较内敛羞怯,他们会感到孤独、失落和无助,导致部分学生存在着心理困惑。加上原来受教育的水平参差不齐,这造成了随迁子女之间、与城市学生之间学习水平差异较大,容易演化出"二等学生"的现象。

华东师范大学社会工作系曾做过一个"青少年发展状况"调查,通过对青少年正面发展15个范畴的调查后发现,城市户籍青少年和从外地进城的青少年存在不同领域的能力差别。调查显示,从外地进城的青少年对"公平正义、诚实正直、遵守秩序等社会规范方面的认识情况"落后于城市青少年,遇到困难的抗逆能力不足,对自我身份的认同也存在一定困难。这些"外来娃"如何融入现代教育和城市生活成为新课题,是学校教育者面临着的新的问题。

随迁子女是流动的花朵,也是国家的未来,也将成长为社会主义事业的建设者和接班人。与城市户籍学生相比较,这群孩子在共享改革发展的教育红利的同时,在融入城市生活的过程中,仍然面临着文化冲突、制度隔离、政策门槛等标签化的障碍。针对随迁子女的教育标签化问题,专家建议,学校教育中应给予这些青少年更多的表现机会。需要老师给予更多的关心、包容和耐心,组织他们进行力所能及的社会志愿服务、提供更多展示其特长能力的舞台,使他们更为自信地面对社会。需要政府、社会、学校、媒体等共同协力,营造更加包容、更加平等的去标签化的教育生态环境,让随迁子女更健康地成长,获得更好的向上流动的发展机会和资源。

政府对蔡塘学校的定位,使之与人们通常所说的优质生源无缘,面对这样的学生群体,我从来没有想过能把学校办成世俗眼里的"优质学校",我考虑得更多的是能给这些"流动的花朵"合适的教育,可以让孩子们在城市里健康成长,灿烂生活。这样的校情实际,这样的办学条件,如何取得优质的办学成效,这在当年几乎是一个没有答案的问题。就学校而言,存在的价值就是通过公平的教育,保障来自社会不同层次的孩子都能得到受教育的机会,使个体之间的差异得到缩小,甚至弥合,这就是公立学校存在的社会价值。就办学实践而言,生源基础差无疑对学校取得优质教育质量构成挑战,也正因为如此,蔡塘学校在这样的学情基础上,看到的是更宽更广的教育空间,看见了教育更深更远的价值所在。

5/不同的家长和家庭教育环境

俗话说:"家庭是孩子的第一课堂,父母是孩子的第一任教师,也是孩子的终身教师。"原生家庭的教育对孩子的影响是巨大的。随着大量外来务工人员随迁子女在城市就学,他们的家庭教育问题日益成为社会关注的焦点和难点。当蔡塘学校迎来第一批外来务工人员子女入学时,与外来务工人员家长群体的沟通配合就成为我们日常的重要工作。在多年的接触、观察和调查中,我们发现,由外来务工人员这一特定群体构成的家长群及其家庭教育,一方面,多数家庭来自农村,保持着本分与朴实的家风,他们有着比较强烈的改变家庭命运的愿望,所以,普遍有比较强的吃苦耐劳与拼搏进取的精神,多数家庭也比较积极乐观,相信通过自己的努力能改变命运。这些积极乐观的生活态度也反映在他们对孩子的教育态度上,多数家庭对孩子的教育抱着比较强烈的期待,为了给孩子寻找更好的教育环境,常为此而举家迁移,也有不少家庭在孩子的教育投入方面常常是倾尽全力,不计成本;因此,我们在大多数外来务工人员家庭中都感受到了他们对教育的尊重,感受到了他们有比较浓厚的尊重知识、尊重老师的意识。另一方面,外来务工人员家庭与本地户籍家庭有着显著的差异。

首先,外来务工人员家长的组成极为复杂多样。外来务工人员来自全国各地,每个家庭所带的文化背景有着明显的差异。近些年,随着蔡塘学校办学规模的扩大,家长群体的类型变得更加复杂,组成逐渐多元化,家长们的职业跨度大,有从事体力劳动的工人,也有小部分文化程度较高的公司白领;有小本经营者,也有少量中小企业者。成分多元的家长群体意味着家庭教育观念的悬殊多样,对孩子的教育期望差异很大,给学校的教育工作带来了很大的挑战。

其次,家庭的教育条件普遍比较落后。受经济条件的限制,外来务工人员家庭多数租住在城乡接合部或城中村,通常一家三四口甚至更多人居住在 20 平方米左右的改建出租屋内,条件相对简陋。在家访中,我们看到大多数的随迁子女没有专用书桌,孩子写作业的桌子就是全家人的饭桌,所以,学生们的作业本无法保持整洁也就可以理解了。家庭的教育投入不高,在多数外来务工人员家庭里,鲜有为孩子专门购买学习辅助设备的,没有电脑的家庭不在少数。老师们在家访时,遇到家长约了一群人在屋子里打牌、喝酒、搓麻、闲聊是常有的事情,可怜的孩子或是被挤在角落以凳子或床板为书桌写作业,或是已经到"一线天"式的小弄里放飞去了。居住地的环境嘈杂混乱,晚上的小巷子热闹非凡,学生们常说"小店的叫卖声、喝酒的叫骂声、邻居的喧哗声,声声入耳,常常到深夜"。因而,晚上睡眠不足的学生只好到安静的课堂上补觉了。

我们的调查显示,外来务工人员家长文化水平为初中及以下的人占大部分,这部分人对孩子的学业帮助能力弱;还有少部分外来务工人员家长受过高等教育,这部分人又往往存在对孩子期望值过高且自身对教育认知过于自信的现象。总体而言,外来务工人员的家庭教育观念和教育方式普遍比较偏激,或简单粗暴,或过度保护,常见以下几种类型:

(1)不少家长囿于自身知识能力,对孩子的学习管理无所适从,在当孩子遇到困难时不知道如何去帮助孩子解决问题,他们不太愿意,也不太会耐心教育孩子,只是选择"逃避",或是对孩子的学习漫不经心。一旦把孩子送进学校,那么孩子学习的事就是学校的事了,是老师的责任了,家长便当起了甩手掌柜。往往只等待教育的结果,却忽视对孩子教育的过程,这类是典型的鸵鸟型家长。

(2)更多的家长教育方法比较简单,他们把家庭教育仅仅理解为督促子女完成作业,甚至是限制子女娱乐时间,逼迫孩子进行文化学习。他们对孩子的学业期望普遍很高,对家庭未来也充满憧憬,往往把自己这一代没有实现的理想与愿望寄托到孩子身上,希望孩子能扬眉吐气。但苦于自身文化、观念等多方面的限制,无法给孩子更多的帮助和必要的指导,当孩子表现不如意或学业成绩不理想时,更多是以粗暴的棍棒教育为主,对孩子缺少性格培养、励志和赏识教育,这是典型的传统型家长。

(3)也有部分家长忙于生计,每天回到家里后很少再有精力去过问孩子的学习情况,与孩子缺乏必要的沟通;也有的家长对于孩子的学习不闻不问,常说的一句话是"孩子读书的好坏,我也没办法,一切顺其自然,不能强求",对孩子的学习放任自流,这类是"佛系"家长。

(4)有个别家长零零碎碎地读了点教育类图书,或看了几篇新闻报道,就觉得自己也是教育的行家里手,经常对学校或老师的教育教学工作指手画脚,这是偏执型家长。

(5)此外,还有少数家长由于自身工作生活不如意,容易把这种不如意归咎于"社会不公",心怀怨忿,把这种心态延伸到对学校的工作中来,对老师和学校始终抱着怀疑的心态,不配合家校工作,遇到事情先指责学校,对孩子护短严重,这类为愤怒型家长。

外来务工人员的家庭教育中存在着许多问题,主要概括为以下几点:

①家庭生存压力大,学习环境不容乐观

虽说多数外来务工人员的收入远远高于家乡务农收入,但对照城市生活水平衡量,他们的收入总体还是属于偏低的,生活条件比较困难。由于生存压力大,他们的收入只能维持房租和起码的生活需要,家庭中可以利用的学习资源十分匮乏,根本承受不了孩子校外学习的投入。

②父母文化水平低,学习辅导跟不上

父母文化水平的高低直接制约着家庭教育质量的高低。外来务工人员的家庭中,母亲的文化程度相对低于父亲的文化程度,而承担家庭辅导工作的恰恰多数是母亲。由于他们文化程度不高,对孩子学习中遇到的问题和困难徒叹奈何,多数家长无法对小学高年级及以上的孩子提供必要的辅助。

③家庭教育意识薄弱,教育方式不良

在与许多外来务工人员的交流中我们了解到,他们忙着打工,早出晚归,又限于自己文化水平不高,与孩子接触时间少,亲子沟通缺失,对孩子的教育疏于关心。大部分的家长不懂得教育孩子的艺术,对于孩子在学习、生活上犯的错误,缺少耐心的沟通,往往脾气暴躁,动辄打骂,教育孩子的方法简单粗暴。

综合上述原因,多数外来务工人员家庭对孩子的学习过程都无法做到必要的陪伴和学习帮助。随迁子女在家里是孤独的学习者,只能靠自己,他们的家庭教育资源与本地户籍学生相比薄弱许多,这也许正是外来务工人员子女整体学习质量较为薄弱的原因。

在常年接触与观察的过程中,我们感觉到外来务工人员随迁子女在融入城市生活所面临的最大问题是一种新型的"教育不均衡",这种不均衡不是来自政府的政策,也不是来自学校教育,而是源自原生家庭的教育资源不平衡。学生们在校外能得到的教育资源和帮助差异巨大,因家庭对孩子教育的支持能力薄弱而影响到其受教育的质量,进而呈现出整体学习质量偏低的状态,直接影响学生各方面的发展,对将来的社会会产生怎样的影响不得而知。

6/特别的队伍,特别的问题

"这所学校要尝试用人机制的改革,激活教师队伍的活力",这是政府赋予蔡塘学校的又一个改革使命。

众所周知,"事业单位企业用人"的人事改革在一些行业里已经进行多年,呈现出来的机制优势明显。正因为看到了这种用人机制的活力,湖里区的改革者们为了探索公办学校人事瓶颈问题的解决办法,决定在蔡塘学校进行用人机制改革尝试,有条件地把用人自主权还给学校。学校在教育局的指导下,面向人才市场招聘合同制教师,实行"财政供养,合同管理"。在当时公办学校以事业编制为主的大背景下,引入这种管理机制无疑是大胆的改革尝试。这种机制组建的教师队伍,在组成结构、培养方式及管理评价等方面与传统公办学校相比,存在明显的不同。

改革带来了预期的优势。首先,体现出来的优点就是灵活性,新机制给予了学校充分的用人自主权,可以根据办学的实际需要灵活设岗,量才录用。其次,教师整体工作执行力较好,因为有合同的约束,双方都具有较强的契约精神,在工作要求上能比较好地达成一致性,工作目标的达成性较好。再次,队伍的工作氛围好,学校里的人际关系比较单纯,人与人之间的利益冲突大为减少,伙伴意识浓厚,互帮互助、相互扶持、共同进步成为群体的主流氛围。最后,教师队伍整体年轻,虽缺乏深厚的教学功底,但观念新,专业素养较好,受传统教学方式的束缚少,具有较强的创新意识,具备了蓬勃的发展力。在这群人里,没有偶像,但人人都可以成为自己的偶像;这里没有专业权威,却个个都可以成为权威,这是一支每天都能"满血复活"地工作的队伍。

然而,也正如硬币都是两面的,在呈现优势的同时,随着时间的推移,这种用人机制未曾预料到的一些短板问题也很快就显现出来。

在队伍构成方面,师资结构扁平化的问题凸显。蔡塘学校合同聘用制改革遇到的第一个难题是教师过于年轻化,应聘的人员不能达到预期的多层次结构。改革开放已经四十多年了,但在教育行业,人们对"编制"根深蒂固的偏好并没有发生多大的变化,多数的教育人仍期望能进入体制内,成为"正规军"。因此,流动的教育人才大部分以还没考入编制的年轻毕业生为主体,加之公办学校的合同制教师(以下称为非编教师)薪资待遇并不具备竞争优势,对人才市场中为数不多的优秀人才并没有吸引力,学校实际上所能招聘到的教师大多是新近毕业的年轻人。建校第一学期,教师队伍平均年龄不足 25 岁。本以为随着时间的推移,我们的队伍会成长成熟,然而,未曾料到的是,即便发展多年,由于学校扩大办学规模与教师的高流动性,教师平均年龄仍然未超过 29 岁。年轻稚嫩,成为蔡塘老师一个鲜明的群体特征,多年过去了,学校仍无法构建人才梯队。

团队建设方面也呈现出了其特殊性,体现在教师对学校归属感不强。合同机制利于管理,但不利于留人。来应聘的老师多数是本着先找个安身之地,同时借以提升自己参加教师招聘考试的技能为目的,将学校当作培训基地,大多数的教师抱有"暂时安身"的想法,"过客心态"较为严重。由于现行人事管理体制没有配套出台对编外合同教师的管理机制,非编教师上升通道缺失,社会也对编外教师普遍贴上了"临时"标签,认为编外教师都干不长久,迟早都要跳出去,将编外教师视为临时替代者。自身因素和社会因素综合在一起,使编外教师难以获得归属感和认同感。

在教师专业素养方面呈现出的特点,一是教师队伍过于年轻化,因此缺乏经验是主要问题。这个反映在职业能力方面,对教材教法、课堂组织等方面几乎都是处在一种摸索的状态,课堂教学多数是依样画葫芦,由于课堂效率不高,处于一种低效的忙碌状态。班级管理能力弱,面对较为复杂的教育事件时不能较好地把握,容易情绪化。二是年轻的教师对职业角色认识不深,多数人还把"教师"看成教书的岗位,谋生的饭碗,"教书"的意识浓,"教育"的观念淡,多数人甚至还不可以称之为"老师"。

非编教师队伍带来的另一个难题就是教师流动率居高不下,学校陷入被动选择的不利状态。在当前流动教师人才处于"卖方市场"的情况下,受教师考编、工资待遇、个人专业发展、市场竞争以及个人情绪情感的认同等方面的影响,蔡塘学校每学年的教师流动率高达 20%～30%。此外,虽然劳动法规定了劳资双方对等的权利,然而,由于学校无法把编外教师的人事、户籍、社会保障、职业评价等利益关系与聘用关系挂钩,双向选择的主动权往往由教师个人把握,这种双向选择很大程度变成了教师的单向主动选择,用人单位在选聘去留的方面极为弱势,甚至演化成少部分流动教师利用劳动法的条款规避风险,往往在招聘季左顾右盼,多家签约,在开学初甚至开学后又"一山望着一山高",从中择高而栖,常常突然不打招呼就离职,流动的极端案例是个别教师仅工作一天就不辞而别,学校对这类行为更多是无可奈何。面对突如其来的教师空缺,学校只能采取应急措施以解燃眉之急,在特别困难的情况下,只要找到一个符合职业资格要求的人就急急忙忙聘用上岗,哪还顾得上教师的能力水平呢,毕竟课不能没人上。这种无法预测的流动性严重影响教学秩序,影响教学质量,引发家校矛盾,因教师仓促间的流动而留下了无法弥补的遗憾。流动性带来的突出问题,在一定程度上影响了学校可持续性的健康发展。

改革的初衷是美好的,道路自然也是曲折的。这么多年来,我们的教师队伍建设总是在迎接新老师,培训上路,适应学校,逐渐成为合格教师,接着开始流失,然后再开始招聘新教师,始终没法走出这个循环。骨干教师不断流失,学校师资青黄不接的问题依然无法得到解决,致使学校教育科研水平始终处于基础状态,一些教育教学的独特经验无法得到深度发展和提升。这是一支没有骨干教师的队伍,更没有名师,没有"权威"的队伍,是一群教育界的"愣头青",教师队伍的结构性缺陷成为制约学校发展的短板。

第二篇

创新,点亮学校发展的可能

1/"经营"这样一所学校真的很迷茫

2005年夏,我突然被任命为蔡塘学校的校长,要在不到一个月的时间里组建一所全新概念的学校。这既是一个惊喜,也是一个挑战。一个月的忙乱之后,勉强拼凑出了小学部十二个班和初中部两个班,一所迷你型的九年一贯制学校开学了。然而,开办之后更大的问题摆在了我的面前,该怎么"经营"这样一所特别的学校呢?

当年厦门没有同类型的学校,由于筹办的过程比较仓促,我对"九年一贯制"的认识是一片空白,没有实体或经验可以借鉴。中小学生拥挤在一个局促的校园里,学校该怎么管,课程怎么协调,教育教学常规如何界定,时间空间怎么划分,要办成什么样的学校……所有的问题迎面而来。懵懂的我,从筹办开始,面临的是一个个超出常规的办学难题。

在担任蔡塘学校校长之前,我没有全面管理一所学校的经验,在我以往的职业生涯中,大部分时间是一个中学副科老师的角色,以及职业中专的专业教师。做过班主任、教研组长,即便是短短的几年中层干部经历也是后勤主任的岗位,担任过两年的校长助理,协助校长分管职专部的教学管理,一直是"副科""配角"。突然间,自己要一个人负责组建一所九年一贯制学校,有一种被赶鸭子上架的感觉,那种焦虑和惶恐的心情可想而知。在刚开始的日子,我手忙脚乱,抓东忘西,整日里尽忙着补窟窿。担任校长后，才发觉全校事务原来是如此的繁杂，恨不得把自己变成八爪鱼，这样手脚才能够用。那时候我很迷茫，我不知道自己能不能管好一所学校。

九年制学校里还包含着小学教育，这对当初的我来说也是一个完全未知的世界，我的教育观念、经验和专业知识与小学教育完全不搭界。有一次，当我严肃地站在一个捣蛋的二年级小男生面前，进行一大堆说教后，孩子眨巴眼睛无助地看着我，弱弱地说："校长爷爷你在说什么？"瞬间我脑袋里是空白的，以至于我不知道该如何继续与这个小男生展开教育对话。那天，我只好笑着牵着孩子的手，带他找到班主任，然后转身"落荒而逃"。那年我才36岁，却成了儿童眼里的"爷爷"，儿童听不懂我的话，个人职业素养的短板暴露无遗，我没有任何关于儿童教育的专业积淀。那时我很迷茫，我能办好小学的教育吗？

从接收一个面临拆并的小学到开始筹建九年一贯制学校，条件艰难到难以想象，校园校舍破败不堪，杂草丛生，煤渣跑道尘土飞扬，仅有一栋建于20世纪80年代的教学楼，教师没有办公电脑，初中没有任何教学条件，没有实验室，没有地球仪，甚至没有挂图，教师没有教辅材料，我们只有课本。因为只有两个班的编制和人员经费，除了语数英各一位初中老师，地理、生物、历史、思品、信息等任课老师要依赖兄弟学校派人来支教，学校没有一分钱的开办预算，无法及时改善办学硬件，那时我很迷茫，能不能把学校办下去。

学校的定位不明，办学决策时相关领导的意见分歧，使学校处于极为尴尬无助的处境，极为薄弱的生源基础，最差的办学条件，游击队组成的教师队伍，无依无靠的外部环境，我们该走向何方？办出优异的教学质量吗？不敢奢望。办出学校特色吗？除了比其他学校更加简陋，我找不到这个学校还有其他特色。薄弱的生源不敢谈质量，薄弱的师资不敢想质量，简陋的条件不敢奢望特色，我们的未来在哪里，我真的很迷茫。

2/含辛茹苦的家长，期望些什么

建校之初，我们对外来务工人员群体知之甚少，不了解他们来自哪里，在厦门从事什么工作，家庭条件如何，家庭教育观念如何等等。为了更好地了解学生成长的背景,寻找我们的办学方向和教育策略,学校开展全员家访和家庭教育问卷调查,了解外来务工人员的生活状态和他们对孩子的教育期望。走进外来务工人员家庭,一方面是让老师们更直接地体验外来务工人员子女的生活状态,更具体地了解学情;另一方面也是期望通过家校沟通,取得家长对学校教育工作的理解和协作。

走进这些家庭,我们才真正感受到外来务工人员家庭生活的不容易。多数家庭租住在十几平方米的城中村,一家几口挤在一个小屋子里,仅够容身而已。孩子们放学后或节假日,只好在村里的街道、弄堂里徘徊游荡,打发时光。家长对老师总是热情的,甚至是恭谦的。家长们说得最多的话是:"老师,我们好不容易把孩子带到这里来,一家团聚了,能进公办学校读书真的是太幸运了。""老师,我把孩子送进学校,我们自己的文化不高,全靠您了。""拜托了老师,麻烦您多教育我的孩子,只要孩子能学得好,我们吃的苦也值了。"这些朴实的话里透着外来务工家长们对学校的信任和期盼。

研究表明,由于特定的家庭背景和特殊的生活环境,外来务工人员对子女的教育期望大致存在两极分化的倾向,或对子女的教育期望较高,或任其自然发展。

大多数外来务工人员自身文化层次不高,掌握的技术有限,因此他们多数只能从事脏、苦、累且报酬低的工作,这使得他们在城市生活比较艰辛。很多家长对自己的经济收入和社会地位不满意,加上他们在城市中所从事的职业特点,往往不能够得到应有的尊重,他们很希望能改变这一现状,却又力不从心,于是转而将希望寄托在孩子身上。

外来务工家长普遍认为学习非常重要,不论自己对子女的发展期望是否与子女自己的愿望一致,都希望子女能够好好地学习文化知识,要像城里人那样体面而轻松地生活。同时,他们是城乡差距及二元社会格局的亲历者,进城务工后,在城市工作和生活环境的熏陶下,更认同知识的重要性。他们认为在当前社会环境下,接受更高的教育,拿到更高的文凭,是改变命运的一个重要途径。"只要他考得上就尽量让他读,只要孩子考得上大学,我们就是砸锅卖铁也愿意。""没有文凭不行呀,这个社会最起码要读到大学,像你们一样多好啊。"这是大多数外来务工家长最强烈的期盼,这往往也会造成部分外来务工家长对子女的教育期望超出了子女的承受范围和社会实际。

通过我们的草根调查发现,有些家长为了让孩子受到更好的教育,背井离乡到城里谋生,从事最低端的工作,付出艰辛的劳动,他们最普遍也是最朴素的希望，是孩子们健康成长，学业优秀，甚至成为家庭的荣光，也就是常说的"望子成龙望女成凤"心态很迫切，总是憧憬着孩子的未来更加美好，这是一种普遍的价值存在。

他们心怀愿景的同时，现实的困难和自身的问题也比较突出。首先是与城市居民相比，外来务工人员有限的收入要满足交房租、家庭生活支出、赡养父母等多方面的家庭开支需求，因而在孩子的教育经费投入上时常捉襟见肘，不能满足孩子在教育方面的更高需求。其次是自身问题对孩子品行方面存在负面影响。家长自身表现出来的吃苦耐劳的品质无疑会给孩子们以熏陶。但是，生活的重压使他们没有精力去监督，无力指导矫正孩子的不良行为，加上家长自身往往带有一些不好的习惯，这些都对孩子的品行发展产生负面影响。最后是外来务工家长对孩子的期望主要还是从自己的主观愿望出发，对孩子自身的发展愿望关注较少，甚至不予理会。我们都知道"皮格马利翁效应"，一般情况下，家长对子女的期望水平高，则子女受到的激励作用越大，对自己成就的愿望也就越强烈，结果会促进他们学业成绩和思想道德水平的普遍提高。但绝不是说期望值越高，对智力发展所发挥的作用就越大。相反，如果不了解孩子的学习能力和学习动机，对子女的过高的期望和压力，不但起不到积极的作用，反而会使孩子望而生畏，丧失上进的勇气。

调查中也发现，有一部分外来务工人员进城的目的很明确，就是赚钱、养家糊口，因此他们把很多的时间放在工作上。进城务工经历可能对他们在子女教育的预期方面产生负面影响，这些负面影响来自我国劳动力市场的二元性，尤其是看到大学生找工作困难，外来务工人员与大学毕业生工资收入差距不大，有部分家长对孩子不抱任何期望，顺其自由发展。

老师们每谈及家访，总是有一种沉甸甸的感觉，既有大部分家长把孩子交给学校，甚至就是把未来交给了学校，把希望寄托给了学校，而带给老师一种托付式的压力；又有为部分家长放任孩子自然生长的忧虑，还有对办学条件、自身能力与巨大的教育责任不平衡的焦虑。可是，我却从家长的期望中发现了一种力量，那种对学校信任和理解的力量，那种为孩子的教育而努力打拼的力量，在这样的力量推动下，我相信学生的发展动力会更强劲，孩子们的良好发展存在可能。

3/回不了原乡的孩子,未来在哪里

蔡塘学校建校初期,招生范围只限定在符合政策的"进城务工农民工子女"。心理上的晕轮效应使大部分人听到"进城务工农民工子女"的时候,都会习惯地把他们与城市的孩子进行区分,联想到的就是学业基础差、行为习惯差的城市教育的"另类学生",从而给这两类孩子之间划了一条深深的鸿沟。我也来自田野,对这个群体没有偏见和歧视,但是当蔡塘学校招进第一批农民工子女学生时,我深切体会到了这是一群城市教育的"弱势学生",我没有信心带着这群学生办出世人所期望的优质学校。

然而,随着时间的推移,我发现自己喜欢与这一群纯真质朴的孩子相处。他们每天总是开开心心到学校,早晨不到7点,校门口已经聚集了一大群学生,我曾以为他们是因为父母上班早,不得不早来学校。后来我与一个初中生闲谈,学生笑着说:"早晨起来也没啥事,又没地方去,就来学校了。这里有同学啊,还可以向老师请教作业,所以我喜欢来。"那一刻,我看见了一双纯净的眼睛,透着欢乐,没有一丝的做作。那一刻我受到了一点震动,在我眼里如此简陋寒碜的学校,却是这群孩子唯一能自由地去且喜欢待的地方。细细想来,能在这个简陋的学校上学,是他们离开老家,进城与父母团聚的重要原因,这是一种莫大的幸福。回想开学的那段时间,带孩子来注册的农民工家长们,脸上无不洋溢着兴奋的笑容,看得出,他们对孩子能进城市公办学校就学满怀欣喜和期望。

那时,我感觉到一种沉沉的压力。我知道,农民工历经辛苦把孩子带进城里,送到我们手上,那就是把未来的希望交到我们的手中。可是,薄弱的教师队伍、简陋的办学条件,让我有时不敢面对孩子们那一张张质朴而稚嫩的脸,因为我不知道能给他们怎样的教育,不知道会不会辜负家长们对学校的期望,也不知道能把孩子们培养成什么样的人,甚至不知道该怎么办这所学校。薄弱的学业基础,初中三年要出现质的飞跃,那是极小概率的事件。如果教学质量没指望,那么我们还能给他们什么,九年后,他们将走向哪里呢?

那些年,在与农民工家长的交流接触中,我发觉,随着改革开放的深入，农村人口向经济发达的城市聚集，这基本是不可逆的趋势，离乡打拼似乎是一件自然而然的事情。离开原乡的农民工往往也回不去了，孩子们进城就学后，他们也将是一群回不了原乡的人。他们在这个城市求学成长，将来可能成为这个城市的新市民或者成为二代外来务工人员，他们的未来不在原乡而是在城市，是城市的新生代。我们的教育，最需要考虑的是培养外来工子女们融入这座城市的生活能力，被城市的人们接纳，不再成为这个城市的边缘人。

那一刻，我突然明白，在当时的薄弱条件下，也许把这群孩子培养成为国之栋梁的目标太遥远，但成为一个合格的社会公民、文明的市民却是那么的现实和必须。孩子们能具有"健康生活、遵守规则、学会尊重、担负责任、拥有诚信、具有爱心"等基本意识和能力，那么，我们学校的教育就是成功的。所以，我们要教给这些孩子的，可能不是考多少分，而是教会他们良好的行为习惯，培养学生们良好的公德素养，为将来更好地适应社会而做准备。

终于，我们找到学校的第一个教育的切入点，找到了蔡塘学校存在的教育价值。

4/外来娃带来的惊喜，发现了优秀的可能

叶圣陶说："什么是教育，简单一句话，就是要养成良好的习惯。"义务教育阶段最重要的任务就是培养学生良好的行为习惯。

学校开办后，经过一个学期对学生群体的分析与办学思考，我们决定把习惯养成作为教育的主要抓手，希望通过良好习惯的养成，培养孩子们更好更快地适应和融入城市的生活能力，帮助他们成为合格的现代城市新市民。2006年春，我们开始了草根行动研究，成立了"外来务工人员子女习惯养成的策略研究"的校内课题。

习惯养成重在细节教育，学校以《中小学生日常行为规范》为范本，参考相关的文献资料，制订了九个年级的习惯养成目标，并根据习惯养成的教育规律，从学生的生活细节入手，从个人的卫生习惯到仪容仪表，从学习行为要求到家庭生活习惯，从言谈举止到社会公德等等，由表及里、由浅及

深，分阶段抓重点逐步推进习惯养成。

卫生习惯是农民工子女亟须改变的。为了培养每个学生良好的卫生习惯，学校在班级设一个工具包，配置了剪刀、指甲剪、头梳等清洁用品，在校园里各个角落建了洗手盆，教会学生"六步洗手法"。对于总是习惯于"蓬头垢面"的学生，由班主任带着学生到医务室领取专门配置的小毛巾到洗手池清洗，给学生树立"清新整洁"的面貌标准。建立卫生晨检制度，每天检查个人卫生状况并指导跟踪至养成习惯为止。

"一屋不扫，何以扫天下"，为了培养学生的劳动意识，立足于"自己的事情自己做"，日常校园卫生采取分片包干制，2007年，我们开始开设周劳动课，让学生在参与劳动的同时学会爱护环境卫生。渐渐地，校园整洁起来了，地板上不会出现纸屑垃圾，花花草草不再被践踏。

为了让学生们的举止文明，自然得体，学校专门聘请了礼仪专业老师，开设"中小学生礼仪"校本课程，分年级分类型开设礼仪课，教孩子们学会着装礼仪、餐桌礼仪、交往礼仪，编排了一套富有校园生活气息的礼仪操，班会课上进行礼仪情景剧比赛，艺术节上老师和孩子们一起在舞台上展示礼仪之美，用故事的方式潜移默化又深刻地影响学生的行为举止。

为了让学生学会不在公共场所喧哗打闹，学校制定学生日常规范标准；为了帮助学生养成良好的听课习惯，学校开展坐姿写姿训练；为了解决中小学生混杂在急促空间带来的安全隐患，学校开展行进训练；为了指导学生文明参与社会生活，学校开展社会公德教育；为了建立习惯养成的文化支撑，学校开设了"国学启蒙""经典阅读"等校本课程。习惯养成教育从生活到学习，从个人到团队，从环境到课程，从校内到社会，涵盖学习生活的每一个部分，我们的初衷很朴实，就是想让学生们的行为变得更加文明，走出校门能更加自信。

渐渐地，学生开始主动问好了，衣着变得整洁了，课堂的纪律好起来了，每一间教室学生专注于听课成为风景线，课间休息时间不再那么喧哗了。渐渐地在校园中听不到粗口市骂，看不到破坏公物的行为，中小学生令人头疼的毛病在我校鲜有发生，学校的一草一木都能自在地生长着。日常习惯养成的要求并没有让学生厌烦，学生依然喜欢到学校来，同学之间相处更融洽了。在蔡塘学校没有校霸，更没有发生校园欺凌事件，这种记录一直持续到今天仍然没有被打破，学校逐步形成了积极向上的学风和校风，这是老师们最为之欣慰的地方。

学校的习惯养成教育有了意外的收获，学生们把"衣必洁，发必理，穿着戴需整齐"的要求带回家了，习惯于"穿拖鞋背心叼着烟"直接"马"进学校的家长们，渐渐改变了，因为孩子们都会要求父母到学校时要穿戴整齐，注意言谈举止。学校的教育在影响学生的同时，也在影响着他们身边的人。

两三年时间，学生们在潜移默化中发生改变，我们清晰地感觉到了教育真正发挥润物无声的作用。2007年初，一位到校视导的专家很不解地问："学校招收的学生确定全是农民工子女吗？"原来专家看到学生们的精神面貌，与他认知里的农民工子女有很大的区别。学校的习惯养成教育，把学生们身上一些固有的标签化的印记渐渐淡化了，专家对学生们身份的疑惑恰恰是对我们习惯养成教育的最大肯定，我们笃定，外来工孩子也可以成为有文明素养的人。

几年后，我的老师告诉我，她在学校附近的肯德基商店里偶遇当年的"邋遢蒙"同学在勤工俭学，此时的她阳光自信，笑容灿烂，从容应对客人。蒙同学说她之所以选择来到这里勤工俭学，就是想离自己的母校近一点，更希望能跟曾经教过自己的老师多见几次面。当年老师用温暖的手一次次不嫌弃地擦洗过她的脸，她的一头炸毛也在老师的巧手下一次次变得平顺，老师教她的礼仪操她现在还记得，学的礼仪小知识让她在走亲戚的时候得到了很多长辈的夸奖，她发现自己原来可以很好，甚至还可以更好。在蔡塘学校，她感觉到自己能自信地抬起头来了。

更大的惊喜发生在2007年夏天，当年的全区期末教学质量监测，我校的第一届初二学生在全区取得总均分第二的成绩，同期小学部二年级也参与了区里的教学质量水平监测，也取得了全区第二的好成绩。

这个成绩对蔡塘学校而言影响至深，因为这届的学生正是仓促建校时临近开学前的十天匆忙接收的，在2005年全市初中入学水平测试中，三个学科总均分与兄弟学校差距将近100分，在全市中学中可能是生源最薄弱的。然而，两年后，我校学生却成了"黑马"，我惊讶于这种不太可能发生的逆袭。两年的时间，我们更多的是在关注学生的习惯养成，全力培养孩子们各种良好习惯，我们正在为学生们精神面貌的转变而感到欣慰的时候，却又收获了一个意外的惊喜——学生学业水平的迅速提高。

这年的夏天，蔡塘人发现了进城务工农民工子女成为优秀者的可能。同样，学生们的发展，也让蔡塘的开拓者发现了学校优质发展的可能。

5/外来娃需要一座"融合桥"

外来务工人员随迁子女就像一群候鸟,随着父母的脚步迁徙,在厦门这片土地停歇。被标记为"随迁子女"或"外来娃"的他们生活在城市的边缘,他们渴望了解和融入城市。

蔡同学一家来自福建山区的农村,父母在厦门从事废品收购的工作,一家五口就租住在废品堆放场搭盖的简易窝棚里,周围没有邻居。父亲在城市各处游走收购废品,母亲是文盲,不会说普通话,日常就负责看管堆放场和打理生活起居,三个孩子分别在蔡塘学校的初中部和小学部就读。家访中老师了解到,孩子们除了上学,其他时间都在废品堆放场中活动,三姐弟相依为伴,放学后先帮妈妈分类整理收购来的废品,然后写作业。周末和节假日基本在帮助父母打理堆放场,没有时间自由玩耍。他们说最难熬的是暑假,两个女孩在堆放场中帮忙,男孩跟着父亲出去收购废品,没有同学朋友往来,更没有放松和娱乐,姐弟三人的假期就是圈在堆放场的枯燥生活。

我们的调查显示,90%以上的农民工家庭租住在城中村或条件更差的地方,低矮拥挤的出租屋,阴暗逼仄的巷道,嘈杂的环境,脏乱差的卫生,落后的基础设施,糟糕的治安,这个藏在城市背后的家,与"村外"靓丽的街区、宏伟的大厦、繁华的商圈组成的现代化都市形成鲜明的对比。在随迁子女眼里,繁华的城市可望而不可即,大部分外来务工人员因为时间和经济条件的限制,无力支持孩子享有城市同龄人的生活,偌大的城市对外来务工人员子女而言,是一个陌生的钢筋水泥丛林。家庭的条件成为外来娃融入城市的第一道原生障碍。

在孩子们生活的城中村里,大部分是来自全国各地的陌生人,孩子们除了自己的父母亲人,少有熟人,这是一个陌生人的环境,缺乏同龄伙伴和必要的社交娱乐活动。尤其是到了暑假,相比城市孩子各种夏令营、特长班的忙碌,城中村里随迁子女的暑假明显要单调无聊许多。父母白天要打工,稍大的孩子或许还要随父母一起干活,而稍小的孩子就成了城中村里的"留守娃",没有家长陪同,除了做作业,就是在住处或家门口和邻居家的几个孩子聚在一起玩耍,走不出的生活圈成了外来娃了解和融入城市生活的又一道屏障。

外来娃在自身与他人、家庭与社会的比较中会感受到巨大的落差,这种落差会使外来务工人员子女形成强烈的自卑心理。在社会上,他们像是一群"孤儿",未能得到应有的尊重与关怀,这就更容易使外来工子女形成拘谨甚至孤僻的性格。外来务工人员普遍存在亲子相处和沟通的时间少的问题,不能给孩子更多关心照顾,且囿于自身的文化水平,较少关心孩子心理成长的需要。孤独和自卑加剧了孩子们"外来人"的过客心态,如果长期得不到关注和适宜的引导,容易形成个体对社会的消极心理和负面性格。缺乏被关心和被关注的他们,进入青春期后,往往向外界寻求同伴的温暖,一部分人难免把精神寄托在网络游戏中,或者通过打架斗殴来刷"存在感",甚至有人走上歧途。

人际关系、社会环境、家庭条件等层层障碍把随迁子女圈在城中村里生活成长,隔离在城市之外,由此给外来娃的身心发展带来了极大的负面作用。外来娃的健康成长需要家庭、学校、社会共同协作,关爱外来娃,为他们破除融入城市生活的障碍,三者中的纽带和桥梁就是学校。

学校是随迁子女在日常生活中少数能自由前往的地方,是他们走出家门最重要也是最主要的活动场所。蔡塘学校是厦门市第一所公办九年一贯制外来务工人员子女学校,这是厦门包容精神的体现,是温暖的一角,是外来娃成为新市民迈出第一步的地方。在这特别的小社会环境里,外来娃开始接触"村外"的世界,开始学会与来自全国各地的同学交往,开始了解城市,走进城市。

学校的根本任务是育人,对于蔡塘学校来说,在国家教育方针和政策法规的要求之下,还有更为具体的责任,那就是让外来务工子女"同在蓝天下,共同成长进步",最终使他们能融入城市,成长为这个城市合格的新市民。

学校要依靠政策的阳光、社会的关爱营造温暖校园,培养孩子们融入城市所必需的公民的素养,以阳光的心态和健康的形象走出校门去体验厦门,认识厦门。由此我们提出了朴素的育人观:"读万卷终生受用的书,做一个有社会公德的人。"读书为终身发展奠基,修德为未来成为一个优秀的人做准备。外来娃能在城市中健康成长,对于他们的家庭而言,是希望;对整个社会而言,是未来。学校应该成为外来娃感受厦门、了解厦门、融入厦门的桥梁。

6/"丈量"自己的痛,点燃发展的希望

"这个学校不合规范,一两年后应该拆了,归并到其他学校。"一个能影响学校命运的领导在学校刚开办不久后直言不讳地对我说。蔡塘学校从建校之初就伴随着各种争议,上级领导的办学意见并不一致,学校从出生开始就面临着严峻的"拆并威胁"。

这一所学校的未来在哪里? 建校以来,这些问题一直困扰着我。我带着拼凑起来的团队在懵懂中工作,在初期的磨合中,也看到了老师们的迷茫,我亟须解决为什么办学、怎么办学、目标是什么等学校发展的核心问题。

学校是生存发展还是默默消失,成为我们所有人心中最大的石头。是等着上级来"肢解"学校,还是努力一搏,拼出一条学校发展的新路子? 这是我对蔡塘老师们的追问。我不想"听天由命",但仅仅只有我是不够的,我需要力量,需要唤起团队的觉醒,需要团队一起奋起。2006年春,为了寻找出路,也为了凝聚共识,我召集全体教职员工进行了一次办学校情分析研讨会。这是一次关于学校未来命运的探讨,我期望听到老师们的建议和心声,我期望通过全员参与构想未来的行动,树立学校发展目标,建立学校发展的共同愿景。

那时的队伍并不大,校长到职员共计43人,分成4组,用SWOT分析法对学校办学内外环境进行分析。从分析中我们得到的结论是:学校组建仓促、政策未配套、办学条件差、生源基础差、教师队伍过于年轻化等各种不利因素聚集,有些不利条件可以通过学校的自身努力逐步克服,但有些不利条件可能在一定时期内,甚至在较长时期内都将存在。学校所能依托的核心优势在于用人机制活和学生可塑性强两大方面,关键因素在于师资队伍的整合与建设,最大的威胁来自学校前景的不确定性,将严重地影响教师对学校的认可与融入。

其实,经过一个学期的摸索,我对学校的未来已经有了自己的初步思考,也看到了希望。但我希望不仅仅是我能告诉大家,更重要的是点燃所有伙伴心中的希望。因此,我想通过研讨会让每一个教职员工参与分析,共同探讨,群策群力。在这个事关学校和个人命运的研讨会上,气氛从低

沉而逐渐转为热烈,从个别骨干发言到人人踊跃发言,让我吃惊的是,即便是一个文印室的员工,也能对学校的优势劣势侃侃而谈。每一组都找到了我心中所需要的办学思路和办学策略,尽管语言是朴实的,但大家那份炙热的情感是一致的。薄弱的办学基础,既是困难和挑战,也蕴藏着优势和机遇。一张白纸能画出怎样的画,决定于画者的修为与构思,用时下流行的一句话来形容就是"一切皆有可能",学校发展的希望被点燃了。

正所谓凡事谋而后动,方能胸有成竹。要确定学校的发展之路,首要的是了解办学的内外部环境,通过对校情进行深入分析,找出"能够做的"和"可能做的",建立核心发展力,为办学定位提供决策依据,并基于此做出比较准确而恰当的定位,找到比较清晰又契合实际的办学思路。

这次研讨会,于我而言,最大的收获不是确定了学校的定位及发展规划,而是在于凝聚了团队,发现了团队的力量,正所谓"众人拾柴火焰高",我真实地体验到了群众的智慧是不可忽视的。后来的实践证明,是否能办出一所优质的学校可能不取决于办学条件的优劣,而在于发挥集体的智慧和建立队伍的共同愿景,以及所有人的积极行动。

如果说今天的蔡塘发展属于媒体人所说的是一个"奇迹",那么创造这个奇迹的人不是我,而是一次又一次集体智慧的碰撞和因此而产生的悠远绵长的集体力量。

附:蔡塘学校办学情况分析

①办学环境分析

[S代表strength(优势),W代表weakness(弱势),O代表opportunity(机会),T代表threat(威胁)]

表2-1 办学环境分析

学校的内部条件		学校的外部环境	
学校的优势(S)	人事体制的改革创新	学校的机遇(O)	区局领导的重视与支持
	九年一贯的学制利于校风学风的建设		湖里区教育的大发展时期
	生源充沛		岛内第一所公办九年一贯制学校
	班生数少,利于小班化教学		省内第一所公办农民工子弟学校

续表

学校的内部条件		学校的外部环境	
学校的劣势（W）	没有历史的积累	学校的威胁（T）	社会认可度低,可资依靠的社会资源少
	办学仓促		办学模式新,政策支持滞后、残缺
	管理团队年轻、缺乏经验		各级部门对此办学模式意见不一
	学校前景不明带来的管理困难		湖边水库的规划,影响到学校的存在
	师资队伍偏年轻,缺名师优师,且不稳定,教师对学校的归属感差,认同度低		教师的人事、职称、待遇等核心利益问题无法解决
	学生流动性大,特别是毕业班优生流失比例大		学校前景不明,学校的发展严重受制于各种外部因素
	办学条件简陋,没有启动资金,初中部办学条件空白		
	办学规模偏小,校内无法形成教育科研的良性循环		
	学校体制定位不明,造成身份困惑		

②学情分析表

表 2-2　学情分析表

学生的自身条件		影响学生的外在因素	
学生的优点（S）	读书是他们改变人生、改变命运的机会所在,有积极向上的强烈愿望,在学校肯学、勤奋	外在的积极因素（O）	父母对孩子的教育都抱有深切的期望,对学校工作有更多的理解和支持
	他们受父母的影响,普遍比较尊重老师,愿意服从与配合老师		家长普遍具有传统的尊师重教意识
	多数孩子的优点是相对比较朴实		政府对农民工子女的教育日益重视,就学、升学政策逐渐完善
	行为习惯具有很强的可塑性		

续表

	学生的自身条件		影响学生的外在因素
学生的劣势（W）	同年级的学生来自全国各地，原来受教育的程度参差不齐，行为习惯、思想品德差异大	外在的消极因素（T）	在厦生活环境多处于城乡接合部，复杂的环境易对学生的行为产生负面影响
	与其他公办校的学生相比，容易产生更多的心理困惑或问题		父母的工作、居所的变动大，给孩子的学习带来不利影响
	农民工子女学生难以融入城市生活所产生的心理落差		学校教育与生活环境的反差造成了"5＋2＝0"的现象非常突出
	多数学生家庭条件差，课外时间无法自主学习		家长工作艰苦，劳动时间长，无暇顾及孩子的课余生活，受自身文化的限制，无力辅导学生的学习
	学生具有一定的家务负担		生活环境和学生的行为习惯给学校带来了较大的安全管理压力

7/摆脱困境，那把钥匙是什么

　　这次"置之死地而后生"的校情分析，激发了老师们的热情，点燃了学校发展的希望。可是，对于我来说，仅凭着老师的热情还不能从根本上解决学校面临的生存危机。这个学校不仅办学条件简陋，而且还面临着不利于发展的外部环境，从开办伊始，就有被拆并的压力；此外，还有家长的疑虑、同行的轻视、社会的不了解使学校处境更加艰难。这样一所集几乎所有不利条件于一身的学校，在流光溢彩的厦门教育界，微小如一粒米。那时，我体会到了什么是"理想很丰满，现实很骨感"。

　　那个阶段，我不敢谈教育情怀，心心念念的是如何让这个学校存活下去，为了那几百个农民工子女来之不易的就学机会，为了那几十个非编教师不再为工作而"流浪"。但怎样才能让学校迸发出一抹属于自己的光，打开学校生存与发展那扇门的钥匙在哪里呢？

对于一所学校而言,生存的问题就是价值的问题,如果一所学校从家长、政府、社会的不同角度中都能解读出相应的价值,那么,它的存在就有其必要性和必然性。"办人民满意的教育"具体到蔡塘学校,那就是让家长满意,让社会认可,让领导放心,这就是蔡塘学校生存之门。因此,学校要突破困境,解决生存问题,就必须有"逆境奋起"的勇气和运气,就需要勇毅的行动和亮眼的办学成效,得到领导、同行、家长的认可,只有这样,才能解除学校的生存危机。通过校情分析,我们找到了学校突破困境的三把钥匙。

第一把钥匙是内强管理,点燃团队拼搏进取的愿望。

一所学校,唯有教师好,学生才好;师生好,学校就好。学校的发展首先是教师队伍的发展,我们要建设什么样的学校,培养什么样的学生,就要有什么样的老师,教师队伍建设必须与学校核心理念相一致。蔡塘初建,教师队伍是东拼西凑而成,怎样把"游击队"整合成一支有战斗力的"正规军",是教师队伍建设的首要问题。我认为,这群人首先必须成为一支专业合格的团队,其次必须形成一支有灵魂的团队,最后必须成为一支有追求的团队。由此,我想到了三个词:制度、精神、文化。制度是强化团队建设的最根本保障;要成为一个有凝聚力的团队,就要有集体的精神依托,这是团队的灵魂;在此基础上,把教师个人的发展意愿融合成团队发展的共同愿景,创建教师与学校的命运共同体关系,点燃团队拼搏进取的愿望。有灵魂、有追求、高度专业化的教师,才能创造高品质的教育,学校有了澎湃的内在动力,学校发展就成为可能。

第二把钥匙是育好学生,点燃家长对学校教育的希望。

教育就是将自然人培养成社会人的过程,是让学生成人、成才的工程。外来务工人员家庭对孩子的教育期望普遍更为迫切,他们把孩子带进城,最重要的目的之一,就是让孩子能接受到比老家更好的教育,给孩子们创造更美好的未来。为此即便吃更多苦,他们也千方百计让孩子们进入公办学校。

蔡塘学校的教育应该让家长感到孩子的成长变化是明显的。首先,孩子进入公办学校后不会受到歧视,能得到老师的尊重和关爱。老师尊重学生的人格和个性,尤其要尊重外来务工人员孩子的差异性和独特性,这样的学校可以让家长放心。其次,学校教育能引导学生健康成长,培养其适应城市生活的能力,使其更好地融入社会,避免随迁子女在高度发达的城市环境中迷失自我,帮助其成长为一个懂规矩、守秩序、有教养的新市民,这可以让外来务工人员家长感到安心。最后,让孩子的学业能得到与之相适宜的发展,这可以让外来务工人员家长看到孩子未来的希望。蔡塘学校如能改变学生的现状,使之进步、使之成长、使之更好,如果能提升孩子的品质、品格、品位,使之变得更优秀,更有尊严地站立,更幸福地生活,则必定能点燃家长对学校教育的希望,那么,学校就有存在的社会价值。

第三把钥匙是形成办学特质,点燃领导对学校的期望。

蔡塘学校因特定的改革使命而产生,学校肩负着在九年一贯制办学、农民工子女教育、教师聘用管理机制等方面改革探索的使命,这些使命是学校绕不开的责任。因此,充分发挥三个改革措施的优势,形成自己的办学特质,取得优质的教学质量及突出的办学成效,这是蔡塘学校办学必须达成的目标。学校有质量、有分量,领导对学校的改革创新才能寄予期望,那么学校就有了存在的改革价值。

蔡塘人“求生存,谋发展”的思想碰撞,让我们找到了自己的办学定位和发展路径,我们达成的办学定位是:办湖里区农民工子女品牌学校。确定的办学规划是:一年建校,两年稳定,三年成效,五年提升,实现“品牌学校”的目标。面对当时的校情、学情,我们提出了“向管理要质量”的管理策略。在此基础上,全员参与,群策群力,制定了学校的第一个五年发展规划,我们的第一张发展蓝图绘成了。

8/“驿动的心”,我该怎么呵护你

蔡塘学校的教师队伍主体由校聘合同制教师构成。然而,改革启动后,由于相关政策、制度并没有及时配套改革,随着时间的推移,校聘合同制教师逐渐被归类为一个比较无奈的群体——非在编教师,成了人们眼里的“临时教师”“流动教师”,在当年公办学校以在编教师为主的大环境下,这支另类的教师队伍处境极为尴尬。

蔡塘学校非在编教师的工资待遇与在编教师相比差异较大,却要承担与在编老师一样甚至比在编老师更多更重的工作,他们工作压力大,缺乏专业发展的通道,社会认同度低。多年来,蔡塘学校的合同制教师普遍存在“过客心态”,高流动性制约着教师队伍的良性发展。教师队伍是学校办学的第一资源,是推进学校持续发展的根本动力。学校管理面临着一个特殊难题,就是如何把这些怀着"驿动的心"的人整合成能承担学校发展重任的队伍。如何激发非在编教师队伍的工作动力,成为学校管理的关键问题,也是学校发展的关键问题。

"成功的管理就是要让教师有幸福感,学生有愉悦感,师生都有主人翁感。"人是情感动物,教师群体背负着沉重的心理负担,尤其是非编教师,他们不仅要承受在编老师的那些压力,还要忍受因非编身份带来的种种差异。所以,对非在编教师更要注重他们的情感疏导,理解他们的心理压力,减轻他们的情感负荷,慰藉那颗"驿动的心"。

非在编教师也是独立的"教育人"个体,是具有独立思考能力的主体,而不是执行学校命令的工具。"需要对教师的日常生活、专业生活与专业发展关系予以充分关注,对教师自身的需要予以充分的关怀。"[1]我们无力改变外界的环境,但我们可以努力在学校内营造温馨和谐的工作环境,让非在编教师感受到应有的人格尊重,顺应他们的精神需求,用情感管理唤醒老师的工作激情。

首先,他们需要被认同。不可否认的是,在世俗的眼光中,非在编教师被同行和社会有意无意地轻视和排斥,即使他们通过自己的努力,取得了与同行一样甚至更好的成绩,仍然得不到应有的肯定。体制内的进修培训机会基本与之无缘,使他们成为公办学校教师队伍中的边缘人。马斯洛的需求层次理论告诉我们,"爱和归属"以及"尊重的需求"是人的高级需要,只有这些需求得到满足之后,才会产生自我实现的需求。非在编老师需要被认同、被接纳,希望得到同行应有的尊重,需要落实相关政策,保障他们基本的专业发展权益。只有他们感受到被尊重、被接纳,才能更加主动积极地投入工作。为此,我努力在学校内建立一种公平的融洽的工作环境,至少本校内在编与非在编之间是无差别的管理氛围,"为蔡塘创造价值的人,就是蔡塘人",让非在编和在编老师都成为学校的主人。

他们期望得到专业成长,这是蔡塘年轻的非在编队伍中比较突出的需求。蔡塘的大部分非在编老师都是刚毕业或从事教育工作不久的年轻教师,他们对教育事业有着自己的理想和追求,选择应聘到蔡塘做非在编教师,一方面是被公办学校的教育资源所吸引,另一方面也是为了锻炼和提高自己的教育教学能力以备教师招聘考试。因此,年轻的毕业生到蔡塘既

---

① 高聪聪,李臣之,吴秋连.非在编教师生存状况的调查研究[J].教师教育学报,2015(10):80-87.

是为了短暂的过渡，也是为了提高自己，他们是在成长中等待。教师的成长本质上也推动着学校的发展，所以，我需要在学校建构一种青年教师专业成长的校本研训机制，建立教师专业发展的阶梯路径，为非在编教师成长助力，同时驱动学校发展，"教师发展共同体"应运而生。"成长自己，成就学校"的双赢发展策略成为教师队伍建设的理念，"如果想成才，就到蔡塘来"，这里是年轻教师专业成长的熔炉，被非在编教师称为"年轻教师考编的黄埔军校"。

他们需要安全感。实行合同聘用制，双向选择既有利于老师们择业的自主权，也给用人单位选人的自主权。这种机制使人无法混日子，在激励人奋力向前的同时，也给非在编老师带来不安全感。适度的不安全感可以催人上进；但过度的、长期的不安全感，会使教师心无着落，无法培养教师对学校的认同感和归属感，影响团队的凝聚力，不利于教师队伍的建设。因此，在保持合同聘用制活力的同时，如何减轻非在编教师的心理包袱，增强他们的职业安全感，是稳定教师队伍的关键问题。职业安全与否，从形式上看决定于学校的选择，而本质上还是决定于非在编教师自身的工作状态。学校要尊重非在编教师的个性化劳动，积极营造宽松和谐的管理氛围，帮助非在编教师缓解压力，保持健康积极的工作心态。建立非在编教师业绩的绿色考评机制，注重对非在编教师的综合评价，以"增长性评价"激发非在编教师工作的积极性和创造性。因此，在学校里面要建立一种"我的未来我能做主"的生存环境，给非在编老师一颗定心丸。去留与否，可以通过自己的努力来选择，这激励了教师自我发展的动力，也让教师可以放心工作。

他们期望有一种"家"的温暖。大部分的非在编教师都是走出大学校门后只身一人到城市打拼的年轻人，还有一部分中年教师因工作的变更、家庭的搬迁、亲人的需要、价值的实现等原因选择去做非在编教师，还有少部分不符合教师招牌年龄要求或自身不具备在厦教招条件，他们应聘到蔡塘学校就是为了解决工作问题。非在编教师多数人本质上也是属于外来务工人员，他们属于没有"组织"可依靠的人。孤独、漂泊、没有安全感，是这群非在编教师的普遍心态，他们渴望找到一个可以依赖的大家庭。因此，蔡塘学校应该有"家"的感觉，让非在编教师感受到温暖。要减少利益冲突，培育伙伴意识，让互帮互助、相互扶持、共同进步成为群体的主流氛围，"只要在蔡塘上过一天班，你永远是蔡塘人"，让学校成为非在编教师温暖的家。

他们需要职业发展的引领。这是一支没有骨干的队伍，更没有名师，是一群教育界的"愣头青"。但是，也是一支充满活力的队伍，年轻的教师队伍具有蓬勃的发展力,虽缺乏深厚的教学功底,但观念新,专业素养较好,工作干劲足,专业成长的意识强烈,受传统教学方式的束缚少,具有较强的创新意识与拼搏进取的敬业精神,只要给予正确的、适宜的方向引领,他们年轻而澎湃的心就是学校发展的希望所在。

虽然有些制度困境我们无力改变,但我依然看见了这支队伍的优点与长处,我从接纳和包容这群教师开始,激发他们的职业认同感,激励年轻教师的专业成长动机,不到几年时间,这样一支"游击队"却演绎出教育版"乱拳打败老拳师"的故事,这是后话了。

9/改革创新,点亮学校优质发展的可能

蔡塘学校成立于特定的政策环境下,施教于特别的教育对象,肩负着多项教育改革的使命。校情分析显示,学校自身的劣势因素远多于优势因素,外在的消极因素远多于积极因素,学校的办学基础极其薄弱,在优质学校云集的厦门教育界,如何生存与发展,是蔡塘学校办学面临的难题。

对于一个新建的学校而言,如果仍按老思路、老方法办学,那么这个学校最终也只是"千校一面"而已。面对薄弱的办学基础,如何改变现状、走出困境、实现优质教育的目标,实现可持续发展,这是学校办学的顶层设计必须思考的问题。

在校情分析中,我们豁然发现学校自身带着天然的"改革基因",也寻找到了学校发展的核心优势,就在于灵活的用人机制和学生可塑性强两大方面。正因为学校没有历史的积淀,也就没有历史的包袱。因此,基础差是难题,也是学校精准定位、全面规划、制定学校发展蓝图的契机。

面对学校发展中的诸多难题,没有捷径可走,但我们不能走那种"老师苦教、学生苦学"的老路,唯有发挥"改革基因"的优势,用创新去破解,才能突破重围,才有可能"逆袭"成功。

在办学历程中,我们根据不同阶段的校情特点,分阶段提出了创新发展策略:在 2005 年组建之时,面对薄弱的师生基础和简陋的办学条件,学校提出了"向管理要质量,向常规要效益"的管理策略,改变传统学校的管理模式,围绕三个关键因素"制度、情感、目标"建构学校精细化管理体系。

2009年，提出"以优质为目标，以教改促发展"的发展策略，开展"课堂有效教学方式研究"，通过持续十余年的课堂教学改革研究，建构了独具特色的"学习型课堂"，催生了"教师共同体"的校本研训机制，在教学改革促进学生发展的同时，教师发展也取得显著成效。2015年，提出了"开发课程平台，创办新优教育"的提升策略，向优质精品的学校迈进。"贫穷并没有限制我们的想象力"，我们在简陋的办学条件下取得了优异的办学成效，打破了"生源质量和办学条件限制办学质量"固有的观念，被《人民教育》誉为"蔡塘传奇"。

创新观念所产生的巨大能量，使学校的发展日新月异。在德育方面，在常态化的教育活动基础上，学校积极探索更易让学生接受的活动形式，开展体验式德育，从外在的行为习惯养成教育，深化为"体验式品格教育"的主题德育，让学生们在参与中有所感悟，在薄弱生源基础上培育出优秀的校风、学风。教学改革方面，从前期"教学案课堂"深化为"学习型课堂"，建构"多维互动，动态生成"的生态课堂，学生学业成绩"低进高出"，成功实现突破，被列为福建省首批义务教育教改示范性建设学校，被誉为"实现学生增值的优质教育"。课程建设方面，确立"多元课程，个性发展"的课程理念，以"一人一艺，一人一技"为目标，开发校本（社团）课程群，为学生综合素质多元发展提供高质量平台。教师发展方面，以"浸入式校本研训"实现了年轻教师"一年适应、三年成熟、五年骨干"的快速发展。

"创新"成为学校工作的灵魂，深入到教育教学的各个领域中，打破了固有的思维模式。群体形成创新思维是我校师资团队独特的工作文化，也由此形成了颇有成效的教育模式。

一次次的微创新逐渐叠加出了学校整体教育发生嬗变的力量，形成了"新优教育"特色，实现了从普通向优质的蜕变，使学校实现了优质发展，影响也日益扩大，学校迎来了发展新机，2014年学校迁入占地80亩的新校区，办学规模迅速扩大。

建校以来，蔡塘人在艰难中坚持，在困难中创造，我们明白了这样一个道理，学校外在的硬件条件不是决定办学质量的主要因素。校园里人的内心丰满：教师，充满着教育的热情，怀着教育的憧憬；学生，被点燃发展的梦想。这才是学校发展最为重要的条件。

第三篇

寻找学校教育的出发点

从功能上说,学校本质上就是培养未来社会公民的机构,肩负的使命就是使学生成为明达的公民。所以,学校是自然人转变为社会人的摇篮,是学生身心成长的乐园。在学校里,通过课程的实施,教会学生"求知、做事、合作、生存",学生的内心世界不断得到滋养,使学生的知识、情感、价值观不断丰富和提升,继而形成健全的人格、健康的体格,逐渐形成能够独立生活的能力和创造生活的能力,进而发展成个性独立的成人。从学生的角度来说,学校是让学生认识自我、完善自我并为将来实现自我做准备的地方。在此过程中,学校又成为文化的传承与生发的地方。

好的学校,一定有极其崇高的社会理想,一定有适合人性的教育哲学,一定有温润有爱的育人氛围。在这样的学校里,能唤醒人性,亲近良善,远离无知,拒绝邪恶,完善人的生命并使其健康成长。

1/一个家庭的期望:共同成长进步

王先生来自河南农村,与妻子丁女士一起在厦门合开一辆出租车,妻子白班,丈夫晚班。夫妻俩在外打工已经很多年了,去过广州、深圳、福州等城市,现在基本稳定在厦门,所以把一双儿女带到厦门来上学,分别就读于蔡塘学校的初中部和小学部。相对于在工厂打工,他们现在的收入比较好一些,一家四口租住在学校附近城中村的一套两居室里。为了能同时与这对夫妻交谈,我们专门选择了他们的车进厂维修的一天傍晚。

谈及生活与工作的辛苦,妻子丁女士说得更多一些:"要说辛苦,我们整天都这么忙忙碌碌地干活,怎么能不辛苦,现在的社会就得努力才能过得好些。生活要说难就是花销太大了,城市跟农村总是不一样的,到哪都要花钱,物价还高,孩子们生活和参加各种培训要钱,就算再辛苦,我还是觉得值得。"丁女士疲倦的脸上透出欢乐:"我 5:30 起床,我先生出车还没回来。我要先把孩子们的早餐做好,然后让孩子们吃了早餐去上学。"问及有没有送孩子去上学,她自豪地说:"不用送,学校比较近,过一条马路就到了,孩子们都在同一个学校里上学,大的孩子可以带小的去,他们自己去上学习惯了,哪有那么娇惯?"对于是否会担心过马路的安全问题,她说对孩子千叮咛万嘱咐过,孩子们会注意的。"再说了,我也没空啊。孩子出门以后,我就要抓紧时间把当天的午饭煮好,七点我要准备接班出车。孩子爸爸开夜班更辛苦,回到家里要好好休息。其他家务等我傍晚交班以后回来再做。"说到这里,她脸上透露出些许的无奈。其实,父母怎么会不担心孩子们的安全问题呢,只是生活压力使得她无暇做得更多一些。谈到目前的生活状况,她说:"现在比以前算是安定多了,以前在不同的城市打工,收入也不高。现在工作虽然辛苦,但收入还可以,也把两个孩子接过来一起生活,一家人总算可以团聚在一起,孩子有地方上学,目前能这样我已经很满意了。"丁女士的语气很坚定也很从容。

谈及孩子们的教育和家庭的打算,王先生讲得更多一些,他说:"孩子能到厦门上学,与我们一起生活,这是我们夫妻俩多年的愿望,现在能在蔡塘学校读书上学,我们很满足。虽然辛苦一点,但值得。我们知道,孩子在老家的学习没有好好抓,成绩比较差,还请学校老师多费心,多帮我们一点,我们自己没有时间,也没有能力辅导孩子学习。这两个孩子在老家缺少管束,野惯了,也请老师帮我们好好管教一下,多教一些规矩,别总是一天到晚到处疯。"他不好意思地说。谈到家庭未来的打算,他说:"厦门是我们去过的许多城市中我最喜欢的,尤其是这里能让孩子们上公办学校,有这么好的政策和条件,我想打拼几年,在厦门给孩子们安个家落个户,这样呢,可以让他们在这里安心上学。我们这一辈子啊,文化不高,没有自己的长处,再加上都在农村长大,现在到城市来讨生活,真的不容易,吃苦不用说,有时候也会遇到一些委屈,也只能自己忍着,谁叫咱们是农村来的。我想让孩子在城里生活成长,长大以后在城里立足,做城里人。毕竟这里的条件好,机会多,回农村去那是两种人生。所以对两个孩子来说,我希望他们能好好读书,争取考上好的高中,上个好的大学,将来回到这个城市,工作机会也多,不像我们夫妻俩这样,没上过大学,可选择的机会就少了。"丁女士接过话说："能读好书当然是好,可是也不能太强求,毕竟现在读书升学的竞争太大了,我们的孩子基础不好,只要努力了,能读到哪算哪,我们都会全力支持。但最起码我希望孩子们在这里好好学会做人做事的规矩,先把野孩子的脾气改一改,希望他们能懂事一点,别让我们太操心,也学学城里孩子的样子,免得走出去就被人瞧不起。"夫妻俩质朴的话语,充满着对美好生活的向往,对孩子们健康成长、学业进步的期待。

问及对未来生活的愿望,丁女士略带激动地说道："我个人没什么追求,生活能稳定就行,就是打算把我的孩子都教育好,虽然我现在给不了他们最好的生活,但是我一定会尽全力保证孩子们一天比一天幸福,这是作为父母的责任,我对这些没有什么怨言。"这位普通的母亲有着质朴而伟大的心愿。

到城市赚钱改善生活,这是外来务工人员努力打拼的一根支柱;为了让孩子能得到更好的教育,为了自己和孩子有更美好的明天,这是他们另一根支柱。所以,让孩子们健康成长、学业进步,将来能更好地融入城市生活,这是家长对我们学校最朴实的期望,也是他们对未来的期望。

据我们调查,外来务工人员在对孩子在城市接受教育的愿望中,超过80%的访谈对象将"和城里孩子享有同样的待遇"列为第一选项。

我校是随迁子女为主体的专门学校,办好学校,让每个随迁子女得到最大的发展,也许就是改变孩子的一生,对于外来务工人员家庭来说,就是给这个家庭建立希望,有美好的未来可以憧憬,这个家庭就会有不断努力奋斗的动力。为随迁子女营造"同在蓝天下,共同成长进步"的教育环境,是蔡塘学校的使命。

2/一个学生的愿望:我想有个家

随迁子女随着父母迁徙到城市学习和生活,这里的生活会带给他们怎样的感受?他们又是抱着怎样的心态来看待这座城市?对自己目前的学习和未来会有什么愿望?

侯同学来自江西革命老区的乡村,在学校开办的第二年进入蔡塘学校就学,她在学校里表现得安静、内敛,学习刻苦,比较懂事,时常主动帮助班主任做一些班级的杂务,瘦小的她总显出一种超出年龄的沉稳。从蔡塘学校毕业后,她考入厦门的高中,很多年后,她应聘回到母校任教。

有一次,在谈及当年作为外来务工人员子女求学时期的感受和愿望时,侯同学说:"2006 年,刚刚过完春节,我跟随父母来到了厦门,终于可以跟父母生活在一起了,这对于我来说是莫大的幸福,我憧憬着即将开始的厦门生活。记得来到厦门的第一天,我住进了爸妈租的 10 平方米左右的出租屋,三人挤在一起,因为爸妈早就计划好那年带我来这个城市一起生活,便早早地把房间的床换成了上下铺,还贴心地围上了床幔。休整了一晚上,第二天爸爸带着我去了厦门大学、鼓浪屿、植物园、环岛路,我开心坏了。我爱上了厦门这座漂亮的城市,我可以在这儿留下来吗?那时候,我最大的愿望便是能够在厦门住上大房子,有自己单独的房间。但是,现实却是残酷的。爸爸第三天就开始了工作,我只能每天待在不足 10 平方米的出租屋或是机器轰鸣的车间里。这里没有电视、没有玩具、没有图书馆……只有木板拼成的床和永远不知道疲倦的机器。那时候我茫然了,我的愿望该如何实现?"

她稍做停顿,接着说:"时间一天天地过去,和我同龄的孩子都开学了,爸爸带着我到处找学校读书,却处处碰壁,他得低声下气求着哪怕有一丁点儿机会让我能读书的人,'我们这里不招收外来务工子女''我们这里学位已经满了,你去其他地方看看'……最终,在开学后十几天,我才在附近的一个破旧的小学读上了书,这是一所专门针对外来务工子女开办的学校,它的名字叫——蔡塘学校,那段时间的求学之路让我刻骨铭心。当时的学校真的和我憧憬的相差太远了,这里没有我在电视里看见过的铺满塑胶的跑道,没有满是器材的科学实验室。有的只是几间斑驳的教室和热情的老师。爸爸告诉我,如果想实现愿望,靠爸妈这样打工基本上是不能实现的,我要好好读书,全家的希望都寄托在我的身上了。我想,父母为了能够把我带在身边已经做了最大的努力,我为什么还要因为没有大一点的房间住而心存怨气?突然间,我开始理解父母了,我尽量在课余生活帮助他们做力所能及的事情,在学校努力跟上同学们学习的进度。一次,语文课上布置了一道写作题——《我的愿望》。回想起来,我刚来厦门的那个晚上,暗暗许下的心愿——在这座美丽的城市有属于自己的大房子,有自己单独的房间。经历了父母为我读书的事情上下奔波,想起为了给我良好的学习环境没到九点不下班的爸爸,我的愿望发生了改变,在有大房子之前,我首先要能在这个城市生活下去,起码现在我做不了其他事,只能安心读书。那节课，我写下了我的愿望：能够考上高中有书读。"

说着说着，侯同学的眼眶湿润了："转眼间，来到这个城市已经一年了，我也进入了小学的毕业班，这一年我遇到了对我来说特别重要的老师——许老师。她瘦瘦小小的，看起来很年轻，给人感觉像是邻家大姐姐，她会跟我们分享她的日常生活，会在我们紧张的学习之后跟我们一起玩游戏，会耐心引导我们养成各种良好的习惯，在我的脑海里留下的都是她美丽的笑容，辛勤的背影，亲切的话语。我一直记得她在班会课跟我们说：'我和你们一样，属于外来人员，但是我在这所学校找到了我的人生目标，为了可爱的孩子们和我自己，要努力成长，让自己变得更加优秀。让我可以成为你们人生路上的一盏引路灯。'那一刻，我的内心是激动的，回想起刚来厦门因为没有大房子住而生的怨气，因为没有漂亮校园而心生的遗憾，被许老师这番话冲击得荡然无存。我心里突然萌发了一个念头，长大以后，自己也要和许老师一样，做个温暖而有力量的老师。"

"可惜好景不长，父亲开在工业区的作坊生意刚步入正轨，就接到了拆迁通知。城市在进步，产业要转移，和父亲有生意来往的工厂纷纷迁到岛外，他又开始了早出晚归的生活。'城市在发展，我们是追不上咯。将来要靠你们啦！你可要好好读书啊！'岛外没有心仪的学校，父亲跑了几趟，不放心我去岛外读书，于是遣散工人，关掉店铺，留在学校周边卖起了小吃。这一次，又是为了我。一开始是惊讶，后来却有些揪心了。印象中的爸爸，不该是在狭小市井里和油烟打交道的人，那些衣柜里挂着的许久没穿的整齐西装，这是父亲的妥协，是为我而做出的退让。'钱怎样都可以赚，可是你的一辈子，怎么耽误得起啊？'他嘴里的话语总是轻描淡写，我听着却沉重万分。这个念头一直埋在我的心里。那时的世界很小，每天两点一线穿梭在家和学校之间，这两个地方，也寄托了我最多的牵挂。从那时起，我的愿望不再模糊，我想成为老师，想让家人幸福。那时我总想，长大后一定要让这个城市接纳我，要成为它的一员，要在这里有一个'家'，要让父母安定，不再为了生活和家庭一次次妥协。"

成千上万背着"外来务工子女"标签的孩子在城市生活、求学，学校教育对他们来说，承载着改变命运、创造美好生活的期望，他们学习的愿望也许离"为中华之崛起"还很远，但"为了将来生活得更好"是这群孩子普遍的心愿。正因为他们这种朴素的愿望，我们学校的教育找到了出发点和着力点，"让每个孩子都取得相适宜的发展"成为我们的追求。

3/ 一个老师的愿望：与学校发展共赢

许老师大学毕业后在老家山区的一所公办学校任职，一年后，因对厦门这座城市的向往，也为了寻找更好的职业平台，她离职到厦门发展，应聘进了蔡塘学校。由于用人机制的改革，蔡塘学校吸纳了不少像许老师这样来自各地的"厦漂教师"，他们多数是大学刚刚毕业走上讲台，对教育充满着热情，但缺乏教学经验，其中多数人是一边就业一边等待教师招考的机会，本质上这是一支"流动教师"的队伍。

教师是学校的第一资源，对于蔡塘学校而言，所拥有的第一资源却如此的特别，以合同制非在编教师构成的队伍，在工作心态、职业期望等方面具有其特殊性。因此，了解非在编教师的发展期望，激发他们的发展动力，整合"流动教师"是学校教师队伍建设的关键。

对于许老师来说，蔡塘学校是她在厦门工作的第一站，她对学校、对工作会有什么期待，对自己的职业发展又有哪些规划呢？在教师的个人发展愿景规划中，许老师是这样写的：

"我有幸成为蔡塘学校的一员，在这个破旧校园里的新学校，我将开始在厦门的职业生涯。辞去老家的在编教师职位，到厦门来寻找新的发展，能被蔡塘学校聘用，是我的幸运。在这里工作一年了，有收获，也有担忧和期待。

"我担忧这个学校能不能办下去。学校的办学条件出乎意料的差，很难想象，在经济特区的学校里居然还有煤渣跑道，学校的硬件似乎不足以支撑教育教学的需要；而且我感觉到了社会和同行甚至家长对学校也存在着许多误解，学校的办学环境很糟糕，能够办出质量吗？能发展下去吗？如果学校没了，我又要重新开始漂泊。

"我还担忧自己能不能胜任这里的工作。大学毕业后到山区任职仅一年，我的工作经验几近空白，能不能适应特区学校的工作要求，心中没底。在合同聘任的机制下，我深知这个饭碗不是铁饭碗，希望尽快得到领导及同事对于我工作的肯定，我得靠自己的努力才能在这个城市活下去。

"我期望自己的专业能力得到提升。我几乎是一个教育界的'小白'，都说当老师的前五年很重要，影响一个人一生的专业发展。我想重新起步，希望通过五年的努力提高自己的业务能力，提高教育教学的理论水平，成为一名优秀的老师。远期的计划，我希望成为一个优秀的骨干老师。如果学校发展得好，我便在学校稳定地工作下去。如果可以，我希望创造条件参加这里的教师招聘考试，成为一名正式的在编老师。

"我希望成为一个被同行认可的老师。在蔡塘学校工作最糟糕的感觉是，其他公办学校的同行或多或少对我们合同制老师有一些轻视，我不想成为人们眼中的'二等老师'。我们总是被看成'另类'，各种培训的机会很少落在编外教师的头上。记得第一次去参加区教研，签到的时候，蔡塘学校作为一所公办学校不为人知，签到的名单里没有我们这群老师签名的地方。当我们取得成绩的时候，却被同行质疑是不是抄袭的，学生是不是择优的。

"我的一个外来务工人员子女学生在作文里写道：'自己就像是水泥地下的一粒种子，很想破土而出，可是比别人加倍努力了还没能成功。'蔡塘学校合同制老师的处境又何尝不是这样呢？"

许老师是非在编教师队伍中的典型代表，他们的追求归纳起来就是职业安全、专业提升和社会认同，他们希望通过自己的努力走向更好更高的平台。这正是马斯洛的需求层次理论的完整体现，这是年轻非在编教师最真实的心理期待，是他们对工作、专业以及学校发展的期望。

许老师所担忧的问题正是学校所面临的生存与发展的困难。学校初创的阶段，由于内部条件的薄弱和外部环境的艰难，一开办就面临着被拆并的危险和压力，唯有证明自身有存在的特定价值，学校才能走出困境。而在当年，这种"自证"只能依靠教师们在艰难的条件下取得教学成绩，这是唯一的"救命稻草"。

我发现了这样一个相互依存的逻辑：学校要生存，需要老师们努力拼搏，取得办学成绩；有了办学成绩，学校就能生存进而发展；学校能生存下去，老师就解除了工作危险；学校发展了，就能给老师们更新更好的发展平台；学校得到社会认可了，老师也就能得到社会与同行的认可。在这个特殊的学校里，学校的发展与教师的发展关系是如此的密切，学校与教师是纽结在一起的"命运共同体"。

"发展自己，成就学校"的共同体精神由此而生。我们的生存要靠每一个人努力，只有学校继续开办，才能谈得上学校及教师的未来，我们的饭碗到底是泥饭碗还是金饭碗，决定权其实不在别人，而在自己，因为"没有一所优质的学校会被轻易拆除"。我们的职业尊严要靠自己争取，如果我们足够优秀，终究会获得外界的认可。发展的机会在于"努力做好自己"，发展自己的同时成就了学校发展，学校发展就有能力反哺教师的发展，可以为老师提供更多发展的机会和平台。"今天你努力为学校工作，学校努力为你撑起明天"，我想，创建条件，搭建平台，实现合同制教师的发展愿望，从而推进学校发展，实现教师与学校发展双赢，这是教师生存和发展的需要，也是蔡塘学校生存与发展的根本。

4/一个"行为偏差生"的善举：做最好的自己

　　唐同学是一个别人嘴里的"行为偏差生"，上学时打架、逃课、沉迷网吧，甚至发生过师生冲突，他的父母在厦门做着小本生意。唐同学第一次中考失利后，他心有不甘的父亲找到蔡塘学校，希望能给孩子找一次跟班复读的机会。起初，我并不看好，一则初中的复读鲜有达到预期目标的；二则多年的经验告诉我，不要低估了一个"差生"的影响力，担心"差生"的到来会搅乱这个刚刚步入正轨的新学校。他爸爸很执着，多次到学校来，反复恳请我们帮帮他，拉孩子一把，再给孩子一次起跑的机会，并再三保证孩子不会给学校给同学添麻烦。真可谓"可怜天下父母心"，我非常理解做父亲的那份对孩子的期望和付出，经不起他一再请求，学校同意让唐同学来跟班复读，再给孩子一次机会，满足一个父亲的舐犊之情，但我们与他约法三章。

　　唐同学果然守约，一个人默默地来上学，不迟到，不早退，不违纪。但眉眼之间有些冷漠，脸上时常表现出高冷的桀骜不驯，同学们也不愿走近他。他的仪容仪表不太符合学校的要求，班主任与他多次沟通无果，也就不再强求了。在课堂上他总是独自默默呆坐在角落，心不在焉，期中考的成绩不出意料地没有什么起色。

　　平日里，他不搭理同学，也不爱与老师交流，在不大的校园里他把自己当成了一个透明人。看得出来，复读只是顺从了父亲的意愿而已，他自己并不想努力,甚至根本没有心思学。看着他把自己与学校隔离开来,封闭自己,抵触这里老师们的善意,我总担心他哪天会克制不住自己,又故态重萌。

日子一天天过去了,他仍然是那样默默地来默默地走,据同学们说,他开始跟同学有点交流了,对老师也不再那么排斥了,只是仍然不爱学习,我也只是远远地默默地关注着这个孩子,我心里有些怅然,不知道该怎么做才能帮上他。

直到第二学期开春的一天,突然有一个中年男子送来了一张大大的表扬信,信中说,他年迈的母亲走失了,唐同学在放学骑车回家的路上遇到老太太一个人在路边呢喃自语,寒冷的春雨打湿了外套,老太太冻得瑟瑟发抖,他停下车问老人需要什么帮助,才知道老太太迷路了。唐同学帮老太太联系家人,并脱下自己的校服外套给老太太披上,自己穿着单衣陪着她,不断地安慰她,一个多小时后,老人的家人赶来接人,唐同学自己骑车离开了。是老人的家人从校服上的校徽认出了学校,找到学校来感谢的。

这封信不亚于一颗炸弹,令我十分吃惊,也让我兴奋,众人眼里的"差生",竟然会有这样的暖心之举,我发现了唐同学内心那一片善良温暖。我不能错过这个教育的好机会,专门召开全校学生大会,在全校学生面前念了感谢信,并给唐同学颁发了学校的荣誉奖状。那天,在全校师生热烈的掌声中,我第一次看见唐同学脸上露出了羞涩的笑容。

从那天以后,唐同学会与班上的同学嬉笑打闹了,上课也开始参与课堂了,老师们都说这孩子变了,作业也会写一些,对老师们的教育也不那么抗拒了,再次见到他,仪容仪表已焕然一新。剩下的半个多学期里,我看见了一个有笑容的唐同学,虽然最后他的学业并没有达到优秀的水平,没能如其父所愿,却也有了不小的进步。

唐同学的转变是那么的突然,也是那么的偶然。在他被标签为"差生"的时候,在被同学排斥、老师感到无奈的时候,却在偶然的事件上散发出纯真美好的人性光辉,他的善举不仅温暖了老人,也得到了老师和同学的悦纳,他在被认同和被尊重的氛围中重新树立了自信,发现了自己的价值,回到了该有的成长轨道上。

网络上有一个"从绝望的差生到医学博士"的教育故事,一位老师的小小善举改变了一个人的人生。当一个学生反复遭遇失败的打击后,便成了"差生",而让一个"差生"变好的方法其实很简单:就是让他不断地享受到成功的喜悦、人格的尊重、成长的自信。

由此,我想到了苏霍姆林斯基的"思维觉醒",虽然,他描述的是一个学习"差生"在一个好老师的包容、帮助、引导下,发生思维觉醒。我们不妨也把"行为偏差生"的转变也归类为"意识与行为觉醒",这都是要在适宜的教育环境下发生。我们不妨怀着这样的期待,"差生"或早或晚都会有这样的"思维的觉醒",我们需要的就是用爱、尊重、包容以及"再给一次机会"的耐心,营造温馨有爱的教育环境,让他品尝到成功的喜悦、体验到自身的价值.阳光健康的成长自然就有了可能,这不也是所有的学生都需要的教育吗?

唐同学在参加中考后,给我送来一张感恩卡,上面有他这样一段话:"感谢校长,感谢老师,经历了蔡塘学校这短暂而美好的一年学习时光,让我发现自己不那么差,对我来说,这是我最大的收获,也是我一生中最宝贵的财富,我终于明白了什么叫'浪子回头金不换',曾经的我做了那么多坏事,走了一大段弯路,错过了最美好的学习时光,我很后悔。尽管今年我也没考出好成绩,但我不会再回到以前的那种状态,我要坚持做最好的自己,我会永远地珍惜这段宝贵的学习经历,时时提醒自己,用您和老师们的话激励自己,我会继续努力的,谢谢老师,谢谢学校。"

每个学生都有天性善良的一面,我相信唐同学不是从一开始就是"差生",他为什么变成"差生"已经不可考。但,即使他变成了"差生",在心里仍有那么一片温暖和良善的美好,只要给予适合的机会和环境,激发那份美好的品质,就有被教育好的可能。德国教育家第斯多惠曾说:"教育艺术的本质不在于传授本领,而在于激励、唤醒和鼓舞。"卡尔罗杰斯也说:"任何人都有着积极向上的、自我肯定的、无限增长的潜力。"正因为他的突然转变使我确信,每个人的内心深处都有一片善良之地,每个人都有积极上进的期望,每个学生都希望得到别人的肯定和鼓励,每个人的成长都需要一片温暖的春天,每个人都可以成为一个美好的人。假如唐同学从一开始就得到肯定和鼓励,那么他还会变为"差生"吗?很遗憾,教育没有假如,对一个学生来说,对于他的教育就是无法重来的。

有教育家曾经说过:"爱是教育的前提,没有爱就没有教育。"作为教师,只有热爱学生,特别是尊重、爱护、信任学生,使学生真正感受到来自教师的温暖和呵护,教育才富有实效。推而广之,对所有的学生来说,尊重、爱、包容,给孩子多一次机会,这应该成为我们学校教育的底色。

5/一个记者的"解码"：习惯比成绩重要

刘记者是第一个到蔡塘学校采访的媒体人，那时学校成立三年，第一届中考以薄弱的生源取得了令人难以置信的成绩，名列全市前茅。但学校没有被列入当年的全市中考质量表彰，这也引起了同业的各种好奇。"外来务工人员子女学校逆袭""优异的成绩未被表彰"等等，这些特别的信息引起了当地媒体教育版刘记者的注意，他联系了学校要来采访，想来了解一下这所特别的学校。为了让更多的人了解、关心和支持外来务工人员子女教育，了解蔡塘人拼搏奋进的工作精神，我同意接受他的采访。

为了让刘记者全面深入地了解蔡塘学校的教育原生态，我们对他开放权限：他可以走进任何一间教室，采访每一个师生。刘记者在不大的校园里足足逛了两个小时，他很惊讶，这里的校园简陋，但学生们把它收拾得井井有条，整洁清爽。1200多名初中生和小学生同在拥挤的教学楼上课，但课间有条不紊地穿行，并没有发生冲跑、尖叫、吵闹的现象。这里的一些设施在别的学校比较少见，比如，成排成排的洗手池。由学生负责打扫校园卫生，在当时的城市学校已经绝迹了。他特别注意到学校开设的"中小学生礼仪课程"，以及由此衍生出来的课间礼仪操。他对这一所外来务工人员子女学校培养学生良好习惯的做法赞不绝口，他在个人博客里这样写道：

蔡塘学校是厦门市第一所九年制公办外来务工人员子弟学校，于2005年创办，2008年首次参加中考，成绩骄人，位列当年厦门市教学质量评估指数 P 值第三，学校小学部质量优异，在毕业班学业水平质量监控中取得全区第一的优秀成绩，我很想知道他们是怎么实现这样的逆袭的。

上午八点，吕岭路蔡塘站附近车水马龙，如果没有特别留意，很难发现在这么热闹的地方还"藏"着一所学校，如同那么多打工子弟一进入大城市便被城市的喧嚣所淹没一样。

走过一条不算宽阔但两边绿化整得很美的水泥路，蔡塘学校的校门映入眼帘。校门口挂着两块木制牌匾写着"入校即学，入室即静"，格外醒目，提醒着每个进入校园的学生开始一天的学习生活。校园不大,但树木盎然,花草盛开,毫不夸张地说,整所学校逛下来大概花不了二十分钟,但就是这么小的空间里却"折腾"出了篮球场、足球场、田径场、乒乓球场,真是"麻雀虽小,五脏俱全"。

走进校园,遇到的学生几乎毫无例外地都会敬礼问好,琅琅读书声响彻不大的校园。走近教室,每个班里的孩子都捧着书大声而专注地朗读着,教室门口的作业柜上整齐地摆放着学生早晨缴交的各科作业本,最上层作业本上贴着便利贴,工整地标注着"交了几份,某某未带、未交"。上课的时候巡走课堂,没有看见一个学生在课堂上打瞌睡开小差,这里的学习方式比较特别,学生都是分成小组,不论学生是在听教师讲授还是小组讨论问题,他们都是那么专注和投入,没人闲聊,没人理会我这个在课堂里游走的陌生人。

大课间,学生走出教室,在走廊上整好队伍,按各自的路线走向操场,在这个拥挤的校园里,所有的路线都精心设计过,恰到好处,初中和小学的队伍在狭窄的楼层通行,居然没有一支队伍会交叉,如行云流水般,不到三分钟就全部到达操场集队完成,在拥挤的操场上,中小学部的学生轮流做课间操,整齐划一的动作,堪称标准版,我被震撼到了。

这里的校园卫生都是学生自己分片包干完成,在我入校之前,值日生就已经完成了校园保洁工作,校园异常整洁。在校园里的洗手池边上的肥皂盒似乎永远不动地放着,如果不是肥皂已经"瘦"了一大圈,你可能会怀疑那是摆设;教室外墙上挂着的手绘脸谱、读书笔记、用画框裱起的精美国画,真正做到每一面墙壁都会说话,操场的围墙上也满满地覆盖了学生们充满想象力、富有创意的涂鸦……一切的一切,似乎在告诉来访者:我们并不贫乏,我们的生活很丰富!而事实上也确实如此,一个上午三操:礼仪操、课间操、眼保健操,比其他兄弟学校多了一个礼仪操,大课间女生们用来跳健美操,男同学则用来练武术,这样的生活真让人羡慕。

学校聘请专业的礼仪老师教授文明礼仪课,自编的礼仪校本课程;国学从《三字经》《弟子规》一直读到《论语》甚至《老子》,这样深的积淀该让多少懒于读书的成年人汗颜啊。

这里学生的习惯养成非常细致,也非常到位,学校领导总是谦虚地说,蔡塘学校学情特殊,习惯养成教育的目的,就是培养学生文明的举止,为了让学生走出校门,更好地融入城市生活中去,为此,他们的习惯养成非常细致,"低起点,严要求,分阶段,抓落实",从孩子们日常的习惯养成教育入手,仪容仪表、语言文明、行为举止、礼貌礼节、家庭生活习惯、作业习惯、听课习惯等等,涵盖了一个学生日常学习与生活的方方面面。

据介绍,针对外来工流动性强、部分学生存在严重的自卑心理和过客心理的现象,蔡塘学校曾四处寻找专家,对学生的行为习惯、言语表达进行专业的研究,进而展开有效的教育教学,比如举办"关注学生,走进心灵"的活动,建立帮助机制,师生结对子,让孩子们感受到学习上的快乐、生活上的温暖。

"中考取得如此骄人的成绩既是偶然,也是必然。"陈文斌校长说,"偶然是说我们学校更多精力用在了学生习惯养成教育方面,由于学情基础太薄弱,我们没有想过能取得多好的成绩。说必然是,这两三年来,我们也注意到了学生的成绩在不断进步,这应该与学生们养成勤奋刻苦的习惯有关系,也与教师们辛勤工作有关系,这些成果凝聚着蔡塘学校全体老师的汗水。我觉得,孩子的学习习惯永远比考试分数重要,意志力比智力重要。"

在我看来,蔡塘的成绩与"应试教育"这个词一点边都沾不上,有人说,一堂课的效率很大程度上体现在学生的参与度,从这方面讲,蔡塘学校的课堂效率100%。半天的观察,我发现了这个学校的学生在行为举止方面表现优异,文明礼仪、课间行为、上课状态都有一种激扬向上的精神面貌,这不是临时可以秀出来的,很明显,这是长期坚持习惯养成教育的结果。有这样优秀的习惯,有这样的精气神,长期坚持下来的结果就是形成了优秀的班风学风,以薄弱的生源取得优异的成绩就是必然的结果。坚持德育为首,坚持习惯养成教育是这个学校成绩优异的内核密码。

刘记者的观察从第三只眼验证了我们居于特别的学情,以养成教育的育人基点是正确的。美国心理学家威廉·詹姆斯说:"播下一个行动,收获一种习惯;播下一种习惯,收获一种性格;播下一种性格,收获一种命运。"行为习惯伴随着人的一生,良好的习惯能让学生终身受益,授人以鱼不如授人以渔,一个拥有良好学习习惯的人,一个拥有优秀学习能力的人,才能适应社会生活的要求,进而才能创造生活。所以,义务教育阶段,习惯养成教育是第一位的教育,有了良好的习惯,收获优质的教学质量是自然而然的事。

6/ 一本"家书"的启示：拒绝野蛮生长

不知道从什么时候开始，我们对教育感到有些无所适从，学生的主体地位得到放大的同时，教师的主导角色愈来愈弱。一边是部分家长对学生过高的期望和过度的保护，一边是教育的舆论环境复杂化，家长的压力，媒体的压力，让老师缺少一份坚定。各种教育新理念在舆论的推波助澜下蔚然成风，在"尊重个性"口号下，学校不主动对学生做统一标准，在"赏识教育"的风潮里，教师不敢轻易批评学生，"我该不该管学生?""学生可以批评吗?"等等诸如此类的问题，居然成为大部分老师心中掂量的问题，演化成教师在教育学生时，都不得不思考可能出现的糟糕局面，投鼠忌器的结果就是教师不敢管、不想管。在"保护天性"和一些家长的宠溺中，个别学生成了"温室里的花朵"，已经摸不得碰不得了，在肆无忌惮地野蛮生长。北京大学钱理群教授说的"我们在培养精致的利己主义者"，我认为这就是野蛮生长的结果，学生在知识、技能方面得到发展的同时，个人的规则意识、人际能力与道德素养却没有得到适宜的发展。如何走出这个困局，让蔡塘的教育回归到应有的状态，这是我一直思考的问题。

《傅雷家书》给了我很大的启发。《傅雷家书》是我国文学艺术家、翻译家傅雷及夫人于 1954—1966 年间写给孩子傅聪、傅敏的家信摘编，是充满着父爱的教子名篇。傅雷教子以严厉而著称，我本认为这是过时的严苛家教，而读了此书之后，想法有了极大的改变。傅雷夫妇苦心孤诣、呕心沥血地培养两个孩子，孩子们在父亲期盼、关爱及严格要求之下成人、成才，进而成"家"，傅雷始终把孩子的"成人"教育摆在第一位。

教生如子，虽然《傅雷家书》是从家庭教育的角度谈孩子的教育，但其体现的教育观念放在今天的教育环境下，也应该是学校教育应有的准则，尤其是"严格要求""不要过分夸奖孩子""有礼貌比一切学识重要"，正是学校教育拒绝学生野蛮生长、回归教育常识、回归教育理性所需要的。

"严格要求"

严格,是学者楼适夷在《傅雷家书》序言里对傅氏父子关系的评价。不论在做人方面,在生活细节方面,在艺术修养方面,还是在演奏姿态方面,傅雷对傅聪的要求都很严格。傅雷相信只有严格地用高标准要求,才能不断地帮助孩子提高。傅雷认为,严格要求有助于良好习惯的养成,并有助于培养孩子独立自主的能力。因为儿童善于模仿,也比较容易管束,如不从严要求,孩子容易沾染不良行为。孩子养成良好的习惯,他们走入社会以后就能以这些"自动化"的行为准则和行为方式为人处事。同时,可以促使孩子用高标准督促自己进步。傅雷引用古人的话说:"取法乎上,得乎其中;取法乎中,得乎其下。"只有严格地用高标准要求自己,"才能不断地提高自己"。

孩子来到学校,首先需要学习的是如何过集体生活,而集体生活与家庭生活最大的区别在于家庭生活是以亲情为基础,而集体生活是以规则为基础的。这就意味着学生到学校,首先得遵守学校规则,得遵守班级的规则。什么叫规则,规则就是对人进行引领和约束的东西,正是有了这个约束,才能维持活动或学习的正常开展。

严格并不意味着打击,正所谓"大器之成,有待雕琢",他告诫儿子:"人总得常常强迫自我,不强迫就解决不了问题,最基本的就是要抓紧时间。""做事要科学化,要彻底。""修改小习惯,就等于修改自我的意识与性情。"这些教育观点正是我们教育学生成人所应当遵从的原则。

"不要过分夸孩子"

傅雷不主张过分夸孩子。傅雷认为"年轻人往往容易估高自己的力量",其结果或者是受到挫折或者是受到赞扬而骄傲自大,这些对成长都是不利的。他甚至提醒孩子的老师也"不要过分称赞"孩子。孩子即使取得很大成绩,家长也不应过于高兴和表扬,这才不至于"娇惯"孩子,使孩子养成对专业的"严肃的观念",有"如临深渊,如履薄冰"的格外郑重、危惧、戒备的感觉。

近些年,激励教育、赏识教育蔚然成风,大人们对孩子不吝表扬,上来就是"你最棒""你真行",这种无节制、无底线的夸赞恰恰使学生容易迷失自我,目中无人,心中唯我,抗挫能力脆弱。一旦遇到真困难就容易演变成自我怀疑和自我否定,甚至采取一些极端行为来宣泄或逃避。我们不希望学生变成脆弱的"草莓",就不应该用那些心灵迷幻药喂养,所以,学校的教育评价应该在激励中坚持理性和中肯。

"有礼貌比一切学识重要"

傅雷说,教育当以人格教育为主,知识其次。孩子品德高尚,为人正直,学问欠缺一些也没有关系。一个有学识有才华的人言行粗鲁、举止轻浮,比一个资质平平礼貌有加的人,更令人生厌和疏远。学识可以通过后天习得,学习的深度和广度因资质有高低之分,而礼貌不仅反映个人品行,还有背后的家教。

"教养"二字,教在前养在后,先教后养方能清楚生而为人的基本原则,有了这个前提,再谈其他生之欢愉。仅把人养大而不加以教育,对孩子自身和父母都是残缺不全的。

一个人的能力是锦上添花,骨子里做人的教养则是为人处世的根本。《傅雷家书》无疑给学生的成长点出最本质最重要的所在。这也就回应了"为什么我们总是说别让自己走得太快,要等等自己的灵魂",其实,我们应该说的是,别让学生在知识和技能上走得太快,要等等自己的规则意识、人际能力和道德素养。

傅雷先生既重视子女的先天禀赋,也重视后天环境对子女成长的作用。他说:"无论多么优秀的种子,没有适当的环境、水土、养分,也难以开花结果,说不定还会中途变质或夭折。"学校就应当为学生发展提供"适当的环境、水土、养分",使之"开花结果",将成才的可能性转化为现实性。

教育的根本目的是育人,荀子的《劝学》有言:"木受绳则直,金就砺则利"。教育也是"赏与罚"的艺术,我们不能从学生的规则意识、交际能力和道德素养的教育中逃离,我们不能任由教育退化为知识与技能的训练场,我们不能任由育人异化为育分。

7/一个团队的探索:共同愿景的力量

　　我们要到哪里去,我们又该怎么去? 对于一个新成立的学校而言,尤其是面临诸多不利因素的蔡塘学校,这是必须明确的命题。去哪里,这是目标问题,怎么去,是路径问题。常说一个人走得更快,但走不远,一个团队才能走得更远。学校的发展不是一个人的发展,而是团队的发展,所以"去哪里"是团队的方向和目标,当这个目标与每个教师个人愿景深度吻合时,这目标就成了团队的共同愿景。

　　共同愿景是从个人愿景中结晶浮现出来的,只有这样,共同愿景才能产生力量,培育出奉献精神和承诺投入的心愿①。在最简单的层面上,共同愿景是对下面问题的回答——"我们想要创造什么?"个人愿景是人们在自己头脑里的图景和画面,而共同愿景则是整个组织中的人们内心的图景。这样的图景让组织有一种共同性,它贯穿了整个组织,从而在各式各样的活动中保持一种连贯性和一致性。

　　由于特定的用人机制,蔡塘学校的每一位教师都有着强烈的职业安全与专业尊严的期望,这与学校求生存、谋发展的需要高度吻合,是教师发展与学校发展的最大公约数。通过一年多的磨合、观察和思考,蔡塘学校的创业伙伴们开展了关于自己的职业规划和学校发展规划的思考,2006年12月,我们特别组织了一次主题为"我们要到哪里去,我们又该怎么去"的发展愿景研讨,鼓励每一位伙伴做梦,畅想未来。大家似乎是嬉戏打闹般地提出了自己的教育梦想,在那个极为简陋的校园里,居然提出"十年创造外来务工人员子女教育的代言学校""十年成为全省知名的九年一贯制学校"等等。当年,我觉得这纯属老师们苦中作乐、自娱自乐罢了,却未曾想到今天的蔡塘已经超越了那时候的"玩笑"。那一次愿景研讨,大家达成了这样一个办学共识:"为外来务工人员子女创造优质教育,为自己建设一个教育家园。"这里既有我们教育人的使命和责任,也有每一位非在编教师对

---

　　① 彼得·圣吉.第五项修炼:学习型组织的艺术与实践[M].张成林,译.中信出版社,2018:210-215.

自身职业稳定和发展的期盼,这是我们的共同愿景。

从那年以后,蔡塘人开始了追梦的旅程,开展了一场又一场的策略研讨,进行了一次接一次的台阶式教育教学改革探索。为了解决生存问题,必须办出教学质量,蔡塘学校于2006年开始了"办农民工子女品牌学校"的五年建校规划,一支拼凑起来的教师队伍第一次对学校命运进行探讨,分析学校的优势与劣势、挑战与机遇,确定学校发展目标和行动策略,共同的期望把他们凝聚在一起,留在这片"贫瘠"的土地上为梦想而奋斗。

在第一个五年规划中的"建校年、常规年、质量年"中,为了解决管理问题,我们提出了"学校精细化管理策略研究";为了解决学生的行为习惯问题,我们提出了"外来务工人员子女习惯养成策略研究",提前一年实现了"外来民工子女品牌学校"的目标。2009年,为了解决课堂教学问题,第二个五年规划确定了"以优质为目标,以科研促发展"的发展策略,我们通过深度开展课堂教学改革提升了教学质量,学校实现了华丽的转身。2014年,我们迎来了办学转折点,学校迁入占地八十亩的新校园,我们终于走出了办学困境,为生存而战的阶段结束,我们真的有了自己的"教育家园"。

在新的平台上,我们没有停下脚步,"办优质的教育"是一个没有止境的追求,为了提升办学品质,总结十年办学取得的经验,2015年,我们制定了"创办新型优质教育"的第三个五年规划,提出"办九年一贯制现代化精品示范学校"的办学目标,新的共同愿景激励着蔡塘人朝着统一的方向努力奔跑,"体验式品格教育行动研究"、"学习型课堂"和"新媒体条件下的现代课堂教学研究"等提升内涵发展的策略措施不断被提出来。"预见问题、发现问题、分析问题、解决问题","问题导向,精细管理,创新发展"成为蔡塘人共同的文化理念,新蔡塘在努力续写新的"传奇"。

课程学家小威廉姆·E.多尔说:"未来,不是我们要去的地方,而是需要我们创造的地方。通向未来的道路,并不是随意找到的,而是一步一步走出来的。走出的这条道路,既改变着走出这条道路的人,又改变着目的地本身"①。这句话正是我们一群老师不断为学校发展找问题、理思路、寻出口的真实写照。因为我们不仅在奋力拉车,还没忘了抬头看路;不仅脚踏实地,还没忘了仰望星空;没有止于生活的苟且,我们眼中更有诗和远方。

这一切都源自我们的共同愿景,个人愿景的力量来自自身对愿景的深度关切,共同愿景的力量则来自一种共同的关切,是人们在重要的事业上

---

① 张贤志."未来",一个我们要创造的地方[J].教育视界,2016(23):80.

找到沟通和共鸣。共同愿景不是理念,甚至不是重要的理念。相反,它是人们内心的愿力,一种由深刻难忘的影响力所产生的愿力,它的起始可能受到理念的激发,但是,一旦它得到进一步的发展,形成足够的吸引力,那它就不再是抽象的东西了。这时它成了明确的可触知的东西,几乎再没有什么比共同愿景更有力量的了。

我时常在想,教育是播种、耕耘和守望的事业,老师给孩子们播种希望,校长要先把希望播种到老师们的心里,让教育的愿景在老师心中永存。

8/发现教育,点亮外来娃发展的可能

与城市学生相比,外来娃在城市的学习和生活面临着更多因自身基础、家庭条件、社会支持等方面带来的困难,他们需要得到更多的包容、帮助、引导和支持。学校是外来娃融入城市生活的第一站,学校教育是助力他们成长、帮助他们成就梦想的最主要渠道。所以,对蔡塘学校而言,构建怎样的一种教育,是关系到能不能帮助一群外来娃在城市健康成长的大问题,也是当前中国"二元化社会"剧烈变革中的教育探索,我们自诩"新时代平民教育的探索"。

教育,也被称为"人生重新洗牌的过程"。我相信这样一个结论,智力有时是天生的,困难很多是暂时的,但优秀是教育出来的。实践证明:智力一般的孩子,如果教育得法,可以"笨鸟先飞",成为有杰出成就的人;相反,天生智力超群的孩子,如果教育不当,也可能毫无建树甚至成为社会的祸害。我始终相信,尽管外来娃的起跑线似乎比很多人输了不少,但是,只要有适合的教育,成就美好的人生是必然的。

文艺复兴时期,雕塑家米开朗琪罗在回答为什么能雕刻出《大卫》这样伟大的作品时,他说:"其实大卫是隐藏在石头中的客观存在,我只是发现了而已,然后把阻碍我们目光的杂质去除掉,大卫就呈现出来了。"

这恰恰暗合了教育的发生过程,教育成功的秘诀就在于发现。陶行知说过"你的教鞭下有瓦特,你的冷眼里有牛顿,你的讥笑中有爱迪生,你别忙着把他们赶跑",由此可见,教育的本义就是发现和发展学生潜能。因此,教育者首先应是一个发现者,发现学生的兴趣特长,接纳学生的差异性,唤醒学生心中的巨人,帮助每个学生寻找自己的个性支点。

教育就是努力让每个学生成为更精彩的人。以往,我们太看重把一个孩子塑造成什么,以至于我们忘记了他们实际上可能会成为什么。今天的学校教育早已经不再是单纯的知识传播,更重要的是对学生的发现、发掘和发展,发现他们的天赋秉性,唤醒他们心中的潜能,帮助学生去找到适合自己的舞台,让每个孩子都接受到良好的教育,成为"最好的自己"。

外来娃与城市孩子的差异是明显的,与城市孩子丰富的教育生活和高远的发展目标相比,外来娃孩子更需要的是踏实的教育,更需要心灵的温暖和社会的包容与接纳,有尊严地成长是他们的真实需要,在这个基础上才能谈诗和远方。

习近平总书记强调的"为学生点亮理想的灯,照亮前行的路"正是蔡塘学校要努力践行的。我们要站在外来娃的立场,关注他们的成长需求,从发现闪光点入手,为他们的发展提供最好的帮助。

外来娃的教育除了与其他学校具有的教育共性之外,这个学生群体的特点决定着他们的教育有其特别的地方。

外来娃从"一群回不了原乡的人"走向"城市未来的新市民",城市生活的文明素养教育是这群外来娃最直接的需要。为了扣好人生"第一粒扣子",我们要把"见贤思齐、崇德向善"等优秀的文化素养刻入价值观中,以习惯养成教育解决外来娃的社会融入困境问题,培养和提升他们未来生活的必备技能,培养他们"做人"的公民道德素养,为每一个学生的终身发展奠定坚实的基础,用德育点亮学生心灵的明灯。

他们是"城市的边缘人",需要得到社会的认可与接纳。学校教育要以爱为底色,教育者要以一颗明亮的爱心发现青少年的需求,发现学校的意义,发现教育的美丽,用关爱解决外来娃的心理困境,用大爱教育点亮学生的人生底色。

他们的学业基础薄弱。在当前质量就是生命线的教育大环境下,成绩是衡量教学质量的重要标准,我们无法逃避,也不应该逃避。外来娃急需更为有效的学习,提高学习成绩,摆脱学业困境,学校需要用教育质量点亮学生发展的台阶。

他们是一群"无根"的人。"我从哪里来?我是什么人?"始终困扰着外来娃,学校教育要能为孩子们点亮一盏心灯。这盏灯将引导学生成长的方向,照亮他们前行的道路。"心灯"需要以人性的温暖为底色,以阳光的文化去濡染,这就需要学校建构优秀的文化内涵,以文化濡染解决外来娃的角色困境,点亮他们的生命底色。

他们是一群迷茫的人。"我为什么而来？我要去哪里?"是这群孩子要解决的发展问题。英国伟大作家王尔德曾说,"我们生活在泥沼之中,但是有人依然仰望星空",所以虽然孩子们身处困境,但梦想的重要性是一样的。这个群体中的每一个孩子都需要一个人生梦想,一个为之不懈奋斗的方向。而教育就是成就,我们要让每个学生拥有梦想,并服务于每个学生成就梦想,用"理想"教育解决外来娃的发展困境。

叶圣陶曾说:"教育是农业而不是工业。"由此我认为每个学生都是一棵与众不同的小苗,学校教育要成为肥沃的土壤,能为每棵苗提供相应养分,让小苗在土壤中茁壮成长。基于特别学情,蔡塘学校的教育要把"让每一个孩子都有一个自信的支点,让每一个孩子都有一片自己的天空,让每一个孩子都有一束温暖的阳光,让每一个孩子都成为追梦者"镌刻到学校办学理念中。

记得新加坡教育部部长在校长委任状上的附言中写道:"你的手中是许许多多正在成长中的生命,每一个都如此不同,每一个都如此重要。他们全部对未来充满着憧憬和梦想,都依赖着你的指引、塑造和培养,才能成为最好的自己和有用的公民。"我认为做教育首先是做良知,学生的生命成长是不能重来的,如果我们的教育能点亮这群孩子的未来,点亮他们的生命之光,帮助这群外来娃找到自己,并能成为最好的自己,这就是我们每个教育者最大的良知。

9/教育慢生活,给学生自然成长的空间

不知道从什么时候开始,"不要输在起跑线上"成了某些人贩卖教育焦虑的口号,搅得人心惶惶,为了这么一句话,孩子奔走在各种补习班、大小考试之中;为了这么一句话,中国教育开启"拼爹""拼妈"模式;为了这么一句话,多少中国家长失去理智,"起跑线"一再提前,从初中到小学,再到幼儿园,甚至提前到了胎教,导致了全民进入教育的全程焦虑模式,让孩子几乎失去了快乐的童年。

当今社会,快节奏已经成为我们的生活常态,教育也开始走上了快车

道,在对孩子教育潜能的无限开发和对优质教育资源的不断追逐当中,教育已经偏离了它本该有的样子。

大概是从 2020 年下半年开始,"教育内卷"这个词出现在了公众的视野中。从一线城市到边远乡村,教育的焦虑席卷全国。整体性、全民性的,各个阶层都在焦虑。特别糟糕的是,焦虑呈现低龄化,最初主要在初中阶段,然后下沉到小学阶段,接着到了幼儿园,对应的就是"小升初"和"幼升小"以及幼儿园的择校择园竞争,让人不胜感慨。

曾几何时,罗大佑的《童年》响起时,那种轻松、快乐的校园生活就会浮现在人们眼前,让人们回忆起记忆中最灿烂最快乐的一段时光,令人无尽憧憬。《童年》里的孩子们在大自然中畅游,也在一段自由、无拘无束的时光里慢悠悠地长大。但这样的童年已经随着当年的歌声远去。现在的孩子,被催促着快快长大,大人们依照成人的标准干预着孩子的成长,急不可耐地让孩子早日脱离童稚的状态。陪伴孩子的已不再是色彩斑斓的自由时光,也不再是充满好奇与幻想的自由生长。"捉蜻蜓""找蝌蚪""玩泥巴"……这些童年趣事,变成了笔下的作业、书包里的习题、肩膀上的画板、手里的提琴、手指下黑白分明的键盘、脚尖上轻盈跳动的舞步。沉重的学业负担、名目繁多的"特长培训"压在孩子们瘦弱的小肩膀上,成为推动他们长大的"加速器"。

当看到孩子们其实并不快乐的时候,我们是不是该停下急匆匆的脚步,静下心来想一想:教育的本意是什么? 我们想要通过教育培养一个怎样的孩子? 一个心智尚未发育成熟的孩子,能承受得了这样大的压力吗? 我们耐心地倾听过孩子们的心声吗? 我们常说,教育的宗旨是育人为本,促进孩子健康快乐地成长。可是,这种肢解孩子生命成长的活动,不尊重其自我发展过程,违背身心发展规律的急功近利的教育方式,与"以生为本"的教育理念相去甚远。

任何事物的发展都需要足够的时间,教育同样如此。任何生物的成长都需要自由的空间,孩子尤其如此。教育是一个"慢活"和"细活",是如同生命静悄悄地生长,是深耕细作式地融入。如同我们等待庄稼破土开花、抽穗,到成熟,需要我们遵循其内在的规律,尊重其自然生长的形态。缘于这样的尊重,学校生活才会带给学生享受的感觉——享受学习,享受实践,享受成长,享受一路的风景,学生的习惯、积淀、人格、素养自然而然地滋生孕育。

教育"慢生活"是对学生成长规律的尊重,是摒弃了急功近利后的一种自然。我们要保护学生的好奇心、求知欲,让学生在主动探索中学习,在游戏和玩耍中自然地生长,这才是教育的自然之道。在课堂上,教师要像爱护珍宝一样保护着学生学习的热情和探究世界的兴趣,启发学生自己发现问题,合作解决问题,学习的过程就像奇妙的探险,孩子们学得积极,学得自主,尽享主动获取知识的乐趣。下课时,让学生及时放松身心,在课间活动中学会交往。教师要用欣赏的目光记录下孩子们快乐成长的足迹,少一点急功近利,多一点淡定从容,让学生爱上学习的过程,享受学习的结果。

教育"慢生活",是对学生差异的尊重,是摆脱了焦虑烦躁后的一种恬静。每个人具有不同的智能类别,教育要从科学出发,关注个性差异,尊重人的多样性,鼓励每个学生获得成功的体验,充分开发学生的潜能,使学生得到最大的发展。面对调皮捣蛋的孩子,教师能欣赏他不经意时迸发的智慧和流露的善良,并能心态平和,长其善而救其失;面对成绩暂时落后的孩子,教师能赞赏和鼓励他们独特的爱好和点滴的进步,唤醒他们心中沉睡的"巨人",并以足够的耐心、有针对性地进行指导,因为花开的时间会有早有迟;面对学有余力的孩子,教师要关注他的品行和心理健康,适时进行挫折教育,因为成绩好并非优秀的唯一标准。总之,教师不是以"成绩论英雄",更不会以固定的教学模式束缚苛求学生,而是在情感上有教无类,公平对待,用真诚而温暖的爱赢得孩子们的喜欢;在方法上,因材施教,循循善诱,让每个孩子在广阔的天空中自由自在地翱翔!

教育"慢生活",是对学生未来的关注,是拒绝了肤浅价值后的一种深刻。爱因斯坦说:"负担过重必然导致肤浅。"因此,我们要减轻学生负担,让他们有充裕的时间沉思和体验,感受和欣赏,实践和创造,充分获得心智的发展。学校要把目光放长远,减轻学生课业负担,以德为先,以能为重,开展丰富而有创意的活动,培养学生的人文精神,激励学生怀着梦想前进。学校要给学生足够的时间,把经典书籍的神奇力量带给学生,让阅读习惯慢慢融入学生的生命。学校要给学生足够的空间,组织学生开展社会实践活动,引导学生了解社会,服务他人,奉献爱心。比如,为地铁公交站进行文明宣传,为贫困伙伴义卖,为敬老院、福利院送温暖;学校要给学生足够的课程,让学生追逐梦想,挥洒创意,比如举办"梦想俱乐部""魅力艺术展"等;家庭要给孩子足够的机会,去拥抱大自然,去登一座座山,去涉一行行水,去速记风的演讲,去想象云的变化,去品花之语,去赏叶之舞。

由此,我想到了黑幼龙的一本书《慢养》,他认为:"慢养并不是时间上的慢,而是说教育孩子不要太担忧、太着急。不求一时的速度与效率,不以当下的表现评断孩子，尊重每个孩子的差异。慢养，可以让孩子发现最好的自己。"教育要有静待花开的淡定和气度。

教育"慢生活"，就是要敢于放下不必要的焦虑，要摒弃虚无的功利，创造悠然、美好、诗意的教育生态，让学生自然成长。日复一日，年复一年，学校培养的学生明朗活泼、富有爱心，会学习也会做事，会独立也会合作，会实践也会创造，并且会为了梦想而努力奋斗。所以，教育是为了培养一个具有健全人格能独自面对社会的人，这是底线，也是最基本的目的。

第四篇

我的办学主张——立本至善

在 2018 年 9 月 10 日召开的全国教育大会上,习近平总书记指出学校教育要"坚持把立德树人作为根本任务",从德育层面强调了学校活动在价值观、世界观方面对学生的道德培养,使其能够更好地融入社会,履行公民的职责,这为学校的公民教育指明了方向,明确了任务。学校的办学思想本质上是回答"为谁培养人、培养什么人、怎样培养人"的问题,只有根植于"立德树人"的理论沃土,才能把牢方向,为未来社会培育出更多、更好的社会主义事业的建设者和接班人。基于公民教育,我结合办学实践凝练出"立本至善"的办学主张。

第一部分 办学主张的形成

随着改革开放的深入及城市化进程的加速,作为首批经济特区的厦门市接纳了来自全国各地的进城务工人员,湖里区是厦门经济特区的发祥地,大量进城务工人员的子女(以下简称随迁子女)受教育的问题成为湖里区一个重要的民生问题。随着国家相关政策出台,随迁子女的就学成了地方政府必须落实的政策问题。2005 年成立的蔡塘学校成为厦门第一所公办九年一贯制农民工子女专门学校。

1/在教育实践中的思考

（1）对义务教育核心任务的认识

义务教育的九年时间是人生打底色的阶段，影响着学生的一生。蔡塘学校是九年制学校，我肩膀上总有一种沉甸甸的压力，因为我能完整地看到一个天真烂漫的幼儿成长为个性独立的青少年的生命历程。每年一批批天使般的儿童牵着父母的手开心地入学，将在蔡塘学校生活学习九年，九年后我们还给家长一个怎样的孩子，给社会输送一个怎样的青少年，这是学校必须回答的问题。

国家教育方针明确指出教育要"培养德智体美劳全面发展的社会主义事业的建设者和接班人"，这里的"建设者和接班人"首先是一个合格的公民。而义务教育阶段就是公民教育的开端，《中华人民共和国义务教育法》规定：义务教育必须为培养有理想、有道德、有文化、有纪律的社会主义事业的建设者和接班人奠定基础。那么如何把这个基础打好，为孩子的人生把好方向呢？有人把义务教育阶段的培养目标要点归纳为：公民意识，价值观念，社会责任感，创新精神和实践能力，科学与人文素养和环境意识，终身学习的基本知识、基本技能和方法，强健的体魄和良好的心理素质，健康的审美情趣和生活方式。在众多的目标中，每一个目标都不可或缺。然而，我们思考一个人生活于社会，作用于社会，决定他的社会角色的最基本、最本质的因素是什么？是各种知识或各种能力吗？这些很重要，但不是最本质的，司马光在《资治通鉴》里写道："才德全尽谓之圣人，才德兼亡谓之愚人，德胜才谓之君子，才胜德谓之小人。"由此可见，首要的是德性，是品行修养。

义务教育是为国家民族的未来奠基，概而言之，我认为义务教育阶段的任务就是要营造良好的教育生态，培养学生的良好习惯，塑造学生的品行，培养学生应有的学科素养和能力，使学生成为德、智、体、美、劳诸方面和谐发展的人，其中育德要先行。

（2）对随迁子女教育的思考与追问

我校是以随迁子女为主体的专门学校，外来务工人员是城市里的弱势群体，当他们把孩子交给学校时，某种意义上就是把家庭的希望交给教育，就是把孩子的未来交给我们，这是一份沉甸甸的责任。办好学校，让每个随迁子女得到最大的发展，也许就是改变孩子的一生。对于外来务工人员家庭来说，就是给这个家庭建立希望，有美好的未来可以憧憬，这个家庭就会有不断奋斗的动力。一个外来务工人员家庭安稳了，则社区安，地方兴，国家宁，这是我校必须承担起来的社会责任。

随着大量随迁子女进入城市就学，不仅给城市教育的格局带来影响，同时也由此衍生出了一系列相关的政策法规，随迁子女在厦就学由难而易，由少数而至普及，已经成为不少学校的重要生源部分，随迁子女融入城市生活、适应城市教育成为一个新命题。在 15 年的随迁子女教育实践和观察中，我们看到这群孩子身上有朴素、刻苦、懂事、自立、上进等诸多方面的优点，也感受了"流动的花朵"的迷茫。他们进城就学后，不仅面临着对城市生活学习的不适应并由此衍生出各种成长中的烦恼，同时还始终被"我为什么而来，我要去哪里"困扰。

随着我国经济飞速发展，教育条件迅速改变，近年来，"同在蓝天下，共同成长进步"所需的政策环境已经不是问题，一定程度上随迁子女已经能够享受到与城市学生一样均衡的教育资源，然而这群孩子始终没能摆脱"外来娃"的标签。作为随迁子女教育的实践者，始终有一个追问萦绕着我：这群孩子的将来在哪里？他们会成为怎样的人？

随迁子女是流动的花朵，也是国家的未来，也将成长为社会主义事业的建设者和接班人。当然从社会发展的趋势来看，这些孩子长大后，大部分已经不可能再返回原乡，他们或成为这个城市的新市民，或继续在这个或那个城市中成为又一代的流动人员参与社会生活，对于他们而言，未来影响他们融入城市生活，被城市接纳，成为城市新市民的重要因素是什么？知识、能力固然重要，但首先应该是要具备城市居民的文明素养，具备良好的公民道德。所以，良好的德行修养是随迁子女未来融入城市的通行证。

2/我的教育生涯和我的教育认知

走出大学校门至今,躬耕杏坛近三十载,从科任教师、班主任、学科组长、学校中层干部,而至学校管理者。一次次角色的转换,是我一次次从新的视角看待教育、认识教育的过程,从一个科任教师更多地关注学生的学业成绩,侧重"教书"的角色开始,逐渐意识到作为教师的另一个重要角色——"灵魂工程师"。随着对教育的理解逐渐深入,对教育本质的追寻没有停下,有一个问题始终萦绕在我的心中:"学校教育带给学生最重要、最核心的影响应该是什么?"在个性鲜明的学生群体中,什么核心因素使学生分化发展,成为人们口中常说的"优秀生、好学生、中等生、问题生"?怎样的学生在将来才能真的成为社会主义事业的建设者和接班人?具体地说,哪类学生才能更好地适应社会、融入社会,成为一个合格的公民,进而成为一个于国于家的有用之才?学校教育,除了知识发展、能力发展,影响学生终身的核心发展又是什么?

我的教育生涯从重点高中开始,依次在职业中专、初中、九年一贯制学校任教、任职,这恰好是我带着那些问题对教育溯源追根的历程,在教育他人和回顾自己中对比,总是反问自己:小学、初中、高中乃至大学的教育给我留下了什么,哪些东西对我影响至深?作为一个非师范类的人,是什么让我可以成为一名好老师,进而成为一名称职的校长?凭什么我的课堂可以上得更好,我带的班级可以更优秀,我办的学校可以从薄弱学校发展成为优质学校?反复咀嚼,我想,这其中当然有文化知识,有专业技能,可是我觉得这些不是最核心的部分,自己所学的学科知识已经遗忘得所剩无几,大学的专业技术也荒废了,而始终在影响我日常的工作和生活的,是小学老师教给我的判断是非的观点,是"团结友爱""乐于助人",甚至是"五讲四美"等待人处事的要求;是初中老师教育的"学好三年,学坏三天"的坚持;是高中老师告诉我"学如逆水行舟,不进则退"的刻苦精神;是大学专业课上要求"客观、严谨、细致"的科学态度。这些印证了爱因斯坦说过的:"什么是教育?当你把受过的教育都忘记了,剩下的就是教育。"

英国数学家、哲学家怀特海说过:"抛开了教科书和听课笔记,忘记了为考试而背的细节,剩下的东西才有价值。"我们能够发现,学生学习获得的最重要的东西,是那些使人成为人的核心价值,以及自我学习、独立探索、创造性思考的能力。那么,具体来说,哪些才是我们的教育应该给学生留下的呢? 在我看来,首先就是普世的伦理、道德,其次是现代公民的基本常识,再次是我国的文化传统精华,最后才是知识和技能。前面三者都可归类为人的品德修养,这是教育对人的终身影响最为核心、最为重要的部分。

3/办学主张的形成

关于教育,众多名家观点纷呈。在我看来,教育是一件既简单又复杂的事业,简单是指大道至简,教育的本质就是教人成人,教人向善;于教师而言,教育就是"千教万教,教人求真";于学生而言,教育就是"千学万学,学做真人"。复杂是指教育的过程是复杂的,面对千百个个性丰富的生命成长,不可能用同一种方式进行过程"复制",故而先哲有"有教无类,因材施教"之说,现代人有"静待花开"的认知。教育的最终作用是培养未来社会的公民,我们所教育的人终究要走出校门,走进生活,陶行知说"生活即教育",我们是否可以理解为教育是为了学生未来更好地生活,所以,所有脱离生活的教育之说,都是虚幻的、不负责任的。

我希望的教育是以现实生活为起点,给学生一个自己能预见的奋斗目标,逐步增加生活的广度和深度,能真实地培养学生适应未来社会生活所需要的素养,包括了人的品德和生活的能力,能独立生活,进而更好的生活。因此,我们的教育首先需要脚踏实地,而后才能心怀诗和远方;我们培养的人,首先是一个合格的社会公民,而后才能成为一个"建设者和接班人",即教育需教人成人,而后才能成才。

如前所说,义务教育是为国家民族的未来奠基,为个体的幸福人生奠定基础,义务教育阶段"成人"的核心就是培养孩子具备未来社会所需的公民素养。儿童心理咨询师兰海认为所谓的成人,"应该就是一个大写的人,堂堂正正的人,有爱心、充满自信、自尊自爱的人,是一个遵纪守法、诚实守信的人,是一个尊重他人、热爱劳动的人,是一个心理健康、人格健全的人",这就是培养一个人的德性。我们甚至可以对义务教育的理解再简单点,简单到如叶圣陶所说的"教育就是培养习惯"。有这样一句振聋发聩的话:"教孩子 9 年,为孩子着想 50 年,为国家民族着想 100 年。"那么,什么会影响学生的 50 年呢?首要的当然是德性,是品行修养。基于自身的教育经历,结合 15 年的办学实践以及对公民教育的理解,我从中总结出"立本至善"的办学主张,这是把一个自然人培养为社会人的教育路径,也是在教育教学落实"立德树人"的思考与实践的总结。

第二部分　"立本至善"的内涵和释义

"立本"出自《论语·学而》:"君子务本,本立而道生。"本,本意是草木的根,引申为根基或主体,此意为君子致力于抓住做人的根本,根本既立,自然就能把握为人处世的道理。何为做人的根本呢?《大学》里说"自天子以至于庶人,壹是皆以修身为本",因此,"本"就是指一个人的品德修养,"立本"就是"立德为本"。

"至善"出自《大学》"止于至善"一句,意为道德达到一个最理想的境界。德国哲学家康德认为至善是最完美的道德境界,是道德和幸福的精确配合。那么,何以至善呢?一个人的育德过程是一个不断学习与践行的过程,教育是具体的,学习也是具体的,没有真正的学习,就没有真正的精神成长,正所谓"人不学,不知道","至善"需通过学习的途径,就是"学以至善"。

因此,"立本至善"的具体内涵就是"立德为本,学以至善"。

1/立德为本

"立德为本"中的"德"字从古至今有深远的含义。"德"的本义是七曜的运行,后来引申为顺应自然、社会和人类客观规律去做事。《广韵·德韵》里说:"德,德行。"就是说"德"字的本义是指"道德和品行",是人在社会活动中体现出的美好品质。"立德为本"的含义就是"培育青少年美好的道德品质,使之成人"。

习近平总书记强调以立德树人为学校工作的根本任务,"真正做到以文化人、以德育人,不断提高学生思想水平、政治觉悟、道德品质、文化素养,做到明大德、守公德、严私德"。立德树人的"德",应该是"大德、公德、私德"之总称,与德智体美劳中"德"的含义相同,包括政治、道德、法律,即理想信念、道德品质、法治素养三个方面。立德就是要树立青少年理想信念、塑造青少年道德品质、涵养青少年法治素养①。

在学校教育中,"德"主要指德育,即教育者有目的地培养受教育者品德的活动。我们认为,这里的"德"包含了教育者之德与受教育者之德,教育者之德即为教师的师德;受教育者之德,即为学生的品德。德育,先是教育者有德,而后才能育学生之德,教育者以自身之德影响学生,使之懂道德、内化道德、践行道德。所以"立德为本"可包含"德以立师,培养优良的师德师风"和"德以立生,培养未来的人的品德修养"两方面的含义。

德是品行,外显于行为举止,内化为素质修养。具体到义务教育阶段的"德育"就是从培养学生外在的行为习惯入手,在习惯养成教育中培养学生的品行意识,这其中就包括什么是真、善、美,什么是假、恶、丑;在参与校园各种集体活动的秩序要求中去培养学生的权利和义务的意识,帮助学生拥有积极的心态;在校园生活及走出校门参与社会的过程中培养学生的社会公德意识,包括什么是合乎伦理的,什么是违反伦理的,帮助学生拥有健全的人格;从书本走向生活,建立学生的家国意识、理想信念等,实现知行合一,达到立人的目的。

2/学以至善

"学"在字义上,可做"教",字的本义是"对孩子进行启蒙教育使之觉悟",即表示"进行教导";现代多做"学",原本专用于表示"接受教育",引申而指"互相讨论""效法,模仿""注释,笺疏""讲述,说""知识"等。所以,"学

---

① 王树荫.厘清立德树人根本任务中"德"的含义[N].光明日报,2019-12-04(16).

以至善"包含两层含义：一为"教之以至善"，是为学会；一为"学之以至善"，是为"会学"。因此，在现代学校教育中，"学"含义广泛，可以指"学习"，以及一切和学习有关的事情。但在这句话中，"学"只是狭义上的"学"，指在学校中教师的教和学生的学，以及两者之间发生的活动。

"至善"是"最崇高的善"。《礼记·大学》开篇写道："大学之道，在明明德，在亲民，在止于至善。"这里，我们同样可以将"至善"理解为"到达崇高的境界"，宋代理学家朱熹认为"至善"是"事理当然之极也"，明代王阳明释"至善"为"性"，即本性，人类的本性是纯善无恶的，"至善者，性也。性元无一毫之恶，故曰至善"。由此可见，"至善"有一个成就完善道德的阶段过程。

从社会理想追求的层次来说，"至善"是指崇高的境界，是一种"大真、大爱、大成、大智"，主要指思想品德上的崇高境界，这是对社会文明的美好追求，属于"善"的终极层次。当然，这个"至善"在中小学阶段过于高远，对中小学生而言还过于抽象，无法理解，所以这个层面上的"至善"可以作为人生道德修养境界的追求。

从个体品德发展的层次来说，"至善"是指符合社会理想公民标准的程度，体现在一个人良好的品行修养，更为具体，更为真实，这个层次的"善"才是中小学可教育的"善"。对中小学生而言，"至善"就是"做最好的自己"，这里的"善"要落细落实，可以理解为"美好的，对的，正确的"，符合社会价值观的言行举止，如语言文明、习惯良好是"善"，尊重秩序、遵守公德是"善"，"每天进步一点点"也是"善"，等等。因此，在中小学教育中，"至善"就是具体化为良好的日常行为规范，最后是"德、智、体、美、劳和谐发展"。

"学以至善"含义就是"通过教导与学习，使学生达到更好的层次"，在教育关系中，坚持学生主体地位，在教育方式上，坚持"引"和"导"相结合。"学"是途径，是形式，是青少年追求知识、积淀德性的最基本形式，"至善"是目标，是追求，是教育目标的最大理想彼岸，通过学校里各种"学"的活动，实现两个群体的发展——学生的发展和教师的发展，达到教学相长的目标，达到"至善"的境界。

3/"立德为本"与"学以至善"的内在关系

　　"立德为本"体现公民教育的内容和目标。公民教育的总目标则是培养并造就健全、自律的合格公民。进一步说,公民教育的目标并不局限于理解和获得知识,而是侧重于对人的价值、信念、态度和能力的培养①。其中"价值、信念、态度的培养"在学校教育阶段就是指德育,"立德为本"就是公民教育的学校教育部分。"德"是教育的内容,把社会主义核心价值体系融入国民教育体系之中,引导学生树立正确的世界观、人生观、价值观、荣辱观。德育是一种手段,义务教育阶段的德育是一个由表及里、由浅及深、由微观细节至宏观意识的培养过程,在德育活动中塑造学生的行为,进而形成观念,终至形成品格,最终成为一个完整的人。"立人"是目的,要培养一个具有现代社会公民素质的人,能够符合社会要求,能够为社会、为他人做出有价值贡献的人。

　　"学以至善"指向公民教育的形式和途径。学校教育是公民教育的主要形式,而"学"是学生在校的主要活动,也是培养和发展学生的主要形式。这里的"学"不仅仅是书本知识之"学",更要包括"价值、信念、态度"的实践之"学"、体验之"学",不仅要达到"学会"的结果,更要培养学生"会学"的能力,这正是公民教育在学校教育中的主要途径。

　　"立德为本,学以至善"是将"德"作为最根本的教育内容,始终把教会学生"做人"放在首位,以"知识"为载体,在教育中将知识教育和道德教育合二为一,用知识启迪学生个体的智慧,教会学生学习,培养学生核心素养,进而使学生"会学",具备主动发展和个性发展的能力,达到"德、智、体、美、劳"和谐发展的理想层面,从而实现教育是为了促进人的发展的根本要旨。"立德为本,学以至善"是对学校教育的根本任务、内容、目的、途径和教育追求的综合表达。

---

　　①　冯宇红.论公民教育.教育探索[J],2005(1):12-13.

第三部分　"立本至善"办学主张的理论依据

1/以公民教育为基础

2000 年《公民道德建设实施纲要》颁布之后,公民教育正式进入我国的教育政策。公民教育是指培养人们有效地参与国家和社会公共生活,培养健全自律的、具有公民意识的、明达的公民。公民教育的主要内容是:培养公民对国家制度、法律制度的合理性认同;培养公民权利与义务相统一的观念;培养公民民主平等的现代精神;对公民进行道德教育,使公民具有社会普遍认可的道德素质。据公民教育所涉及的深度和广度,把公民教育理解为三个方面:一是"有关公民的教育",强调对国家历史、政体结构和政治生活过程的理解;二是"通过公民的教育",通过积极参与学校和社会的活动来获得公民教育;三是"为了公民的教育",在知识与理解、技能与态度、价值与性向等各个方面培养学生,使学生在未来的成人生活中能够真正行使公民的职责①。

实施公民教育要靠全民教育,但是最有目的的、最有计划和最有组织的公民教育是学校教育,学校的教育奠定公民身份的道德底蕴。"立德为本"是学校教育从人的身份角度对个体德性的教育与培养,包括个人的信仰、思想、感情、言行举止、待人接物,在朋辈、家庭、社会、国家以至人类社会中所担当的各种任务,所享有的权利和应承担的义务②。

"做人、做事、做学问",这句话说明个体在成长过程中学会"做人"是首先要解决的问题③。在公民教育中,学校教育的根本任务就是落实"立德树人",培养具有现代公民素养的人。具体就是培养青年、少年、儿童在品德、

---

① 朱张虎.基于亲历反思的公民教育课程价值[J].中学政治教学参考,2013(8):39-40.
② 刘方涛.对创新与丰富高职德育内容的思考[J].教育与职业,2008(12):88-90.
③ 鲁洁.教育的原点:育人[J].华东师范大学学报(教育科学版),2008,26(4):15-22.

智力、体质等方面全面发展,使其成长为有理想、有道德、有文化、有纪律的建设人才。因此,"立德为本"正是把学生"价值、信念、态度和能力的培养"放在育人之首,与公民教育的培养目标相契合,也是落实社会主义核心价值观的需要。

2/以立德树人为核心思想

在 2018 年 9 月 10 日召开的全国教育大会上,习近平总书记指出学校教育要"坚持把立德树人作为根本任务"。党的十九大报告进一步指出,"要全面贯彻党的教育方针,落实立德树人根本任务"。在北京大学师生座谈会上,习近平总书记强调学校要"做到以树人为核心,以立德为根本"。习近平总书记关于立德树人根本任务的重要论述,抓住了教育本质,明确了教育使命,为人才培养指明了方向[①]。"培养什么人、怎样培养人、为谁培养人"是教育的根本问题,是学校办学思想要回答的问题。在"培养什么人"这个教育的首要问题方面,党的教育方针已经明确指出:"培养德智体美劳全面发展的社会主义事业的建设者和接班人";而"怎样培养人",立德树人既是目标,也是方向,"立德为本"就是秉持育人为本、德育为先的思想,着眼于学生的全面发展,通过培养学生优秀德性的途径,培育学生的健全人格,致力于让每个孩子都成为有用之才,实现树人目标,这是"立德树人"的方法论。

义务教育阶段的孩子才刚刚开始人生的起步阶段,就如一块璞玉,"人人都是一块玉,要时常用真善美来雕琢自己,不断培养高洁的操行和纯朴的情感,努力使自己成为高尚的人",要"从做好小事、管好小节开始起步","学会感恩、学会助人,学会谦让、学会宽容,学会自省、学会自律"[②]。这些重要论述,正是遵循科学规律,尊重儿童发展规律,把立德树人做到落小落细。"立德为本"的办学思想就是在学生人生观、世界观、价值观的"孕育、生长、拔节"期精心引导和栽培,从小处、身边、细节入手,琢之以良好的行为习惯,由近及远、由低到高哺之以优秀的道德观念,从行为、情感、规范上

---

① 王树荫.厘清立德树人根本任务中"德"的含义[N].光明日报,2019-12-04(16).
② 王树荫.厘清立德树人根本任务中"德"的含义[N].光明日报,2019-12-04(16).

升到理想、信念和价值观,引导青少年热爱党、热爱祖国、热爱人民、热爱中华民族,具备明礼诚信、勤奋自立、友善助人、孝亲敬老等良好品德,增强青少年法律意识和社会责任感,使青少年养成好思想、好品德、好习惯、好人格,培养青少年与他人、与社会、与自然和谐相处的能力,引导其成为社会的合格公民,完成"树人"的根本任务。

3/根植于民族的教育智慧

(1)立德文化

中华民族是推崇以德立人的民族,我们以美德懿行作为安身立命之根,道德的修养乃是为人处世的起点。在浩如烟海的中华文库中,关于道德修养的文化瑰宝俯拾皆是,熠熠生辉。如"立德树人"有文化渊源,"立德"语出《左传·襄公二十四年》:"太上有立德,其次有立功,其次有立言,虽久不废,此之谓不朽。""树人"语出《管子·权修》:"一年之计,莫如树谷;终身之计,莫如树人。"立人以德为先是我国历代教育共同遵循的理念。

"立德为本"着眼于以德修身,德是立身之本。《大学》说"修身、齐家、治国、平天下"。孟子曰:"无羞恶之心,非人也""道德当身,故不以物惑"。立德、立功、立言,立德为先;修身、齐家、治国、平天下,修身为先。由此可见,德为才之帅,德是做人的根本。人无德不立,业有德则兴,一个人要处身立世,要成为一个合格的公民,进而成为一个对社会有益之人,实现个人的人生价值,必先修其"德",慎思于内,方能笃行于外。

"立德为本"应呼于以德治国。《论语》云:"为政以德,譬如北辰,居其所而众星共之。"《礼记·大学》中说:"古之欲明明德于天下者,先治其国;欲治其国者,先齐其家;欲齐其家者,先修其身。",德也是立国之基。以德治国在于人人有德,人人守德,社会公德得到彰显,国家、民族倡导的价值观念得到认同。习近平总书记指出:"核心价值观,其实就是一种德,既是个人的德,也是一种大德,就是国家的德、社会的德。"因此,以德治国之基础在于国民德性之培养,道德的培养最终要落实到个人之上,必须加强每一位公民的自我修养。"立德为本"正是落实这一治国方略,真正把德育放在首位,引导学生树立社会主义核心价值观,培养未来社会公民的道德品质,为未来社会发展培基固本。

（2）教育思想

中国古代教育产生了许多杰出的教育家,形成了众多的教育论著,先哲的许多教育智慧影响至今,对现代的教育仍具有指导意义。《学记》是我国,也是世界上最早的、最完整的专门论述教育、教学问题的论著,其中有关学习方面的思想如"禁于未发""教学相长""循序渐进""相观而善"等仍是我们今天的教育原则。

《学记》对"学"的作用与途径有重要的阐述,"玉不琢,不成器;人不学,不知道",璞玉不雕琢,终究还是一块石头,人需"学"而后能知"道"。这里深刻地揭示了教育中"学"对人成长的本质作用,每一个人的知识、能力、情感都不是与生俱来的,都需要通过后天的学习、体验以及生活实践而生成,格物而后致知,只有通过"学"才能知其然,而后知其所以然。

"虽有至道,弗学不知其善也""是故学然后知不足,教然后知困,知不足,然后能自反也",这里指出"学"是培养学生德性的主要形式,也只有通过不断学习,才能从浅表而至深厚、从外在而至内心、从细微而至宏大,建立起一个人的道德观念,进而形成一个人的品德素养。

孔子说:"少成若天性,习惯成自然。"学德育德重在"少成",中小学生是学德立德的关键时期,《三字经》中有大量关于"幼而学"的内容,如"人之初,性本善。性相近,习相远。苟不教,性乃迁",这些都阐明一个重要的教育观点:立德在幼年,关键是及时,唯有不断地、实时地"学"才能有效地培养学生的德性,培养学生的知识和能力。这都说明对于青少年来说,不论是知识获取、能力培养,还是品格形成,都是通过"学"这个方法,也只有通过"学"这个途径,才能帮助学生由易到难、由浅入深地不断汲取、形成、提升德性修养。

4/借鉴西方的道德教育哲学

（1）康德的德育思想

康德指出人性中有向善的禀赋和趋恶的倾向，教育的功能就是使这些禀赋发挥出来，使人达到其本质规定。因此，他区分了自然教育和实践教育，指出德育的本质就是道德性实践教育，所谓的"道德性"，就是人性中的"人格性"，德育就是培养人格。康德的德育思想直指德育就是"成人"教育，"成人"就是成就人的德性、品德，包括了人的公民道德、政治品格，以及人对生活、对人本身、对这个世界的意义的理解，是一个人生存的价值观，这就是人的根本。

（2）皮亚杰道德发展阶段理论

皮亚杰认为，儿童的道德发展是一个由他律逐步向自律、由客观责任感逐步向主观责任感的转化过程。他将儿童的道德发展划分为四个阶段：前道德阶段（2～5岁），他律道德阶段（6～8岁），初步自律道德阶段（8～10岁），自律道德阶段（10岁以后）。皮亚杰的发展理论对教育实践有重要的指导作用，强调在教育实践中要遵循学生的认知发展规律，依据儿童不同发展阶段的认知特点进行。

（3）杜威的教育思想

杜威认为，"道德是教育的最高和最终的目的。""道德过程和教育过程是统一的。"在杜威看来，德育在教育中占有重要地位。在实施方面，杜威首先主张"在活动中培养儿童的道德品质"，儿童身上蕴藏着充满生机的冲动，生来就有一种天然的欲望，要做事，要工作，从道德上来说，"从做中学"对儿童的道德发展有重要的意义。道德的本质是实践的，思想品质的形成与发展，需要学生在社会交往中获得内心的体验和感悟，社会规范也只能通过学生主动的实践才能真正内化。这就要求学校在进行道德的教育过程中，采取与儿童道德形成最为合适的方式，这个方式主要是儿童的主体体验。

1996年,国际21世纪教育委员会向联合国教科文组织提交了名为《教育——财富蕴藏其中》的报告,其中最核心的思想是教育应使受教育者学会学习,即教育要使学习者"学会认知、学会做事、学会共同生活(学会合作)和学会生存"。这一思想很快被全球各国所认可,并被称为学习的四大支柱①。这四大支柱都是以学生为主体,以"学"为主要形式,以"求知、做事、合作、生存"为目标,本质上就是培养学生在未来社会生活所应具备的公民素养,"学以至善"的办学思想就是秉承以"学"为中心,在学校的教育中培养学生知情意行的发展,与"教育的四大支柱"的表达相吻合。

学校的教育以"学"为主要形式,学习意味产生新的行为经验。现代教学论指出,对中小学生来说,学习多数情况是在教师的指导下、以学习间接经验为主,在学习基础知识和基本技能的过程中,形成观念、信念和世界观。中小学生处于身心急剧发展的阶段,学生在学习过程中,在理解、概括、掌握和运用知识的同时,培养良好的学习习惯,形成正确的学习态度和方法。随着年龄的增长,生活空间的拓展和知识经验的丰富,学生在情感、意志品质等个性特征方面也在积极形成和发展着,他们在学校里不仅学习知识和技能,而且学习社会生活规范或行为准则,并在此过程中逐步形成世界观。

第四部分 "立本至善"办学主张的实践探索

1/文化立本,以文化人树核心价值

学校的发展首先是教师和学生思想的发展,经过多年的办学实践,我们确立了"平等教育,全面发展"的教育理想,以"立德为本,学以至善"为文

---

① 王莉,代晔,张彩琴.农村中小学家长随迁型陪读的影响分析[J].集美大学学报:教育科学版,2013(2):96-100.

化核心,由此演绎出了丰富的文化内涵,树立的学校核心价值是:自强不息,和谐共进,勇于创新,敢于发展。形成了"传承美德,创新发展,以爱育人,和谐共进"的学校精神。

　　针对学情特点,我校提出了"读好书,学做人:读万卷能终身受益的书,做一个有社会公德的人"的育人目标,提出了"爱国、孝亲、尊师、重义"的校训,"团结、互助、群学、乐进"的学风,以及"明理、诚信、求知、守道"的校风,培育"敬业、乐群、省身、进取"的教风,秉承"一个办学理念"(以人为本),实现"两个核心发展"(师生发展),提出"三能干部原则"(品德能服人,业务能引领,工作能敬业),树立"四种师生精神"(敬业乐业精神、勤学进取精神、开拓创新精神、无私奉献精神),强化"五种教育观念"(教育观、学生观、质量观、教学观、职业观)的建设,以"六种工作意识"(职业意识、细节意识、狼群意识、危机意识、质量意识、主体意识)凝聚师资队伍。学校逐渐形成了一个独具风格的文化校园,成了"一所有思想的学校,一所有文化的学校,一所有仁爱的学校,一所有活力的学校"。

2/实践立本,以德为先育优秀品行

　　我们培养的人首先要是一个合格的公民,立德树人是学校教育的根本任务,在办学过程中,我始终坚持"德育首育制",将德育摆在学校教育的首要位置,坚持人人都是德育工作者的理念,遵从中小学德育规律,构建育德机制,使德育看得见,有实效,留得住,带得走。

　　(1)构建养成教育体系,从培养习惯抓起

　　基础教育的首要任务就是培养学生良好的行为习惯,好的习惯对学生来说是人生成功的轨道。随迁子女来自全国各地,原来受教育的程度参差不齐,行为习惯、家庭教育差异大,特别是在厦生活环境多处于城乡接合部,环境易对学生的行为产生负面影响。针对学生现状,我校以养成教育为主线,开展"外来务工人员子女习惯养成策略研究",为学校的德育工作找到了恰当的着力点。根据学生不同学龄阶段的特点和认知能力,结合行为养成的规律,分时段阶梯式推进学生行为习惯的培养,包括了语言、礼节、举止、卫生、仪表、学习等,细致地引导学生的一日常规,逐项落实,反复巩固,促进学生良好习惯的养成。

主要从以下几个方面来进行习惯养成的教育:

①建立学生习惯养成目标体系,生活方面的如卫生习惯、仪容仪表、言行举止等,学习方面的如阅读、作业、听课习惯等,公序良俗方面的如家庭关系、公共秩序、文明美德等,并根据不同年龄段发展规律确定学生需要达成的具体习惯目标,形成连续性的习惯养成目标体系。

②分时段阶梯式推进学生习惯的培养。遵照心理学上"21天养成一个习惯"的基本规律,对每一种习惯的养成进行专项的阶段教育,设定标准与规范,制定养成措施,营造教育氛围,分阶段、分主题进行教育。

每一次的习惯专题教育须根据对应的内容,从主题教育入心,从环境氛围入眼,从实践入手,逐项落实到班级的每一个学生,反复巩固,从"要我这样做"逐步转变为"我应该这样做",使良好的习惯内化为学生的自觉行动。

具体的措施:

①制定规范标准,如仪容仪表:"衣必洁,发必理,穿着戴,合身份",课间"五不三轻"(五不:不冲跑喧哗,不讲粗话,不乱扔垃圾,不破坏公物,不做危险游戏;三轻:说话轻轻,走路轻轻,动作轻轻),集队"快、静、齐",就餐"一不两惜"(不喧哗,珍惜粮食,爱惜餐具)。

②加强教育,确定习惯养成目标后,学校营造专项教育氛围,班级开展习惯专题教育,通过"关注学生,走进心灵"的师生结对活动,从生活、心理、行为、学习等方面帮助和教育,让每个学生都能得到老师的指导和帮助。

③督导到位:我们提出"要让学生每一次的良好习惯都能得到肯定,要让学生每一次的不良行为都能得到及时的矫正"。因此,从学生最细微的习惯入手,开展升旗仪式、集合整队、唱国歌、两操、课堂常规等五项评比,细致地引导学生的一日常规行为逐步走向规范。

习惯养成教育是一个系统工程,一是要有持之以恒的决心,二是要有全员育人的意识。习惯的养成不可能一蹴而成,而要日积月累,不断历练,最关键的是要精细化管理,落实好细节。

值得欣慰的是,我校习惯养成教育成效明显,孩子们的行为习惯呈现良性发展,中小学生令人头疼的不良习惯鲜有发生。良好的习惯构建了良好的学情基础,课堂教学更加有效了,收获教学质量就是必然的了。

（2）建立德育落实机制，使德育有实效带得走

在学生习惯养成教育方面，成立了"学生自律会""礼仪队"等学生自我管理组织，还有"导护师"日常巡视，德育处不定时的"德育巡视"，以及行政干部综合观察的"行政值日志"，对全校的德育、教学工作进行全方位的自主与他律的观察与诊断，发现问题，分析成因，及时制定解决措施，跟踪落实。在德育方面，更为注重育德的过程，对薄弱学生开展"关注学㟒，走进心灵"的师生结对帮扶责任制，关注学生成长的过程，强化问题根源的诊断与分析，及时给予帮助和引导，让每一个孩子都得到与之相适宜的发展，使可能产生的问题解决于萌芽时。

德育要落实，必须有抓手有机制。我校在课堂学习小组的基础上，建立学生互助小组共同体，构建"自主管理，互助学习"的教育平台，把小组协作的范围辐射到学生在校生活的德智体美劳各个方面。互助小组的建立是把学生日常学习生活的管理权交还给了学生自己，学校将常规德育和主题德育活动相结合，建立评价机制，互助小组在老师的指导下实行自我管理，以"民主、文明、和谐、平等、公正"为核心词培育小组文化，培养学生团结友爱、互帮互助、和谐同进的精神品质，培养学生独立自主和合作的精神意识，实现了群体亚文化的正向建设。

（3）设计主题系列活动，以体验感悟培育德性

德育不仅是管理和说教，更为有效的是学生的主体体验，有体验就会有感悟，有感悟就会有德性的提升。学校以"做一个有社会公德的人"为核心，围绕着校训主题词"爱国、孝亲、尊师、重义"及校风主题词"明理、诚信、求知、守道"开展的"六个一"体验式德育活动，暨"一月一主题，一周一体验，一事一成长"主题体验式品格教育，体验教育形式多样，寓教于乐，在潜移默化中教育人，这些德育活动构成了我校独特的德育校本课程。

通过主题体验式活动、小组行为常规自我管理、自我提升，学校的德育工作化虚为实，真实地发挥着育德立人的作用。

3/课程立本，多元平台促个性发展

　　课程是学生获取直接经验和间接经验的学习载体，这种载体不仅包括了书本教材，还包括了学生获得学习经验的特定教学活动，基础课程保证学生共性素养形成，特定课程可以促进学生个性发展。因此，我认为课程包括了两大类：一类是相对固定的通用型课程，比如国家课程，这是培养学生学科素养必需的，基本是"知识"为本位，这类课程注重书本知识或间接经验的获取，注重系统的、公共的知识的学习，不论课程内容还是课程活动，都是相对封闭的、固定的，课程是预成性的，以结果或产品形态存在。另一类是个性化课程，比如学校的校本课程、特定的教育活动，这类课程以学习者的"经验"为本位，注重活生生的直接经验或体验的获取，注重个人知识、实践知识的学习；无论是课程内容还是课程活动，都是开放的、运动着的，并在某种程度上是不可预期的，课程是生成性的，以过程或活动形态存在。

　　蔡塘学校发挥课程育人作用主要从三个方面着手。

　　一是发挥基础课程的德育作用。在各学科中充分挖掘、发挥和体现课程与教学内在的德育因素，在教学中适时地、恰当地开展"情感态度与价值观"教育，把学科德育渗透到日常教学中。

　　二是传承优秀文化开发德育课程，以"国学"立魂，以"礼仪"塑行。结合学校德育目标和教育实践需求，着眼于丰富德育的文化内涵，开设了"国学启蒙""古典名著导读""中小学礼仪"校本德育课程。优秀的中国传统文化是国人的精神之源，是民族文化的精髓，"国学启蒙"和"古典名著导读"为德育注入中国文化的灵魂，使我们的道德教育找到文化源泉，解决"我为什么要这样做"的问题。礼仪是一个人乃至一个民族、一个国家文化修养和道德修养的外在表现形式，是待人处事的文明指南，"中小学礼仪"让"文明的举止"变得真实可见，教会学生文明的社会生活规范，培养学生高雅、得体、大方、文明的行为举止，解决了"我该怎么做"的问题。

　　三是着眼个性发展，建设多元课程平台。校本课程是课堂教学的发展和延伸，是促进学生全面、个性发展的最佳形式。学校确立了"多元课程，个性发展"的校本课程建设理念,开发了"特长类、拓展类、体验类"三类型校本课程,力图通过搭建多元化的课程平台,促进学生个性发展。我们期望除了基础课程领域要学有所长之外,还能通过"校本(社团)课程群"加强学生素质的培养,使学生能唱好一支歌、欣赏一幅画、热心一项体育活动,从而能实现"一人一艺,一人一技"的九年素质培养目标。校本课程有计划、有目标、有组织地开展,有效地促进了学生的个性和特长的发展,在每年一次的"校园艺术节活动""体育节""校园科技节""阅读节""英语节"等活动中,每个学生都有充分展示和锻炼的机会,课程育人的效果充分显现。

4/课堂立本,深度教改促教学相长

课堂是教育的主阵地,是学生成长的主渠道,"至善"的课堂教学是基于培养学生核心素养、促进学生知情意行和谐发展的教学。在办学过程中,我始终以创新教学为办学的主要推动力,坚持不懈开展教育教学改革,落实素质教育要求。2007年开展教学改革至今,我们一路学习,一路探索,边实践边总结边完善,渐进式地推进课堂教学改革,通过改变教学方式,转变学习方式,培养学生关键能力,实现教学相长。建构"新课堂"的教学改革经历了渐进式的五个蜕变提升阶段。

(1)建构"教学案"课堂模式,转变教与学的传统形态

在前期一年的教改理论准备和尝试中,我们认识到课堂教学效益的关键在于建构合理的教学结构,使教师的主导性与学生的主体性协调发挥,我们提出了新课堂的两个核心理念:一是"教学并重",即教师的主导作用与学生的主体作用同等重要,不可偏废。二是"教学合一",教师要少说"我怎么教",而是要多想"学生怎么学",学生要在学会学习的同时学会教人,在教人中增进习得,师生实现"在教中学,在学中教"的教学合一。

基于以上两个理念的支撑,教改载体定名为"教学案"。教学案是以记忆遗忘规律、课堂45分钟的价值曲线、六段式课堂教学法、有效教学的三个铁律为理论基础而编制的师生教学媒介,是沟通教与学的桥梁。与常见的学案"引导学生自主学习"的功能相比,教学案更为突出教师的导教作用,

突出学法的指导和思维的启发等,具有"导学、启思、拓展、提升"的作用。

设计与编写教学案围绕着三个维度进行:一是以学生为主体,从学生自主学习出发建立学习路径;二是改革教学方式,少教多学,优化教学过程和方法,提高教学效益;三是针对学情差异设计学习要求,落实分层教学,从而提高教学质量。在实践中逐步形成了"以学定教,以教导学,分层落实,分类发展"四个概念模块。

教学案课堂重新建构了师生教与学的关系,教师与学生不再是传授者与接受者的从属关系,而是主导者、帮助者与知识的自主建构者的关系,师生在这个平台上进行有效互动,实现教学合一。

(2)融合小组"合作学习",改善学生的学习情商

通过两年教学案课堂模式的探究,蔡塘学校初步完成了各学科教学案课堂的建模过程,课堂教学的实效性和针对性突显,教学质量取得了跨越式的进步。接着我们把教改重心转移到学生综合学习能力的培养方面,研究如何在教学案课堂中建构合作学习,在课堂教学中把"合作"作为教与学的一种重要形式和手段,更多地让学生以小组的形式在课堂上讨论、交流、展示,通过老师的引导、评价,促进小组成员间的共同发展。

在我校的"教学案"课堂中采取了"合作学习,展示交流"的教学方式后,教与学的形式发生了真实的改变,"合作与展示"成为主要的学习方式,学生的主体作用得到了充分的挖掘,参与课堂的态度发生了极大的转变,特别是一些学困生变化更为突出,他们不再抗拒上课,因为他们在课堂上也有了参与讨论和展示的机会,当学生在课堂上找到了自己的价值体现时,当他们在课堂上体验到成功和喜悦时,他们对课堂的主动与热情投入超出教师期待,合作学习改变了学生课堂学习的情商。

(3)开展学习型展示的研究,突破低效展示的困境

在初期的合作教学中,出现了一些低效展示的现象,如展示的目的不明、展示的组织失序、展示的机会不均等等,影响了教学的有效性和实效性。针对展示交流环节存在的低效问题,构建"学习型展示"成为我校突破课堂展示困境的抓手。

学习型展示是指通过展示者与学习者对内容的展现、质疑、探究、拓展从而使两者都能实现知识与能力的完善与提升。在展示的过程中,对展示者而言,它是一种表达、证实、展现;对学习者而言,它是一种借鉴、吸收、分

享。因此,展示过程应该是一个生生之间、师生之间互动学习的过程。构建"学习型展示",首先要明确其所具备的基本特征,然后要从展示的酝酿、过程的调控、结果的评价等多个维度进行组织和实施。总的来说,学习型展示的三个维度是"必要的、有序的、有效的",既能面向全体,又能兼顾弱势群体。学习型展示使低效展示的问题得到较好的解决,课堂教学效益进一步提高。

（4）建立班级"互助小组",发展学生自主管理的能力

在教学改革实践中我们逐渐意识到,教学改革是一个涉及教育教学整体工作的系统工程,不能只局限于课堂,而是要跳出课堂看教改,更应该关注到学生的整个学习生活,我们尝试建立一种学生共同体,把仅仅围绕学习活动的"合作小组"转变成为教育教学综合型的"互助小组",班级"互助小组制"的自主管理模式因应而生。

"互助小组制"是以小组为基本单元建构"自主管理,互助学习"的教育平台。该模式的建构要从小组的建设、文化的培育、运行机制、评价与引导等方面着手,把互助小组建设为学生学习生活的共同体,通过组员间的互助学习、自主管理,实现小组成员"各展其长,共同进步"的目标。从功能上说,互助小组是教师管理班级的基本单元,是学生参与班级课内外各项教育教学活动的基本集体。

"互助小组制"是跳出课堂做教改,是着力于课堂之外,作用于课堂之内,取得了良好的效果,小组的功能更强了,作用更大了,优秀的小组建设和组织文化促进了学生合作学习能力的发展,使我们看到"合作课堂"的教学效益臻于理想成为可能。

（5）构建学习型课堂,发展学生关键能力

至 2020 年,学校的教学改革历经 13 年,从初期以"教学案"为代表的工具性改革,到中期的"合作教学""互助小组"等元素为代表的形态性改革,课堂教学改革进入深水区,新课堂要实现学生知情意行协调发展,不仅要改变教学形态,更为重要的是要优化学生的课堂学习体验。通过不断的积累、完善、迭加,逐渐形成了一套"知识为基础,能力为导向"的教学机制,这就是"学习型课堂",这是课堂改革的最新形态,是课堂文化与教学生态的构建。"学习型课堂"关注学生的学习体验和能力发展,融合自主、合作、互动、探究等学习方式,通过建立机制进行团队建设等,培养学情基础,优

化组合教学策略,营造宽松安全、互动合作、相互激励的学习环境,使学生的知情意行协调发展,达到"在学习、真学习、会学习、乐学习"的教学生态,培养学生阅读能力、思维能力、交流与表达能力、自我管理能力、合作能力、创新能力等六种关键能力。

坚持不懈的教学改革是学校优质发展的关键内驱力,取得了令人惊喜的成效,于学生而言,一是改变了学生的学习方式,由被动地待学转为主动地探究。他们对课堂的主动投入被充分调动起来。二是课业负担结构改变并得到减轻,由传统的"教而后学,课后作业"转变为课前"先学",课中"合作展示、反馈落实"的良性循环。三是学习能力提高了,学习情商优化了,在一次次自主、合作、探究、讨论、展示的学习过程中发展了综合能力。于教师而言,在课堂上的角色转变,由讲台上的主讲者、控制者,转变成走下讲台的参与者、引导者、调控者,在深研教材、把握学情、建构教学、驾驭课堂等过程中对教师的要求更高了,教师在不断学习、不断实践、不断反思、不断创造中得到锻炼,得到发展。

"立本至善"的办学思想体现在对教育最根本的价值的追求。首先,"德"是人之所以为人的根本,是一个自然人走向社会人、成为社会公民所应具备、所需要的核心素养;其次,"至善"是人们对人的道德修养的美好追求,是一种以卓越为核心要义的至高境界的追求。这就是说我们的教育要始终保持一种奔向美好的姿态,正如陶行知先生所说"千教万教教人求真,千学万学学做真人",通过学校教育的多种手段,使人能够走向社会,成为真正的"人",实现教育的首要价值。

第五篇

德育不是说教与管理

　　我认为,学生是具有独立人格的、发展中的、有着完整生命表现的个体。

　　首先,学生是人。学生是独立存在的、具有主体性的活生生的人。学生不是任何人可以随意支配的附属品,他和成人一样具有独立的人格、丰富的情感和独特的个性,其生命具有完整性。因此,在教育中我们不仅要尊重学生的人格尊严,而且,还必须将学生视作主动的、积极的、有进取精神和创造性的学习者,在教育教学活动中还给学生自由想象与创造的时间和空间,把精神生命发展的主动权交给学生,使学生真正成为学习活动的主人。

　　其次,学生是有独立人格的人。由于学生是具有独特个性和生命完整性的人,这就意味着在教育中必须承认和接受学生个体发展的差异性,并将其差异性真正视为个性形成和完善的内在资源,因材施教,促进学生的个性化发展。

　　最后,学生是富有潜力的发展中的人。义务教育阶段的学生是"毛胚",具有巨大的发展潜力;是"全能细胞",还没有分化,身心发育还不够完善。这意味着教师首先必须相信每一个学生蕴藏的巨大潜能,自觉地将"让每个孩子都获得成功"作为我们的教育信条,相信、热爱每一位学生,使自己成为每一位学生发展道路上的助燃器和指导者。这就要求我们必须以发展的眼光看待学生,科学、合理地引导学生,发掘学生潜能。

1/"中小学生学道理，大学生学习惯"该休矣

"上课时，清醒没有发呆的多，发呆没有睡觉的多，睡觉没有玩手机的多；下课时，自修没有吃零食的多，吃零食的没有看连续剧的多，看连续剧的没有玩游戏的多。

"专业课上，学技术不肯动手，学理论不肯动脑。你修完了《计算机基础》，但真实水平却连个 PPT 都做不好。图书馆里没有你的人影，运动场上没有你的人影，公益场上更没有你的人影。

"你修了《思想修养》，但你根本就没听。你敢说，除了课堂上睡眠的抗干扰能力得到提升外，在思想修养和道德品德方面，得到了应有的提升吗？

"双休日你起来吃早饭吗？连吃饭都不会，还有谁会相信你会干活？军训的时候叠过被子，军训过后还叠过几次？

"责任心、吃苦精神、写作水平、做事能力、专业修养、操作技术、学问素养、人际处理，有哪一方面是你的看家本领？有哪一点是他人不可替代的？你不失业谁失业？"

这是 2017 年 7 月人民日报、共青团中央等微信号分别刊发文章——《沉睡中的大学生：你不失业，天理难容！》中发出的直击灵魂的拷问。"你退化的不是肌肉，你退化的不是责任感，你退化的是最基本的生存能力。"最后这鞭辟入里的总结，不仅戳中大学生的痛点，更戳中教育的痛点。

大学阶段本应该是人格的养成、本我的完善等高级精神追求的阶段，而今天我们在为某些大学生不良的生活习惯和糟糕的学习态度而焦虑。作为教育工作者，我们不得不回头追溯问题之本源。

叶圣陶先生说，教育的全部意义，就在于帮助学生养成好习惯。然而，今天的中小学校的教育在关乎学生人格养成的道德教育方面，存在一定的虚化现象。

个别学校的德育工作，更多是向中小学生灌输"远大的理想""人生的抱负""高尚的品德"等高远的目标，照本宣科或空说教是主要的教育方式，联系学生的生活实际少，缺乏与学生年龄相适宜的道德体验及情感的培养和塑造过程，对学生行为规范的指导、督促和养成缺乏有效的持续的落实

机制。

比如,我们在各种场合反复教育学生要树立"热爱劳动、爱护环境、绿色环保"的观念,可是学生在学校里不用打扫卫生,取而代之的是物业保洁人员去清扫学生随意扔下的纸屑垃圾;家里所有家务都由父母包办,没有多少孩子在家会做一些力所能及的家务,这样的德育能培养学生的劳动意识和卫生习惯吗?"一屋不扫,何以扫天下",自己的事情不能自己做,将来哪来的独立能力?

"学雷锋月"总是以组织学生做几件好事来应景,而"热心公益"的日常坚持却比较少见,缺乏培养学生社会公德心的有效抓手。在提倡"尊老爱幼"时,更多的是在重阳节组织孩子们去敬老院献花唱歌做卫生。其实,更应该做的是指导学生如何在生活里做到"老吾老以及人之老,幼吾幼以及人之幼"。

除了反复教育学生要讲文明有礼貌之外,有多少学校认真组织学生学习过《中小学生守则》和《中小学生日常行为规范》,并把它作为学校教育的常规内容制定具体的落实措施? 良好的习惯不是靠几堂课的宣讲就可以养成的。

有的老师在谈"珍爱生命",却无法让学生去体验生命可贵在何处;有的老师在教育学生要有"远大抱负,全面发展"时,重"智育"轻"德育",重"个人"轻"集体",重"成才"轻"成人"的"教育短视"行为一直存在。诸如此类的教育现象依然存在,久而久之,德育与生活就形成了"两张皮"。

我们给孩子精心编纂了课本,却忽视了最好的教材是生活本身。孩子在网络世界里生活,现实感很弱。他们在虚拟的世界里体会到真实感,却在真实的世界里有虚无感,这就是他们的特征。德育是育人,不是灌输某些东西,一个长期没有现实感的人,他的心理健康容易出现问题。

如果德育活动只停留在形式上,追求一时热闹,缺乏适合少年儿童心理特点的、具有时代特征的、生动活泼、新颖自然的德育方式,学生受到的感触不多,德育内容就很难转化为学生的道德观念和道德行为。《学习——内在的财富》指出:"人的发展从生到死是一个辩证的过程,从认识自己开始,然后打开与他人的关系。从这种意义上说,教育首先是一个内心的旅程。"这说明德育应实实在在地从被教育者的心理出发,以道德需要为出发点,使道德情感、道德意志、道德行为和谐统一地发展。

2/我们需要怎样的德育

中小学在德育工作中倾注了大量人力和物力,但我们是否清晰地想过,经过 40 多年改革开放,今天孩子们的生活与成长环境已经发生深刻变化,现在的孩子到底需要怎样的德育?

德育就是人之所以为人的教育,苏霍姆林斯基曾指出:学校最基本的科目应该是人学。《康德论教育》在谈及教育的功能时有这样的表述,"教育最大的秘密便是使人性完美,这是唯一能做的",康德强调人"经过教育继续改善人性,提高人的品格,使人性具有价值"。换句话说,着眼于人品的提升和人性的改善的教育就是我们需要的德育。而这种德育不是空洞的口号,不是枯燥的说教和粗暴的管理。

我们需要的是真实的德育。

最好的教育永远是真实的教育,德育源于生活也高于生活,道德的内容距离学生越远,其可信度就越低,可行性也就越低。老师们常常没有时间去等待、去感受、去理解,教学工作中急于求成、着急开花结果,这恰恰违反了德育的内在规律。真实的德育就是要贴近学生的生活,更适合学生的年龄特点,才能真实地推动学生品德成长。

蔡塘学校是一所外来务工人员子女专门学校,这里的学生们除了与同龄的城市学生有共同的成长需要之外,还要面临特定的身份和生活环境带给他们的困扰。帮助学生摆脱困扰,培养他们良好的行为习惯和树立良好的生活态度,促进他们身心健康成长,以更好地适应和融入城市生活,就是贴近这群学生的生活所需要的真实德育。公民素养中的习惯养成教育是蔡塘学校最接地气的德育内容,"低起点、严要求、分阶段、抓细节"的德育工作思路,把习惯养成教育落到具体的行为细节中。学生不懂打理个人卫生,学校老师就开展个人卫生专门指导课,在学校营造个人卫生养成教育的氛围;学生文明礼仪不够好,就专门开设"中小学生礼仪"课程;学生对父母的辛苦不够理解,学校坚持开展"承担一件力所能及的家务劳动"的劳动教育,让学生体验父母的辛劳。此外,设置校园卫生包干区、开设劳动课、建立学生成长共同体,培养学生友爱互助的伙伴精神。为了增强现实感,学校开展模拟法庭、校园义卖、志愿服务、模拟社区活动等等,这些源自学生生活实际的德育内容,比宏大的道理更能直接培育学生的品行。

我们需要的是有效的德育。

照本宣科和空洞说教无法引发学生的共鸣,有效的德育来自学生自身的道德体验,而体验是在真实生活和具体情境中产生的。所以,学校德育的有效途径是从大处着眼,从小处着手,探索和实施"微小德育",把国家的德育目标分解为层次化和阶段化的、细小的、可以操作的、能够实现的目标,根据"微小德育"目标设计能引起学生生命感受的德育活动或常规养成要求,让学生在活动中真正"动"了起来,感受道德,选择行为,践行道德,并在活动中发展品德。

蔡塘学校的习惯养成教育就是以实践形式开展,在并不宽敞的教学楼外见缝插针地修建起一排排洗手池,德育就从教学生怎么洗手开始:"手心、手背、指缝、指甲至少各搓洗 10 下。"每日例行晨检的重点就放在学生个人卫生上,然后是仪容仪表的规范,比如:男生"前发不覆额,侧发不掩耳,后发不触领",女生头发"前面不宜挡住眼睛,后面不宜长于肩膀"。再进一步教学生语言、行为的文明礼仪,比如:正确的基本坐姿是"头部端正、双目平视、面带微笑、下巴内收""男士膝盖可以分开,但不可超过肩宽;女士膝盖要靠拢""与他人进行交谈时,要注意不能只是转头,而应将整个上身朝向对方,以示重视和尊敬"。这种长期坚持且贴近学生生活的实践是最为有效的德育体验。

道德教育之所以强调实践性,源于实践是最有效的体验。人只有不断地实践,才能不断地丰富经历,丰腴人生体验,才能不断地发展人的情感,才能真正促进人的道德发展。

我们需要有温度的德育。

有温度的教育首先是有爱的教育,著名教育家马卡连柯说,爱是教育的基础,没有爱就没有教育。有温度的教育需要教育者不急躁,不极端,不尖锐,讲话有温度,上课有温度;需要教育者内心丰盈,乐观向上,爱每一个孩子,平等对待每一个孩子。有温度的德育是老师高高举起却又轻轻落下的教鞭,有温度的德育是陶行知先生送给王友的"四块糖",有温度的德育是寿镜吾先生手握戒尺而规矩却不常用。

有温度的德育是对学生的精神关怀,美国教育家内尔·诺丁斯(Nel Noddings)以关怀为核心的道德教育理论认为,关怀始于教师的关怀行为,完成于学生的被关怀感受。只有关怀的行为才是建立师生间信任关系的基石,只有关怀的行为才能给予学生温馨感受。学校有这样的案例,当科任黄老师发现班上一个家庭困难的学生穿着破球鞋,自己掏钱买了一双球鞋给他时;当班主任林老师听到不少学生们因父母平时没时间陪伴感到伤心和失落,而随即说出"以后我当你们的妈妈吧!"的时候,温暖的是学生的心灵,彰显的是师者的人性光辉。

有温度的德育来自教师的言传身教。身教大于言传,对学生来说教师的榜样作用最具有道德感召力,如杜威所说:"因为道德不仅是理性的问题,更是情感和行为的问题。"

我们需要怎么样的德育?学校道德教育应当传递正向价值,培养良好的习惯和态度,用爱的行动、用环境影响学生,春风化雨,润物无声。我想,这是学校的德育应该有的样子。

3/德育不是说教

我们常常能见到这样的场景,班主任老师喋喋不休地对学生说:"要遵守交通规则,过马路要走斑马线;要讲究文明礼貌,不能在公共场合大声喧哗,要……不能……要……不能……"每天苦口婆心,但收效甚微。中小学都开设了道德与法治课程,但有些德育课堂上老师灌输的多,说教的多,还要学生把德育概念、规定、知识背下来,似乎把有关如何做人的知识传授给学生,学生就会成为那样的人。然而收效甚微,学生会说会写却不会做。"说教"的德育模式切断了德育与生活的血肉联系,道德变成了与学生成长无多大关联的考试知识而已。当德育蜕化为一种简单的说教时,德育就完全失去了效果。

道德教育不是你说我听,而是要让未成年人在参与的过程中进行自我教育,德育的内在规律其实就是一种熏陶,一种潜移默化。

到过蔡塘学校的人都会被学生良好的行为举止所吸引,这得益于我们从一开始就把德育变成过程体验,把大道理变成"小习惯"进行培养,因为我们坚信"德育不是说教",在必要的教育之外,更需要的是学生的主体体验。

"浸入式训练"是习惯养成最为直接的体验。以每周的升旗仪式为例,我相信每个学校都认真教育过学生,在升旗仪式上要庄严肃穆,大声唱国歌,这是热爱国家的表现等等。但实际情况是,在一些中小学里,每周升旗仪式时,学生队列不整,唱国歌时总是小声哼唧且参差不齐。这反映出学生并不理解为什么要唱国歌,不想或不敢放声高唱,或没有规范要求。要养成学生以饱满的精神状态参加升旗仪式的习惯,就需要从思想教育到行为规范进行训练,做到每一次的升旗都是一次教育和训练,让每个学生都有仪式感。首先是爱国教育,解决为什么要升旗,为什么要大声唱出国歌的问题,这里的教育当然也不是干巴巴地宣读《国旗法》;其次更重要的是实践体验,班级训练与实地演练结合。经过几次训练,学生不害羞了,感觉就有了。最后是集队的训练,制定集队行为标准:时间为从铃声响起到集合完毕大约 6 分钟,过程要"快静齐"——快不等于冲,就是听到铃声起身收拾桌面要快,集合要快,行进脚步要快;过程保持安静,保持队列整齐,到操场后迅速整队,安静有序等候未到场的班级。这个效果不是老师们口头说教能达到的,反复训练后效果自然而来。

"身临其境"比说教更有效。对于来自农村的少年儿童而言,他们对生活的理解依旧停留在乡土上,一些现代生活准则、具有时代特色的行为准则,对他们来说仍然遥远。当老师们对他们讲要遵守一米线、尊重他人的隐私、乘扶梯靠右站、要遵守交通规则、要学会对自己对他人负责等等,这些要求在他们的脑海里往往是空洞的。与其反复说教,不如带领学生走出课本,走出校门,开展体验活动。创造条件让学生走进社区、工厂以及各种教育基地参观,使学生身临其境,用视频、图片以及现场观摩教育比空洞的说教更为有效。

"自我教育"是有效的德育实践。发挥学生的自我管理与自我完善的能力,培养学生的自我教育能力,是提高德育实效性的重要途径。我校建构班级"互助小组"自主管理机制,把日常学习生活的管理权交还给了学生,尽量让学生自己处理班级的事务,老师起到引导和监督的作用,当然这必须是一个渐进的过程。互助小组是学生共同体,通过组员间的相互帮助、相互促进、合作学习、自主管理,实现小组成员的共同进步。在这种氛围中,孩子们的自主管理、自我约束、自我反思意识自然就向好发展。

"榜样示范"是一种直观的有效德育方法,正所谓"为人师表",第一个要成为学生榜样的是我们老师。此外,还可以开展"学长讲成长故事",分享同龄人成长的心路历程;开展"大手拉小手"的互助结对活动,让初中学生与小学部低年级的学生结对,帮助小朋友解决校园生活中的各种困难,让大孩子在行动中践行"关爱"品质,帮助和引领小朋友的成长。

此外,不要忽视了"环境育人",要通过创造良好校园环境进行熏陶感染,让环境发挥潜移默化的育人作用,优秀的校风犹如良好的土壤,自然不用担心结出"歪瓜裂枣"。

最后,全面合理的评价体系是德育良性循环的有力保证。渴望得到认可是人的需求,我们从不吝啬对学生的表扬与鼓励,正向的激励是学生不断发展的发动机。

当"入耳、入脑、入心"的德育模式成为常态,寓教于乐、注重实践、注重实效的教育方式能够成为常态,单纯依靠说教的僵化模式自然就没有"用武之地"。

4/德育不仅仅是管理

为了做好年级的德育常规,德育处制定了"班级十项常规量化评比制度",内容涵盖了卫生、出勤、两操、纪律、仪容仪表、行为等诸多方面,由年级主任每天带着各个班级的督导队员佩戴着醒目的执勤牌,拿着表格和笔记本,奔走于各班级,查早操,查考勤,查卫生,查着装,查纪律,逐项打分,扣分结果一天一公布,这是评选先进班级和优秀班主任的一个重要依据。量化评比的本意莫过于让德育工作抓得更扎实,并使班级之间的差异以更客观的形式呈现出来,减少主观因素对评选结果的影响,但这种管理方式使学生和老师异常紧张。

学校为了激励和表扬学生的好人好事,对拾金不昧或受到表扬的同学在校园里的电子屏幕上张榜表彰,并给学生所在的班级加上德育分。未曾料到的是,在一段时间里出现了大量的学生捡到五角、一元上交,给班级和自己加分。细究之下,才知道学生是用自己的零花钱上交,以便得到"拾金不昧"这类表扬。为了给班级加分,学生使用欺骗手段,变成了一个会撒谎的人,量化管理不但没有促使学生形成良好的品格,反而走向了对立面。

在看似公平的量化管理之下,年级将紧箍戴到了班主任头上,班主任自然会将结果转嫁给学生。当班级某项评比被扣分时,有些班主任不是分析原因,进而采取有针对性的教育措施,引导学生改进,更多的是回去找学生算账。轻则狠狠批评,书面检查,罚抄班规,面壁思过,打扫卫生;重则请家长、记录在案等等。这些班主任在班会课上常说的一句话是"某某被扣分,影响了班级,你要负责",我们可以想象到那个学生心理所承受的压力,因此学生用各种手段去加分也就可以理解了。

今天,中小学校的德育工作存在一定的管理化倾向,常把量化考核与惩戒作为德育的主要手段,普遍存在着以"管"代"育"、以"分"代"育"、以"罚"代"育"的现象①。把德育工作转变成了简单的分数管理,催生的结果是少数班主任和学生走向了德育的另一面,这样的结果已经背离了德育的初衷。

没有规矩不成方圆,这是常识,学校要维持正常的教育教学秩序,就要制定必要的校规校纪,德国教育家赫尔巴特就认为对儿童进行管理是必要的,儿童在培养出具有自律的意识之前需要用管理来经常保持对儿童的"不服从的劣性的压制"②。在德育工作中,我们确实也需要管理这种手段,例如在习惯养成方面"不迟到不早退,按时缴交作业"等等,需要用管理的办法落实,在安全方面要形成强制性的管理措施,在爱护公物方面要有破坏公物的惩戒制度,也包括前面所说的德育常规落实,都需要有制度进行保障,用管理进行推进。

管理本身就具有德育功能,管就是约束,管制那些不利于学生成长的思想、行为和环境,目的在于通过规范学生的思想和行为,创造有利于学生成长的环境,营造和维护良好的教育教学氛围和秩序。管理利于推动学生形成遵守纪律、尊重制度、遵从规范等方面的行为,良好的管理,是进行有效德育的前提之一。

然而,管理固然与德育具有一定的联系,但管理本身不是德育,管理不能作为解决所有德育问题的手段,更不能以管理来代替德育。在学校的教育实践中,如前面所说那样,德育管理化的现象已经产生了许多弊端,老师把学生管理得不给班级和学校添乱就万事大吉,忘记了立德树人这一教育的根本任务。赫尔巴特认为"(管理)仅仅是要创造一种秩序。如果满足于管理本身而不顾及教育,这种管理仍是对心灵的压迫,而不注意儿童不守秩序的教育,连儿童也不认为它是教育"。用简单机械的管理代替道德教育是教师失职与懈怠的表现。

---

①　邓超.德育管理化倾向的原因及对策探析[J].中国教育学刊,2017(3):108-112.
②　赫尔巴特.普通教育学[M].李其龙,译.杭州:浙江教育出版社,2002:25-27.

卢梭和康德认为,对人从管理开始,也就是管理他的外部行为,使他的行为合乎一定的规范,起初是"他律",但不能停留在"他律"的阶段,必须从"他律"的道德教育过渡到内在的理性道德教育。把管理当作德育的做法,会导致学校与教师仅仅注意对学生表面行为的规范和管理,而忽略了学生内心的真正道德需要。这种对于外部行为的简单规范、管理甚至是压制,会导致学生的道德发展停留在"他律"的水平上,从而不利于学生的德性的真正成长。[①] 而德性的成长是一个长期的、渐进的、不断积淀的生命成长过程,在这个过程中,不是仅仅需要"管",更重在"育"。"育"是一个教而化之的过程,教育的措施除了压制和惩罚,还有赞许与奖励,既要晓之以理,更需要动之以情、导之以行。

道德生长要关注学生的知情意行的整体作用,真正的道德教育需要教师对学生的关爱、尊重、理解,需要教师与学生进行平等民主的沟通交流,关注每一个生命体有独特的情感、个性、需要,通过受教育者积极认识、体验与践行,唤醒学生的内在自觉。管理仅仅是德育的初级需要,学校的德育不可以一"管"了之。

5/德育不是口号

2020年5月,北京某海归博士因在疫情防控期间多次偷拿小区快递被查实而曝光。网友骂声一片,主流看法是:这么高的学历,受了这么多年的教育,怎么能干如此鸡鸣狗盗的事情呢?高学历人才犯偷盗之行确实令人费解,该名博士的犯罪动机也令人无语:贪小便宜!

这个海归博士应该是个学业优秀的人,没有优秀的学习能力不太可能成为博士。可遗憾的是,他的品行与他的学历完全不对等。近些年不断出现的"霸座男"之类的所谓"网红",他们身上显现的是在智育取得较高水平时,德育残缺到了可怜的程度。这些人击中的正是当前教育的痛点,这就是有的学校在教育中重智育轻德育所培养出来的"精致的利己主义者"。

今天,"德、智、体、美、劳全面发展"是所有学校育人的目标,我们都会

---

① 余维武,刘惠芬.别把管理当德育[J].上海教育科研,2007(3):25-26.

说学校育人"德育为首",国家用政策法规的形式规定了学校德育工作的重要性和前置性。然而,在实际工作中,有的学校把重视德育异化成了口头重视。

第一种是口号式的重视。有的学校高喊着"德育为先"却行"分数优先"之实。尽管每天都在喊德育的重要性,但在学校实际工作中,对教学的重视程度远远超过德育。因为,"教学""分数""评优""职称"是硬指标,而"品德""教育"是软指标。教学任务必须完成,而德育则是"看不见,摸不着"。在"有用"的观念驱使下,德育往往是"说起来重要,做起来次要,忙起来不要",德育为智育、升学让路的弊病始终不能彻底根除。

还有一种是标语式的德育。我曾经到过一个学校参观劳动教育基地,学校将校园的一角开辟为学生种植区,小小的种植区门口挂着硕大的标语"劳动创造生活",精美的门户设计,艺术化的栅栏,庭院式的汀步,配上园林造景,我还以为自己到了一个别墅庭院里,怎么也无法把它和学生劳动基地联系起来。进入园子里,看到种植区被整理成很长很宽的几垄地,地里的各式蔬菜长势喜人,不亚于农民的田间蔬菜。我纳闷,这么宽的地畦孩子们是怎么把菜苗种在中间的,这明显违背了种植劳作的要求。我也纳闷,学生的蔬菜种植水平几乎达到专业水准了。打听之后才知道,这些种植区从一开始就是由学校花工代劳,平时学生就是课间来观赏一下蔬菜的长势。再打听,这个学校的所有校园劳动都是由物业公司代劳的。

这是个别学校德育的真实情况,把德育标语口号贴在墙上,高高擎起,工作中却视而不见,你喊你的,我做我的。再比如,有的学校的德育就是让学生背诵校风校训,背诵价值观,背诵三字经、千字文等比赛。学生们所经历的道德教育缺乏了一种生活的烟火味。这容易导致的结果是,在学生们看来,道德是书本上的要求,距离现实生活很远。德育课堂应在充分了解孩子的基础上,从不同个体的实际出发,设计切合学生发展的努力目标和成长承诺。如果目标太高,没有实践和体验的机会,缺乏身心体验的支持,缺乏实践的考量,德育方式就容易流于形式。

德育需要体验,没有实际的行动体验去演绎德育,德育永远都是苍白无力的。真实的德育需要把"口号"变成行动,转化为具有丰富内涵的德育实践。德育是规范,是熏陶,是感染,要"有声有色",尤其要"叩击心灵",为"育"而教。

6/德育不是花样

有一阵子,一种大型的"亲子感恩教育"非常流行,学校把几百上千学生集中在操场上,邀请学生的父母一起参加,专门请人来进行感恩教育。富有经验的演讲者用恰到好处的抑扬顿挫的语言,配上背景音乐,孩子们受到感染情绪被调动起来了,不少学生感动得流泪,在主持人的指挥下"给父母一个拥抱""向爸爸妈妈鞠躬说一句感谢","对爸爸妈妈说一声:我爱您。"现场的家长也激动的泪目,场面很是感人。

学校德育处也提出申请要开展一次这样的活动,我没有同意,因为我在那种活动中受到感动的同时,总是觉得缺乏了一点真实的感觉。

个别学校的德育工作中出现了一种新的倾向。例如,为了让孩子体验妈妈十月怀胎的辛苦,便让孩子在肚子上绑沙袋;为了让孩子彰显孝心,千人一起给父母洗脚;等等。

在德育过程中,我们需要各种活动来丰富学生的德育体验,然而,有的中小学校过多地关注活动的开展,而较少关注学生的承受度;过多地注重活动的宣传,而较少关心学生在活动过程中的真实感受;过多地考虑活动的创意,而较少考虑活动的实效。一旦学校搞一次德育活动,老师精心策划、领导全力支持、提前请好媒体和社会人士、活动轰轰烈烈,而应该作为活动主体的学生却俨然成了群演。试问,这样的德育活动会有多少实效性。我们更希望,学生能够在活动中有乐趣,有收获。不拘于形式,用心体验,是生命化德育本该拥有的舞台。在体验中享受合作和创作的快乐,也有助于形成更加高远的目标,深刻体会到自律进取带来的荣誉感。即使品尝到失败与挫折的滋味,也有助于形成坚强的意志,这一切的收获都是德育的意义所在。而局限于形式的德育,只会导致德育的虚化,使学生失去自我教育的能力以及行动的能力。

返璞归真,要让德育变得自然。陶行知曾说"让真的教育成为心心相印的活动,从心里发出,达到心灵深处"。真正的德育,不需要展示给他人,完全不用刻意"表演",也不用专门"创新"表现出各种各样的花样。德育不是为了满足某些人的要求,不是为了增加学校的影响力而标新立异,而是为了学生本身。与其将德育衍化得花枝招展,不如回到简单纯粹的轨道上去,将德育融入生活中,逐渐形成一种积极的生活方式,营造一种充满道德意义的环境,让师生不知不觉地彼此学习,自然而然地互相感染,才能真正做到"润物细无声"。

功利化德育给学生带来了巨大的心理压力,也产生了一些负面影响。学校应该把德育作为一种艺术来对待,精耕细琢,让教育慢下来,追求"慢工出细活"的境界,才能真正实现德育的最终目的。因此,教师需要能够静下心,在教育生活中寻找自己的平衡点,保持一颗清醒的头脑,让自己能够在浮躁的生活中坚定德育的信念,从那种"效率至上"的工作状态中解放,进入一种精雕细琢的慢中,留出足够的等待的时间和空间,以一种舒缓的节奏,恢复德育工作本来的那种"慢"性。

雅斯贝尔斯说:"教育就像一棵树摇动另一棵树,一朵云触碰另一朵云,一个灵魂唤醒另一个灵魂。"教育是一种唤醒和感悟的过程。时代在发展,德育工作的发展不是名词的更新变化,也不是花样的创新,而是真实的体验。因此,德育活动要在针对性上下功夫,在科学性上做文章,在实效性上出实招,切莫成了"走秀德育",别让中小学"德育活动"沦为"走秀场"①。

虽然德育需要一定的形式,但是德育的真正目的在于使学生发自内心地表达情感,并使之形成正常的生活状态,而刻意营造气氛,让学生被动接受形式,是与德育目的背道而驰的。

7/也说"尊重天性"

在新校园中栽种了几株南洋楹,这是一种速生乔木,几年时间就长成了参天大树,高耸在校训石旁,成为校园一道美丽的风景。平日里,我常留意这几株大树,为它的自然生长状态感到欣喜。

这几株树长势特别好,但是受光照的影响,向阳的那边,枝叶越长越茂盛,背阴的那边长势就差了许多,导致树冠朝着一个方向歪斜。这样的树形,在厦门这个台风多发的地方,很容易因树冠受力不均匀而被台风刮断,

---

① 严积苍.对新课标坚持"德育为先"的几点看法[J].读写算,2012(29):6.

我安排人员对树形进行修剪,把茂盛的一边枝叶砍掉。修剪后的头一个月,大树只剩下枝丫,老师们都说难看,不理解为什么要把好好的枝条砍掉。几个月后,修正后的树长出了新枝条,仿佛有了更加旺盛的生长力量,树形也更匀称了,经历过几次大台风的洗礼,依然挺拔。

树木的生长,有时顺其自然,有时又要修枝剪叶,人的成长不也是跟树木的生长一样吗?有所为,亦有所不为。

生命的主体性以天赋为起点,以后天的教育为终点,需要教育力量的介入和引导,正如校训石旁的南洋楹,当自然成长出现问题或者需要帮助时,及时干预就非常适宜。

某天课间,我听到一群学生在走廊上冲跑打闹,高声尖叫,一路追逐着从四楼冲下一楼,他们要去上体育课,一路欢呼,但整个教学区都被他们的声音干扰了。我请德育主任反馈至班主任,班主任老师回答说,这个年龄的孩子天性就这样啊,下课释放一下无可厚非。

现在有一种教育观念叫释放孩子的天性,孩子身上所有的特点,都可以归之为天性,都具有天然的合理性,不可辩驳、不可压制,把释放孩子的"天性"当作不可触动的金科玉律。当然,野蛮生长的结果往往是孩子没长成想要的样子,"熊孩子"成了这类孩子的最好代名词。

有人总结说,"快乐教育、学历无用以及释放孩子的天性"这三个误区,正在一步一步扭曲孩子的成长。因为在很多父母眼里,孩子的天性高于规则。在校园里,越来越多的孩子无视规则,也有越来越多的悲剧因此而酿成。

我从不怀疑孩子有自我管理的意识,但我知道,在孩子的"天性"中,自律意识并没有想象中那么强,一个不懂得自律的孩子,是难以成为合格公民的。

很多人都喜欢讲国外的教育多么自由、多么先进、多么地尊重孩子的意愿,却有意无意忽略掉了,这自由的前面,还有一条清晰可见的边界:有些事可以做,有些事坚决不能做。

《不平等的童年》一书中写道:至少在一定范围内,美国精英阶层普遍实行协作培养,大致可以理解为"圈养",而工人阶级和贫民实行的育儿方式是顺其自然地成长,也就是我们说的"放养"。背后更严峻的现实是:按天性生长起来的孩子,根本没有实力和精英家庭的孩子竞争,这样的代价可能是一些人将永远失去阶层上升的通道。

这些年,尊重天性被很多"专家"捧上了天,孩子要快乐、要自由、要释放他们最完美的天性,要让他们独立自由地成长。看上去很美,实际却糟糕得透顶。有些"天性"是美好的、向上的。而不可否认的是,人有些"天性"是不好的、恶的。释放后一种"天性",无异于是对儿童的犯罪,过度的放纵,导致的就是野蛮生长。我们应该尊重学生生命的内动力,尊重生命的节奏,尊重学生的独特个性,但这个自由不是无限制、无规则、无节制的,更不是纵容和无作为,必须有一条清晰的界限,有些事情可以容忍,但有些界限坚决不能跨越。

紫藤萝毫无依附,只能在地面蓬生,给其搭一支架,便可攀缘而上,生机勃发,如瀑布般的淡紫色花,从空中垂下,不见其发端,也不见其终极,香远益清,这就是赋能助行。

赋能,是一个积极心理学名词,它旨在通过环境影响、自我认知、教学体验等,给予他人成就自己的能量,最大限度地发现成长的意义和自身的潜能,教育应该为学生赋能。在蔡塘学校里,我们要做的是给这群外来娃们赋能,为其提供一个更好生长的"支架"。

南洋楹旁逸斜出时,及时修正,助其步入正确的生长轨迹,此举与教育的纠偏功能何其类似。每个孩子都是鲜活的个体,需要我们了解、尊重并恰当地加以引导。

"道常无为而无不为",教育的"尊重天性"不是听之任之,而是要遵守"道",为孩子创造合适的场域,在遵循规律、尊重法则、顺应天性的基础上给予孩子恰当的指导,帮助孩子成为更好的自己。

8/放手不是放任

2012年,为了更好地落实习惯养成教育,同时也为了更好地推进课堂教学改革,培养学生的自主学习能力和自我管理能力成为学校研究的新方向。经过反复酝酿,学校开始尝试建设以"互助小组"为载体的学生共同体,在班级实行互助小组自主管理。

互助小组的组建遵从"组间同质,组内异质"的原则,班主任在听取学生、科任老师意见的基础上,综合考虑学生的学业、性格、兴趣爱好、特长、性别、家庭条件等方面的因素,构建一个小组。学生共同体就是要通过组员间的相互帮助、相互促进、合作学习、自主管理,实现小组成员的共同进步。依托小组互助机制,构建"自主管理,互助学习"的教育平台,把小组协作的范围辐射到学生在校生活的德智体美劳各个方面。互助小组的建立是把学生日常学习生活的管理权渐渐交还给了学生自己。

张老师是个新老师,可能受自己工作经验的限制,所带的班级本来在年级里处于中等状态,成绩平平,表现平平。同年级的王老师就比较有经验,她所带的班级是年段中比较好的。两个班同期开始推进学生共同体建设。一个学期后,张老师的班级发生了很大改变,班级纪律好起来了,课堂上学生的表现活跃很多,小组之间形成了你追我赶的学习氛围,卫生、课间行为、学习常规等各方面的表现明显呈现正向发展趋势,学期末班级的成绩进步明显。反而王老师的班级出现了较大波动,常规大不如以前。听王老师说,班级内小组之间常因班务分工争执不下,她想要放手让学生自主管理,所以基本不干预,大小事务由学生自主协商解决,小组之间常常为了一点小事互不买账,闹出意见,班干部也协调不了,结果各小组各自为政,班务乱了;有些小组内部也冒出了不少问题,组长无法协调组员之间的分工,小组成员开始闹矛盾,班级的氛围开始变得懒散了,好在班级底子不错,成绩波动不大。

王老师为此很着急,在期末研讨会上谦虚地与张老师探讨学生共同体建设的经验。张老师说,她也没什么经验,本来就是新手,没有带班经验,有了互助小组后,她倒是借助小组的力量进行班级管理,根据学校互助小组建立的指南,班级纪律、班务分工、学习帮扶、小组评价等等,制度和事务都是与小组一起商量后确定,但她不完全放心学生,还是像往常一样时时观察,发现偏离或需要矫正的问题时,自己还是会插上一手,只是大多数时候不再是自己出面解决,而更多是叫组长们一起讨论解决方案,提出新的要求,制定共同公约。她还说,学生们其实挺有自我管理的能力,当然,关键时候,她会撑着组长,并指导组长处理问题。

同样是放手让学生自主发展,培养学生的自我管理能力,可是结果却截然不同。我给他们的结论是"放手,但不能放任"。

放手,后面跟随着信任和支持。就如同,孩子开始学步,你第一次放开手,让他自己独立蹒跚走路,那一刻,你得相信他可以,但得在任何他需要的时候去支撑他一把,还需要在他退缩的时候鼓励一下。而放任,是纵容、无控制、随心所欲。这样的结果焉能相同?

"放手让孩子自由成长",这是近些年很热门的一个教育理念,倡导学生"自主教育",甚至喊出了"千万别管孩子"这样的口号。这些理念本身是有丰富和完整的内涵的。但是,不少教育者和家长只取其表面意思,"我放手让孩子触摸世界、探索世界,不要管孩子""西方人的孩子是放手养出来的,我们不要固守老一套,不要限制孩子,他想干什么就干什么,培养孩子的创造力。"这些话常出于一些家长口中,其实,这是对"放手"的误读。

放手不等于放任。放手是培养孩子的自主意识,引导他去承担自己的责任义务。而放任则是放弃要求,只管孩子自由发展,更谈不上责任和义务,就是让他恣意蔓延地生长。要知道,人性中都有趋逸避难的部分,这个世界到处都充满了各种各样的欲望在吸引孩子,比如:睡懒觉、玩网络游戏,不做作业、不履行责任、不履行义务、不读书……这些都是可以得到放纵的。欲望越被放纵,就像人喝盐水一样越喝越渴。我们应该让孩子能够满足成长的需求,而不是满足自己的欲望。

放手是给孩子一片独立的成长空间,与孩子保持一个恰当的距离,又在适当的时候给予他们及时的提醒与帮助。正面管教中的"放手",需要符合"和善而坚定",是带着爱的放手,绝不是冷眼旁观。给孩子信任,让孩子尝试;同时,我在旁边关注着,随时准备在出现突发状况时保护和协助,让孩子别偏离轨道太远。

放手是让孩子具备独立意识,这是孩子在成长的过程中必须学会的东西。学会了独立,在今后面对问题时,他首先想到的就是自己怎么解决,而不是让别人帮他做任何事情,要学会自己拿主意。

放手是放心加上协助。也就是说,心要放而手还是要帮,这样才叫放手。孩子有时候很难自己建立自律,那我们要帮助他建立自律。当他建立自律的时候,我们应该给予鼓励。孩子有时候可能很难自己主动地去学习,那我们应该创造环境协助他学习。当他学习的时候,我们应该给予鼓励。

放手并不是放任,我们常说"宽严并济、刚柔相济",其实这就是保持弹性的中庸,我们要真正能够给孩子一个既宽松又有约束的成长环境。

9/为了明天，孩子，今天你得学会"规矩"

有这样一些报道：深圳4名"熊孩子"刮花54辆车，似乎将车都当成了画板。连云港男童模仿动画片《喜羊羊与灰太狼》中灰太狼"烤羊肉"的情节，将同村两名5岁、8岁的小伙伴绑在树上，并点燃了地面上的杂草；11岁熊孩子电梯里乱蹦危及安全，众人指责，孩子妈妈说："孩子还小，你们要让着点。"2020年3月，一名16岁的留学生回国，不遵守疫情管理规定硬闯小区。放任孩子的结果就是孩子没有规则意识，做人做事没有规矩，熊孩子的事例层出不穷，"巨婴"现象屡屡发生。

家长放任孩子已经不是某些特定群体的现象，在我们身边，也时常会发生类似的事情，有些学生触犯校规校纪、不遵守社会公德秩序，请家长协同教育时，总是听到这样的声音："孩子还小，长大自然就好了。""是偶尔为之，老师您应该多点宽容。"也有家长当面是积极认错，背后却坚决不改，回去还要"慰问"一下孩子"受伤的心灵"。有了家长的撑腰，我们发现这类孩子往往是恶习难改，甚至"得寸进尺"，到了初中高中阶段，根本不把老师教诲、学校制度放在眼里。

在细节上立规矩、教育孩子守规矩似乎是一个老生常谈的话题，无奈，现实中还是有很多家长觉得这是小题大做，有些家长对立规矩这件事似乎存在着某些误解。孩子的规矩意识薄弱，有家长教育观念的问题，也有当下社会舆论对教育过分苛责的氛围造成教育者不敢管或不想管的问题。

没有规矩的小孩，一定会长成一个没有规矩的大人。"小时偷针，大时偷金"的典故不是胡编乱造的。有些人，小时候在校园里为所欲为，走上社会，当他插队的时候没人阻止他，当他随地吐痰的时候没人管教他，当他开车上路随意变道的时候没人惩罚他，当他开着远光灯横冲直撞时没人奈何他，那么他就会觉得这个世界的规矩，是有商量的余地的，甚至这个规矩没有什么作用。时间能改变的只是他的破坏力和"熊"的程度。可最终有一天，他会为自己无视规矩付出惨痛的代价，为结果买单。就如那名澳大利亚籍华人女子，疫情防控期间不遵守防疫规矩，骄横放肆，结果丢了工作、背着骂名被驱逐出境。

俗话说:没有规矩,不成方圆。人类的世界是有规则的,创造力也是在有规则的世界里孕育出来的,否则就是破坏力。规则时时处处都有,小到家庭的生活规则,大到国家的法律、社会的道德规范。社会是一个整体,规则意识将影响一个人终生适应社会的程度,没有规则意识的人无法在社会立足。因此,从小对孩子进行规则意识及执行规则能力的培养不可缺少。中国有句老话:得道多助,失道寡助。在现代生活里,这个道不仅仅包含道理、道义的意思,还包含着规则和秩序的含义。试想一下:你愿意帮助一个任性、唯我独尊的人成事吗?

"预知平直,则必准绳;预知方圆,则必规矩。"千百年来,古人以规定圆,以矩制方。规则意识是现在社会文明的一个重要标志,规则意识的强弱在一定程度上体现了一个人的素质高低。正如《论语》说,"不学礼,无以立"。家规、班规、校规就是礼,就是规矩。学会规矩,是每一个人立德修身的根本,是学校重要的教育内容。

让学生形成规则意识,这是所有教育的基点。因为没有基本的规则意识,学生就无法成为合格的社会公民,他们离开学校走向社会,就会导致社会管理的失序,"明规则"失效,"潜规则"盛行。制订科学、合理的规则,并严肃执行规则,对学生来说就是最好的规则意识教育。①

蒙台梭利说"建立在规则上的自由,才是真正的自由,同样,建立在规则上的爱,才是真正的爱。"立规矩,就是培养孩子的自控能力,使他成为一个能自我约束的人。但立规矩,并不是我们教育的最终目的,教育是基于对孩子的尊重和爱,让孩子知道为人处世的界限,知道集体生活的规则,才能对自己的行为负责,从而成为更优秀的人。

在阅读时曾看到过这样一个故事:

1978 年,75 位诺贝尔奖获得者在巴黎聚会。人们对于诺贝尔奖获得者非常崇敬,有个记者问其中一位:"在您的一生里,您认为最重要的东西是在哪所大学、哪所实验室里学到的呢?"这位白发苍苍的诺贝尔奖获得者平静地回答:"是在幼儿园。"记者感到非常惊奇,又问道:"为什么是在幼儿园呢? 您认为您在幼儿园里学到了什么呢?"诺贝尔奖获得者微笑着回答:"在幼儿园里,我学会了很多很多。比如,把自己的东西分一半给小伙伴们;不是自己的东西不要拿;东西要放整齐;饭前要洗手;午饭后要休息;做了错事要表示歉意;学习要多思考,要仔细观察大自然。我认为,我学到的

---

① 熊丙奇.教育最重要的是培养学生的规则意识.教育界[J].2011(2):1.

全部东西就是这些。"

教育的意义就在这里，有了规则就会有文明。制度是一种约束，只有在制度的约束下，才能让大多数孩子更自由地成长。孩子今天学会规矩，明天才能创造美好生活。

10/为了明天,家长,你得学会尊重教育

卢梭认为，人生来是软弱的，是一无所有的，是愚昧的，所以人需要力量、需要帮助、需要判断能力，而这些都需要教育来达成。教育就是帮助人从不完善走向完善的一个过程。入学前的教育是以父母为主的家庭教育，入学后，学校教育的比重逐渐增加，家庭和学校、父母和教师共同承担着教育责任，当然他们的角色不同，责任亦不同。

然而，不知从何时起，老师们开始不敢管孩子了。有老师为了维持课堂秩序批评学生却引发家校矛盾，甚至有老师为了课堂秩序而受到学生伤害……因教育教学引发的家校矛盾、师生冲突的事件常常现诸报端，在这样的环境下，老师们开始投鼠忌器了。

现在的家长文化素质都比以前高，对教育的要求也比较高，有的家长看过一些教育理论，就觉得自己也是教育行家，时常对学校、对老师的工作指手画脚，大谈最新的教育理论。老师给学生多点表扬时，他们会说要"严师出高徒"，当老师严格要求学生时，他们又会搬出"激励教育，正面鼓励"等等，而且还引经据典，头头是道，把老师折腾得没了脾气，作业多点会说老师违背师德，搞题海战术，不符合学生发展规律；作业少些，他们又会说老师不负责任，敷衍塞责。老师成了风箱里的老鼠，两头受气，进退失据。

现在的一些媒体人用道德高度来绑架教育，为吸引眼球总是抓住一些家校矛盾大做文章，芝麻写成西瓜，推波助澜，高高举起道德的旗帜，审判学校、审判教师，似乎只要涉及教育问题，学校和教师就有原罪，这样的舆论导向使得家长对学校、对老师产生信任危机，苛责之下的教育人噤若寒蝉。

现在的教育弥漫着"在家，父母舍不得管；在学校，老师不敢管"的尴尬局面。学生无所顾忌，老师束手束脚，教育变成这个样子，真的是我们所希

望的吗？有一点是无可置辩的，那就是跪着的教师绝对教不出站着的学生！

有人说："这个世界，最不应该被苛责的是老师，最不应该被娇惯的是孩子！师者父母心，老师是这个世界上唯一一个和你没有血缘关系，却愿意因你的进步而高兴的人。"

教育部原部长陈宝生说过："教育质量是尊重出来的，不尊师重道，绝不会有好的教育质量！"他说，"尊"，在全社会提倡尊师重教，就是"重振师道尊严"。他认为"师道神圣，不可违反"。一个人、一个家庭、一个社会、一个国家、一个民族，违反了师道，迟早是要受到惩罚的，所以全社会要创造教师从业的宽松环境。没有对教师的尊重，不可能有对教育真正的重视，教育不会真正得到又好又快的发展。

曾有位日本教育学家分享这样一个事例：一个植物学家的儿子拿着一株不知名的小草问老师，可是老师不认识。于是，老师告诉孩子，他父亲就是植物学家，可以回家问父亲。第二天，孩子拿着一封信来见老师，说他父亲也不认识，还让他把信交给老师。老师读了信，上面写明了小草的名称和特性，最后还写了一句话：希望这个问题由老师解答，想必更妥当。

这位父亲用自己的方式维护着教师在学生面前的权威，让老师的形象在孩子心中高大起来，从而更加尊重、信任老师，这就是对教师、对教育无言的支持，教师的权威也是学生健康成长的需要。乌申斯基说："教师个人的范例，对于青年人的心灵，是任何东西都不可能代替的最有用的阳光。""任何章程和任何纲领，任何人为的管理机构……都不可能代替人格在教育事业中的作用。"

教育应该是一种安静的互相支持、互相配合的关系。

所幸我们身边也有很多明事理的家长，愿意尊重教育的专业性，让老师敢教、敢管。在蔡塘学校就有这么一群朴实的家长群体，虽然来自五湖四海，家庭教育各不相同，但他们普遍都相信学校，相信老师，相信教育这个行业的专业性。因为他们的信任和支持，让老师深受感动，深感责任重大。也正是由于他们对学校的信任，学校才能营造出教育该有的氛围，在这里，师生之间温馨和谐，老师们乐教、愿教，学生们爱学、会学，在温润的校园里，教师能专心育人，学生能健康成长，学校才有了自己该有的样子。

专业的事情应该由专业的人做，家长应该要站在老师的身旁，尊重这群专业的教育者，尊重教育的规律，尊重教育的行为。学校安静了，老师安宁了，课堂正常了，孩子的学习才真正开始了。

善待老师，尊重教育，就是为孩子的明天负责。

11/为了明天，老师，今天你得学会坚守

张老师是一名研究生，是当时蔡塘学校为数不多的在编老师之一。在学校任教两年后的一天，她找我说不想继续当老师了。她说，这两年来，让她感到教师的工作并不是自己曾经憧憬的那样美好，她努力地去帮助薄弱生，课后留他们义务辅导，但学生和家长并不领情，反倒嫌弃她加重负担，甚至有个别学生打电话投诉她，她觉得自己就是个费力不讨好的笨蛋，并没有像书上所说的那样可以"唤醒"一个人。班级里的学生发生矛盾，不讲理的家长纠缠不放，态度十分轻蔑，这让她心情糟糕透了，甚至怀疑自己的努力是否值得。那天，她倾吐了很多，从没想过当老师是这样的辛苦和委屈，这份工作待遇不高，但责任无限大，对学生教育轻也不是重也不是，付出了真诚，不一定能得到好的回应，"以爱育爱"很缥缈。看着新闻报道里那些老师的遭遇，她怀疑自己还有站上讲台的勇气么？当时的闲聊，我以为只是年轻老师对工作的吐槽而已，当然也给了她一些开导、建议和意见，未曾想到半年后，她真的提出了辞职报告，她说："我不想留在这个行业里疲惫地坚持着。"

我特别能理解她的决定，既然已经不爱了，那就放手吧。她是豁达的，至少没有留下来做一个"佛系教师"，那样恐怕不仅是浪费自己的生命，更是耽误大部分学生的发展。

今天的教师面临着个别媒体人的责难，面对着个别家长的刁难，有的时候会遇到一些简单冷淡的处理对待，教师群体开始自保，部分老师开始退却，开始放弃自己的教育权利，甚至由此而形成了一群所谓的"佛系教师"。这种抉择是困难与痛苦的，我能理解老师们的心理之重。

离开的人，我们不能责怪，那么留下来的人，又该怎么来面对教师这份职业的境遇呢？

前不久读报，被两位老人的故事深深感动。退休老教师叶连平，退休近三十载仍坚守三尺讲台，为学生义务辅导，被誉为余热生辉的"乡村烛光"；蒙古族老人班都，生活在气候干旱、环境恶劣的沙漠边缘，年逾八十仍坚持打井挖河，引水灌溉，像呵护孩子般照料着沙漠中的胡杨。育人、种

树,不一样的选择,却有着一样的坚守。

两位耄耋老人看似单调的坚守,却收获众多点赞。在他们身上,那种为了心中目标而不吝付出的纯粹,那种甘于奉献而不畏清苦的精神,令人感动,也启人思考。教育面临着一些时代变革带来的纷纷扰扰是暂时的,但学生的成长耽搁不起,我们不能因此而懈怠,不能放弃教育的责任。

由此想到至圣先师孔子在最落魄的时候如"丧家之犬",但他仍然坚守教育之心;民国时期的陶行知、晏阳初等一大批爱国的教育者,他们生活的时代正是国家处于苦难的时代,但他们放弃优越的生活条件,投身于乡村教育,他们无所畏惧,是因为他们对自己的教育信仰有着无比坚定的信心。

我们不能要求每个老师都是孔子、陶行知、晏阳初,但是,教师的职业要求我们要有一种超然的心态。从踏上讲台的那一刻起,我们就应该明确自己肩负的责任和使命,面临的义务和方向,拥有的目标和情怀。如果我们坚持站在讲台上,那么我们唯有谨记教育的初心,承担起该承担的,坚持住该坚持的,努力做该努力的,让自己做一颗火种,去温暖和点亮学生的世界。

做一个老师,我们要学会坚守教书育人的良知。

陶行知先生说"捧着一颗心来,不带半根草去",这颗心是对教育事业的热爱之心,也是一颗做人的良心。凭着良心去工作,教师要把学生的发展当作自己的发展,要时刻不忘自己曾经也是学生,做学生时自己喜欢什么样的老师,希望老师怎么教自己,自己就该怎样去教育学生。要把学生当作自己的孩子来看待来教育,要时刻不忘自己也有或将来也会有孩子,作为家长自己希望孩子将来成为什么样的人,希望孩子接受什么样的教育,自己就该怎样去对待学生。

每一位教师都要对得住自己的良心,时刻提醒自己:"损失一个学生对一个学校来说是千分之一、万分之一,而对一个家庭来说就是百分之百。每一个学生都是一个家庭的希望和未来。"

做一个老师,我们要学会坚守为人师表的本分。

苏联教育家加里宁说:"教师是人类灵魂的工程师。"教师要坚守一份信念,我们是塑造灵魂的一群人,不管社会如何发展,教师都不该成为追名逐利的人,也不该成为追名逐利者的工具。选择了教师职业,就选择了做教师的责任;选择了"以身作则""为人师表",也就选择了以高尚的行为示范于学生,以优雅的志趣感染学生。只有道德高尚、有着美好情操、真正从感情上关心学生的老师,才能影响学生,改变学生,赢得学生的尊重。

做一个老师,我们要学会坚守教育责任的底线。

每一位教师都要树立对学生的责任心,责任心对教师而言,是师德的一项重要内容,也是师德的外在表现。教师的责任心体现在对待教育事业、对待学校、对待学生的工作态度与教育实践中,体现在自身的教育业绩中。首先,没有责任心也就没有真正的教育。没有爱就没有教育,没有责任就办不好教育,爱与责任是教育的永恒主题,教师存在的意义就是通过自己的爱与责任,唤醒学生对社会,对他人的爱与责任。爱与责任,不仅是教师的职业要求,也是对教育终极目标的一种新的解读方式。学校培养的人首先要有爱,爱是一种责任,爱自己善待生命,爱家庭孝敬父母,爱国家承担责任;责任也是一种爱,对目标的坚持,对生命的坚守,对他人的关爱。其次,教师的责任主要体现在平时的一言一行,一举一动,既要教会学生知识,更要教会学生做人。最后,教师的责任还体现在平时的教育教学中,要认真备课、上课,耐心细致的辅导,加强与学生心灵沟通,做学生的贴心人。

韩愈说:"师者,传道授业解惑也。"这里已经为教师的角色做了最好的定位。所以,不管社会如何变化,人心如何功利,教师不可随波逐流。

再一次引用陶行知先生的话,"捧着一颗心来,不带半根草去",当老师的,要用心坚守这份从容与淡定。

12/做真人,虽不能至,然心向往之

学校大门口的迎门石上刻着"求真知,做真人",这六个字出自陶行知的教育观:"千教万教教人求真,千学万学学做真人。"一位来学校考察指导的教育专家善意地提醒我,这么大的理念,放在中小学校里会不会太高远了些?

作为学校发展的引领者,我也常常自问:学校究竟要为国家培养什么样的人才?我们的办学理念、办学目标是什么?按照国家对义务教育的要求,主要是培养孩子爱祖国、爱人民、爱劳动、爱科学、爱社会主义的公德,教育孩子逐步养成诚实、勤俭、有责任感等良好品德。激发孩子的学习兴趣,引导孩子爱读书、爱思考、爱生活,让孩子拥有良好的学习、思维、行为习惯,拥有终身学习的方法、技巧以及终身学习的内驱力和意志力。所以,教育应回归本真,以学做人为本,遵循教育规律,为学生可持续发展奠基,为学生终身发展奠基，为学生未来幸福奠基。

古有《庄子》"有真人而后有真知"的生活智慧，近有陶行知先生"千教万教教人求真，千学万学学做真人"的教育理念，细细品读，我们可以鲜明地感受到"求真知，做真人"的重要性。而今，国家提出了"立德树人"，更加证明"真"是教育最重要、最本质的属性。

何为"求真知"？求，就是学习、探索。真知，即真理，真才实学，受益一生的学识。如李大钊所说："知识是引导人生的光明与真实境界的灯烛。"真知不仅来自书本，也来自生活和实践，蕴含着鼓励学生学会学习、认真学习、勇于实践、追求真理的意思。

所谓"真人"应该是什么样的人？这样的人要成为我们教育者"千教万教"的目标，是学生要"千学万学"的终极追求。我想，这里面应该有三层内涵：一是真诚的人，二是真正的人，三是本真的人。第一层内涵意义明确，无须多言。第二层含义拿陶行知先生的标准，应该符合这些要求：诚实无欺、谦和有礼、自觉纪律、力求进步、做事负责、自助助人、勇于为公、坚韧沉着、有始有终等等，虽然要求繁多，但面目清晰。如果我们的教育可以依着这两层意思，培养出这样的人，应该也是有很大的成就。

但我认为，陶先生真正的意思是在第三层，这"本真"状态应该是先生真正追求的状态，是教育的最高境界。这里的"真"是知行合一，是灵魂洗净尘埃后清洁的光辉。这样美好纯净的人才是那需要"千教万教、千学万学"的终极追求。

教师作为教育思想的实践者，作为"立德树人"的主力军，就应以自身的人格魅力、高超的专业水平去诠释"学高为师，身正为范"的责任。因此，"求真知，做真人"也可以是给老师们提出的教育信条。意思是说，对教师而言，不仅要教书，更重要的是要育人。要教学生"求真知，做真人"，自己首先是真理的探求者，是一个真实的人，说真话，做真事，言行一致，不弄虚作假，不故弄玄虚，是对每个学生的一生负责的人。正如叶澜所说："许多人喜欢讲提高教师的专业素养，我觉得不够。我不单提教师专业发展，我提教师发展。"毫无疑问，教师是专业人员，没有专业就没有看家本领，就上不了讲台。但仅强调专业发展，难言造就好老师。真正意义上的好老师不仅仅是一个知识的传递者，技能的教授者，更重要的是美好人格的旦现者，学生对老师是否尊崇，都是对教师全部人格的直接反馈。中国自古尊师重教，将师者排在很高的位置，就源于教师代表崇高的道德品行。所以，为人师表者，自身要很真实、很努力、有信仰，把真善美留给学生。

"真"就是相对于"假"而言,求真务实,就是教育的本分。一个"真"字,像一道通透射面的光芒,照得人无处遁形。在这样的光芒里,我们能看清楚很多东西。教育需要改革,但更需要回归——回归到常识,回归到真实。暂且抛开诸如"课程改革""智慧课堂""未来学校""国际视野"等气势恢宏的大词汇,让我们从"不说空话""不做假事""言行一致"开始我们的教育回归。

《给教师一百条建议》的第 81 条,就是"要教育学生不说空话"。苏霍姆林斯基说:"我之所以专门提出要注意这个问题,是因为说空话非但腐蚀个人的灵魂,而且腐蚀整个集体。凡是说空话的地方,就实际上没有、也不可能有集体在思想上的统一。"他特别告诫教育者:"要把谎言、伪善当作最卑鄙的东西加以提防。要将真诚的品质从童年和少年时期就深深地扎根于孩子们的心灵,成为他们的习惯,使说实话的习惯成为性格、成为天性。要教育学生对哗众取宠、夸夸其谈采取毫不容忍的态度。"

探求真理、学习真理是一个永无止境的过程,做一个"真人"是人之为人的最高境界,这些都是高远的目标。但,我们都知道,奔向目标的路总是要一步一步走,总是一个从开始的微小中脚踏实地、循序渐进才可能达到以后的宏大、高远。十年树木,百年树人,教育绝不是一朝一夕的事,从某种方面来说,教育就是培养未来和希望的过程,我们本着对美好的期望,从儿童时期开始埋下种子,只要我们坚持不懈地努力,相信明天一定会更美好。"求真知,做真人",让教育始终保持着一种走向美好的姿态。

第六篇

课堂应该是学堂

教学是教师与学生为了达成特定的教学目标而进行的信息和情感交流、沟通的互动过程,是一个师生共同发展的过程。教学是语言文化与沟通文化的创造过程,也是奠定每个学生学力成长与人格成长的基础过程。在新课改的背景下,教学观也发生变革,具体体现在以下四点:一是从"教为中心"转向"学为中心",二是从"关注学科"转向"关注人的发展",三是"重结论的同时更重过程",四是师生之间是"双向平等""互动发展"的关系,课堂教学是生命的成长过程。

第一部分　把课堂还给学生

1/学生为何不爱上课

有些学生有这样的困惑:上课好累,一上课就想打盹,课后还要写作业;上课好无聊,窗外的世界很精彩;上课好慢,45 分钟怎么这么长,怎么还没下课……

有些老师也有这样的困扰:上课好累,使尽浑身解数,讲得嗓子都哑了,但是学生不爱听;上课好煎熬,一个知识点强调十数遍,学生还是听不懂;上课好快,45分钟一眨眼就过去了,还不够讲……

有些家长有这样的焦虑:孩子写作业好磨蹭,注意力总是集中不了;孩子考试好担心,就怕生病或是没考好……

学生为何不爱上课? 原因在哪里呢?

经过基于蔡塘学校的调查、统计与分析,我们发现,造成学生不爱上课的原因是多方面的,有家庭方面的原因(约占20%),有孩子自身方面的原因(约占30%),更多的是老师方面的原因(约占50%)。

家庭方面的主要原因:外来务工人员家长"望子成龙、望女成凤"的心愿很强烈,子女的升学、分数成为父母心理平衡的补养品。在应试教育体制下,督促孩子苦学成才成为很多家长的任务,他们把对孩子的爱表现为把读书当成孩子生活的全部内容和评价孩子的唯一尺度。为了让孩子将来有一个好的前程,就拼命给孩子施加压力,要求孩子考试一定要得多少分、要排多少名。繁重的学习任务和精神压力,使孩子的生活变成枯燥无味的两点一线,孩子完全不能承受,他们从对家长的反感发展到对学习的厌烦,最终发展到厌学,不想上学,不想上课。

调查也发现,有的学生是因为家庭情况发生变故,造成心理伤害而不爱去学校、不爱上课。如,父母离异、亲人去世、家庭成员犯罪、家庭经济困难等。

学生自身的主要原因有以下四种。

①学习动机不明确。学习动机是直接推动学生进行学习的一种内部动力,学生的学习动机不足或不明确就很有可能导致厌学。有的学生认为自己是为家长和老师而读书,大都是在父母和老师的"要求""恳求"下才学习,把学习看成是完成父母和老师交给的任务,看成是一种负担,因而缺乏学习兴趣,没有学习动力。所以,这些学生学习态度消极,常常烦躁、焦虑、易怒、注意力不集中,甚至看周围一切都不顺眼,对自己和别人都厌烦。严重的,甚至感觉无论如何再也无法投入学习,上学对他来说简直就是一种折磨,从内心厌恶上学、上课。

②学习基础不扎实。由于城乡教育水平的差异,以及经常性流动对学生学业带来的负面影响,学习基础不扎实的现象在随迁子女中比较突出。因为知识上欠账太多,对许多知识一知半解,从而产生学习障碍。无论他们怎么努力,进步都很有限,加上家长和老师不予体谅,久而久之,自然抗拒学习,不爱上课。也有的学生因为偏科严重,对薄弱学科有厌学情绪。

③学习方法不正确。有的学生不是不想学习、不爱上课,而是因为缺

乏良好的学习习惯和方法,不知道该怎样去学习,只会死记硬背和机械记忆,不能举一反三,从而导致学习成绩总是没有起色,不断的失败使这些学生失去学习的自信心,造成精神苦闷,觉得自己学不下去,认为自己什么也不行,从而产生厌学的心理,逃避上学、上课。

④受外界因素影响。今天学生的生活环境中存在太多的诱惑因素,尤其是网络技术的发达及智能手机的普及,严重影响学生兴趣爱好的发展及时间精力的分配。闯不完的网络游戏关、追不完的连续剧、各种网络交友等等,这些远比上课更为有趣,更容易吸引学生。因为经受不住外界刺激与诱惑,上学、上课反而成为学生的负担。此外,有的学生因为不擅长人际交往,在班级里人缘不好,不合群,同伴关系紧张,因此讨厌学校,讨厌同学,进而讨厌上课。有些学生看到社会上一些人没有读书也能赚钱,他们更加迷茫,觉得读不读书无所谓,自然而然对上学没有了兴趣。

老师方面的主要原因有以下三种。

①老师讲课乏味。有的老师的教学方式方法传统、陈旧、满堂灌、注入式,上课讲得又多又细又繁,要求学生死记硬背、机械训练,学生自主学习的时间被占用,学习的积极性、主动性得不到应有发挥;有的老师讲课平铺直叙,没有波澜、没有起伏、没有激情,缺乏对学生的吸引力,学生不爱听,进而讨厌上老师的课,并极力回避与老师的接触,最终发展到对某一科目的厌学。

②反感害怕老师。有的老师在急于求成、恨铁不成钢的心理支配下,对学生说了些过头的话,做出了某些过激的行为,从而引起学生的反感,甚至产生害怕老师的心理。有的老师过于严肃,整天阴沉着脸,学生敬而远之;有的老师会经常责骂、挖苦、讽刺学生,学生很反感。这些学生因为害怕老师、反感老师,进而发展成讨厌上老师的课。

③内心疏离情绪。有的学生因很少被老师提问,或很少受老师表扬,甚至很少有和老师说话的机会,认为老师偏心、不重视自己,从而反感老师,不想上老师的课;有的学生认为老师在处理同学之间的问题时偏心,不公平、不公正、不客观,感觉很委屈,于是耿耿于怀,甚至产生怨恨情绪,不爱上老师的课。

美国弗吉尼亚大学认知心理学教授丹尼尔·T.威林厄姆在其著作《为什么学生不喜欢上学》中说:"孩子自己天生不喜欢上学!因为我们的大脑天生就不喜欢思考,而且,还在想尽办法避免思考。"这是从心理学上寻找原因。那么,后天的环境又该如何去施加积极影响呢?

大脑天生不喜欢思考,因为思考是缓慢的,耗时太长,太费力,甚至不一定能带来正确的答案,因而,学习不是一件完全轻松快乐的事。但这并不意味着我们在学习中不能获得愉悦感。对于学生而言,不爱上课,那就是课堂不足以吸引他们参与。学生的学习态度受到情绪影响较大,尤其是初中小学的学生,在学习方面情商的作用大于智商的影响,从我们的分析中可以看出,课堂教学的形式、教师的亲和力、教学内容的趣味性、学生的成功体验以及由此产生的学习信心等诸多因素,都影响学生对课堂学习的投入程度。

读书总归要刻苦的,但"刻苦"不是"苦",它是一种努力的状态;学而"无趣""无果"才是真正的"苦"。学生不爱上课不单单是一个学习知识的问题,更涉及学生身心发展的问题,而改变这一现象需要改变家庭教育方式,净化学习环境,优化课堂教学,调整学生学习体验,建立学生的学习信心,改善学生对课堂的态度,让学生不抗拒课堂,从而喜欢课堂,这是把学生再拉回课堂的出路。

2/课堂为何而教

课堂为何而教,我们都会说"为学生的发展而教",但在实际的教学中,老师在思想上是否坚持了"为学生发展而教",在课堂上又是怎样把这个理念落到行动上,落脚于何处,这对每个老师来说,是一个值得关注的问题。

学生的发展首先是为了他能够成为他自己,成为他幸福生活的创造者,并进而成为社会的建设者。"为学生的发展而教"也是现代教育学所倡导的一个教育方向:教育必须着眼于学生潜能的唤醒、开掘与提升;关注学生的生活世界和独特需要,才能促进学生在认知情感、态度和技能等方面和谐发展,从而成为一个能自主发展的人。我认为,"为学生的发展而教"包含了两个方面的内容,一是"为谁而教",二是"为什么而教"。

(1)为"学生"而教

有人会说,课堂不就是教学生的吗,何必强调为"学生"而教?然而,让我们看看课堂教学的实际状态,备课时,老师们更多的是在研究教材,研究课标,阅读借鉴名师教学设计,反复思考教材处理、教学方法、教学环节、时间分配等等,竭力找到更出奇的教学设计,这些都是无可厚非的,而且是一个负责任的老师才会如此认真。但老师们往往没有考虑的是学生怎么学,学习方法是什么,更谈不上考虑学生的个体差异,这样的教学不是为学生而教,是为教材而教。

再看看课堂,从上课铃响起开始,老师便滔滔不绝地讲,讲得好的侃侃而谈,讲得弱的也能平铺直叙,至少是不浪费一分钟。这样的课堂,只见"我教你学,我讲你听,我问你答,我念你记,我写你抄,我给你收"。在整个教学过程中,以教师为中心,教师主宰一切,教师的讲授贯穿始终,学生成为被动接受知识的容器。这样的教学也不是为学生而教,是教师为完成教学任务而教。

为"学生"而教的课堂,是把学生放在教学的中央,突出的是学生的主体地位。陶行知先生曾说过:"教的法子要根据学的法子。"为学生而教,需要我们了解"学"在何处,方能确定"学"往何方。以学生的视角思考如何教,并考虑学生的个体差异进行有针对性的教,这样的教更符合学生的认知规律。为学生而教,需要我们思考文本的核心价值,需要用科学的方法来引导,带领学生共同经历学习的过程。为学生而教,让教着眼于学生的学,让教更符合学生的实际,能考虑到学生思维与教师思维的不同。这样的教学视角不仅考虑知识的教授,更加考虑学生的学习体验和能力发展。为学生而教,是教师在重视教学技能与方法的同时,不会迷信技能与方法,更加注重学生学习的真实发生。

为"学生"而教的课堂,学生不再只等教师灌输,不再只死记硬背。教师不再是课堂的主宰者,正如联合国教科文组织国际教育发展委员会所言,"今天的课堂,教师要从'独奏者'的角色过渡到'伴奏者'的角色,从此不再主要是传授知识,而是帮助学生去发现、组织和管理知识,引导他们而非塑造他们。"

(2)为学生的"发展"而教

这是课堂教学的目的,是教学的全部理由与价值。这里的发展,除了知识目标的达成,更包含情感、态度、价值观的发展。课堂是培养学生核心素养的主阵地,学生的发展包括发展学生的必备品格与关键能力,不仅需要教师关注学生短期目标的达成,更需要教师注重培养学生可持续发展的动力。因此,这样的课堂,应该为学生的"德"而教,就是教师要把育德放在首位,从而教会学生做人。作为学科老师,就是要充分发挥各门课程的德育功能,要根据不同年级和不同课程特点,充分挖掘各门课程蕴含的德育资源,充分发挥课堂教学的主渠道作用。

这样的课堂是为了发展学生的"学习力"而教,培养学生学会学习的能力。现代教学观认为,教学应以学生的学为主,教师的教是为了帮助学生的学,是为了达到学生不需要教的目的。教师在课堂上所作的一切努力,都要归结到一个目的,就是要使学生愿意学,喜欢学,知道学,离开教也能学。要做到以下几个转变:从"双基"目标向三维目标转变,进而向核心素养发展;从知识传授向知识探究感悟转变;从专制式教学向民主式教学转变;从单向式教学向参与式教学转变;从静态式教学向动态式教学转变;从封闭式灌输向交往与对话转变;从模式化教学向个性化教学转变;从单一课本知识向生活知识转变;从教学生学向教学生自己学转变;从强调学习结果向强调学习过程转变;从注重外在变化向注重内在变化转变;从强调预设与封闭向开放与生成转变。这些转变,都是为了培养学生的学习力,进而形成学生的发展力。

课堂为何而教?在我眼里,教育不是把篮子装满,而是把灯点亮。教育给予学生最重要的不是知识,而是对知识的热情,对成长的信心,对生命的敬畏,对美好生活的向往。正如爱因斯坦说过:只有将课堂上所学的东西完全忘记之后,剩下的才是真正的教育。

因此,在课堂教学中,教师要用发展变化的、全面的眼光来看待学生,对每一位学生负责,一切从实际情况出发,立足于以学生为学习的主体,着眼于调动学生学习的积极性和主动性,多给学生动眼、动笔、动口、动手、动脑的机会,鼓励学生勇于提问、敢于质疑、善于思考。

3/把课堂还给学生

传统的课堂以教师、书本为中心,不重视学生在教学中的主体地位,压抑了学生在教学过程中的主动性、积极性和创造性,束缚了学生主体的发展。蔡塘学校建校初期,我们也有过"教师苦教,学生苦学"的状态,在这样的课堂里,我们看到了教师的疲倦和学生的麻木,很明显无法达到"为学生的发展而教"的目的,也制约着学校的发展。因此,改变课堂教学生态是新课程改革的必然要求,也是学校优质发展的要求。

教育部原部长陈宝生曾在《人民日报》撰文说:"课堂是教育的主战场,课堂一端连着学生,一端连着民族的未来,教育只有深入到课堂的层面,才能真正进入深水区,课堂不变,教育就不变,教育不变,学生就不变,课堂是教育发展的核心地带。只有抓住课堂这个核心地带,教育才能真正发展。"陈宝生部长的这段话,不仅回答了课堂是什么,而且深刻阐述了"课堂革命"的必要性、重要性与紧迫性。

华东师范大学叶澜教授在"新教育基础改革"中提出:"把课堂还给学生,让课堂焕发生命的活力;把班级还给学生,让班级充满生长气息。"将课堂还给学生,是认同课堂学习是学生的生活方式,就是承认并突出学生是课堂教学的主体,在教师的主导下,充分调动和发挥学生学习的积极性、主动性,变教师的教为学生的学,变被动学习为主动学习。这样的课堂,才谈得上"为学生的发展而教",这是课堂教学改革的根本。

把课堂还给学生,课堂除了是学生学会知识的地方,更应该成为生命成长的地方。

（1）把课堂还给学生,让课堂成为学生学会探究的地方

有人说:"中国教师把有问题的学生教成没问题。"这话虽然绝对了些,但是,我们当前的课堂教学,确实存在着"只重灌输,不重启发""只重知识,不重能力"的倾向,多数学生不会提问题,不会探究问题。著名心理学家张梅玲女士说:"没有问题就没有思考,没有思考就没有创新,没有创新就没有发展,没有发展国家就没有希望。"

课堂是学生学会探究的地方,教师是学生学会学习、学会探究的引导者。课堂上,教师不仅要留出时间让学生探究,还要指导学生学会探究。教师在备课时要"以问题为中心"来精心设计教学,要确定恰当的供学生探究的问题和目标,要创设良好的探究学习的课堂环境,教师的作用重在组织、指导、适时参与。

课堂上,教师还应鼓励学生不仅要敢于质疑,做到不迷信、不守旧、不唯书,敢于发表自己的见解,还要善于质疑,善于发现问题,善于从无疑处生疑,从而不断地培养学生发现问题、提出问题、探究问题、解决问题的能力。

（2）把课堂还给学生，让课堂成为学生学会合作的地方

学会合作是"一个国家、一个企业、一个人生存与发展的需要"。课堂不是教师表演的场所，是学生学会合作的场所，是师生之间、生生之间交往与互动的场所。只有在真正有效的交往与互动中，学生在课堂上获得的知识才是内化了的，培养的能力才是货真价实的，养成的习惯才是实实在在的。

教师是学生合作学习的组织者，教师要努力创设合作学习的课堂环境，要科学安排合作学习的时间，要教会学生怎样与人合作。合作学习形式不局限于讨论式，应该是多样的。如与教师的合作、与优生的合作、与学困生的合作、与小组同伴的合作、与组外同学的合作等等。研究表明，小组合作以 4～6 人一组效果最佳（桌子摆开效果最好），要选好小组长，要明确各组员的职责，要开展"兵教兵"。构建学生学习共同体，使课堂成为学生合作学习的场所，成为同学之间相互学习、互相促进、共同成长的场所。

（3）把课堂还给学生，让课堂成为学生体验成功的地方

每个人都有表现的欲望，每个学生都有体验成功的愿望，每个学生都有实现成功的可能，教师要坚信这一点。

教师是学生体验成功的创造者。课堂上教师要努力创造平等、和谐、宽松的课堂气氛，让学生有充分表现自己的时间和机会，教师要根据学生的最近发展区来组织教学，每节课都要留出一定时间，让学生，特别是学困生有提出问题、交流体会、发表意见、独立演练的机会，至少在小组里有充分表现的机会。教师要让每一位学生都能在课堂上体验到成功，让每一位学生都能树立自信，产生快乐。在课堂上，教师还要做到"三多""三少""一不"：多微笑、多表扬、多鼓励；少生气、少批评、少斥责；不要体罚和变相体罚学生。只有尊重学生的主体性，才能创造出理想的课堂。

教改实验表明，小组互助学习能为每一位学生在课堂上提供更多的体验成功的机会。在合作学习的课堂中，不再是复制的作坊，而是创造的乐园，充满着温馨、生趣和美感。

（4）把课堂还给学生，让课堂成为学生个性发展的地方

教师和学生、学生和学生的关系是贯穿于整个教学活动中的，良好的师生关系是顺利进行教学活动的必要条件。教师要尊重学生的个性，培养学生健全的人格，给学生质疑的权利。

以往的课堂,很多教师"一言而为天下法",面对闪耀着个性光彩的学生群体置若罔闻,片面地追求共性,要求全班学生都遵照老师的统一要求和标准,教师说什么就是什么,剥夺了学生质疑的权利。"满堂灌""满堂问"也是屡见不鲜,学生成了教师思想和教参答案的复述者,对文本进行富有个性的创造性理解的权利就被扼杀了。

今天的新课堂鼓励学生思维的发散,鼓励学生各抒己见地阐明自己的观点,鼓励学生在知识不明处提出质疑和异议。只有如此,学生的思维才能变得越来越开阔、多元、敏捷。尊重学生的个性,就是尊重学生的主体性。教育是对人的生命活动的一种干预,但是干预不应否认人的个性特征,而应该要帮助学生成为更好的自己。让学生主宰自己,能与老师平等交流,大胆发表自己独特的见解,让学生能对传统的看法和权威的定论进行大胆质疑,有思想的飞翔和生命力的舒张;让学生有丰满的个性,能"我思故我在",说自己所想,写自己所思。让质疑、问难、交流、合作、批判、评价、反思、总结、想象、联想……像一条河在课堂上经久不息地流淌。

把课堂还给学生,那么老师是不是就万事大吉了呢?当然不是。老师是以"学生为主体"课堂的建构者,是学生学习、发展的引导者、合作者、促进者。形象地说,学生如风筝,因势利导地高高放飞的同时,老师就是那个牵着风筝线的人,把握方向,把握力度。

第二部分　点亮学习的火把

1/学习的动机在哪里

初中班主任戴老师很苦恼地和我探讨一个问题,他说,每当下班或家访时路过"城中村",总是看到不少学生在街上游荡,或是流连网吧。家访时,家长们总抱怨孩子喜欢玩手机游戏,学习要靠逼迫的。"现在很多学生似乎都不爱学习。"他说。他在家访时,鼓励一个学生要认真学习,学生反问他:"我为什么要认真学习?"戴老师当时回答:"好好学习,将来成为有用之才,建设祖国,报效国家。""好好学习,成长自己,将来才能更好地生活,为社会创造更多价值。"可是学生紧接着的回答让他无言以对,学生说:"老师,前面的说法太遥远,太缥缈,我理解不了,后一种说法,不用好好学习,我的生活不也一样很好吗?"

学习动机是激发和维持学生进行学习活动,并将学习活动引向学习目标的动力或心理倾向。没有动机的学习是枯燥的、苦闷的、被迫的,解决动机问题是推动学生学习主动性的基础工作。今天的学生学习动机为什么那么弱呢? 蔡塘学校95%以上的学生是随迁子女,他们的学习动机又受哪些因素影响呢? 这是值得研究的问题。

学校也开展了学生学习动机调查,研究分析的结果显示,随迁子女的学习动机方面,有着共性问题,同时又有这个群体显著的特点。学生的学习动机受家庭、学校、社会三方面的影响,以及在这三方面共同作用下形成学生个体的主观因素。

(1)家庭因素的影响

首先是家庭的文化基因。我把家庭因素摆在第一位,因为家庭是学生成长的原生环境,家庭教育是学生的第一教育,父母是孩子的第一任老师。西方有这样一个观点:孩子的学习成就决定于母亲的受教育程度。其实,我们中国早就有了相类似的话:母贤子孝,孩子的教养看母亲的修养。也许这个观点有些偏颇,但从一个角度说明了家庭环境对孩子学习动机的影响是多么的巨大。

原生家庭不仅提供了遗传基因,还提供了文化基因,这里所说的文化当然不仅指的是知识,而是指家风,包括各种观念,如是非观、处事观、价值观、苦乐观,家庭成员特别是父母的教育方式、文化素养、道德水准、人格品质、生活方式乃至爱好习惯等对孩子起到耳濡目染的作用,这些都在不同程度影响着孩子的学习动机。

随迁子女家长影响孩子学习动机的常见问题是:

忙:有的家长由于长期在外忙碌,对学生采取放任态度,不管或没有时间管,导致学生不良学习习惯的形成。

粗暴:有些家长的教育方式粗暴,因学习成绩不理想责骂、打骂孩子,使孩子对学习产生恐惧心理,降低学生学习的主动性和积极性。

不期望:有些家长由于文化程度低,对学生的期望值不高,影响学生学习目标的确立。

三观不正：少部分家长对社会、教育、学校心存偏见，这样的家长，孩子的学习观多数是不正常的。

此外，家庭关系、婚姻状况等因素对孩子的学习动机有较大的影响。

其次是新型的教育不均衡。这不是指公共资源的不均衡，而是指个体教育资源的不均衡。城乡差别，家庭经济条件的差别，这些都影响着学生对学习的认同度，进而影响学生的学习动机，进一步导致学生群体从一开始就分化了，如随迁子女与本地户籍子女、普通公办学校学生与优质民办学校学生的差异。

家庭带给孩子的文化基因的力量是强大的，是长久的，经济条件又起着放大作用，所以有的社会学家说："贫困与无知是会遗传的。"

（2）社会因素的影响

今天的社会，太多东西会分散学生的注意力，从具体层面上来说，以下几个因素对学生的学习动机影响比较突出：

首先是无处不在而又魅力无限的网络（手游）。我们总是在与丰富多彩的网络世界争夺学生，在这些东西面前，父母的说教、学校的教育显得那么无力。我们的教育对象因为网络的普及，在学习行为和专注度方面已经发生了巨大改变，沉迷于网络、游戏已经严重影响了孩子对学习的投入。

为什么我们国家大部分中小学校园还不敢用开放的胸怀拥抱手机、让学生拥抱网络，因为网络对学生的吸引力远远大于学习。我们也知道网络的便捷、高效，但不论是教育者还是受教育者，不论是学校还是社会，都还没有做好让学生在全面触网的同时，又保持良好的学习状态的准备，这方面学校能有所作为的地方太有限了，那就只能一禁了之。

其次是教育光环褪色的影响。社会上多元化的价值取向，使教师在学生心目中的分量在减轻，削弱了教师的教育威信。当教师不再是知识的代言人，不再是社会价值观的代言人时，言传身教的效能在降低，社会对教育功利化的趋向，在层层重压之下，当有的老师选择明哲保身、得过且过之时，又怎么能引导学生"好好学习，天天向上"，保持良好的主动学习姿态呢？

还有一个社会现状值得注意，社会群体对待教育的态度正在两极分化，新的读书无用论已经影响到很多社会底层家庭，孩子读书好坏并不重要，通过读书改变命运的想法已经淡薄了。

不良的社会风气也会侵染或毒害学生的思想，使学生的注意力和兴趣游离于学习之外，冲垮了孩子们的学习动机。

这些社会现状冲击着校园教育,影响了学生的观念,通过学习而带来的快乐体验,远不如通过游戏、玩耍甚至无所事事带来的快乐体验。

(3)学校教育及环境的影响

学校是学生日常学习生活的环境,学校的校风、学风、班级氛围、师生关系、同学关系以及教师素养、教学方式、评价办法、课程设置等等方面,都对学生的学习动机有着当下的直接的影响。其中最为突出的是集体氛围、师生关系和教育评价,这是我们能有所作为的地方。

集体氛围:学生所处学校和班集体的学风如何,将对个体产生潜移默化的影响。实践证明,积极向上的学习风气是一种教育力量,能潜移默化地影响学生的学习态度,达到"蓬生麻中,不扶自直"的效果,而消极颓废的学习风气会导致课堂纪律无法保障,影响课堂教学氛围,降低学生学习效率。

师生关系:良好的师生关系,有助于提高学生的学习动机。所谓"亲其师,而信其道"就是这个道理。许多教师转变"双差生"的成功经验,几乎全都是从建立亲密和谐的师生关系入手的。师生关系亲密、和谐,可以使学生为维护与教师良好关系而积极配合教师的教学,并且学得轻松愉快。反之,如果师生关系不融洽,甚至对立,可能导致有些学生由于不喜欢某科教师而迁移到不喜欢这门学科,甚至阻碍课堂教学的进行。

表扬与批评:讲究表扬与批评的艺术性,使表扬和批评有利于学生心理的健康发展,有利于提高他们的自我认可能力,有利于调动学生的学习主动性。

(4)学生个人的因素

上述的"家庭、社会、学校"等因素都是学生个体之外的客观因素,这些客观因素共同对学生心理起作用,形成学生自身的个人因素(主观因素)。学生个人因素可分为智力因素和非智力因素,智力因素有其天然性,在此不讨论。在初中阶段,非智力因素对学生学习主动性的形成有着非常大的影响,甚至大于智力因素的影响。比如影响学生的成就动机、兴趣爱好、情绪情感、意志、性格等。

成就动机:研究表明,成就动机与学习主动性密切相关。成就动机高的学生,他们对学习本身感兴趣,没有奖赏也能努力学习。反之,则不然。成就动机通过不断的成功体验积累和培养而来。

自我目标：学习目标是学生学习活动的出发点和归宿，学生进行各项学习活动时若有明确具体的目标，则可以增强目的性动机，大大调动学生学习的积极主动性。

学习自信心：自信心不是与生俱来的，它是个体在周围人们柜互作用下，特别是教育影响下发生和发展的。

情绪情感：学生个人的情感会影响他的兴趣爱好、意志行为、苦乐观等，引起诸如喜爱、期待、自豪、恐惧、焦虑等积极或消极情绪，从而对学习起促进或阻碍作用。

由此看来，培养和激发学生的学习动机任重道远，必要且紧迫。学习动机的培养是指学生从没有学习需要到产生学习需要的过程；学习动机的激发是指把已经形成的潜在的学习需要充分调动起来。可见，培养是激发的前提，激发可以加强原有的学习动机。

2/努力让学生主动起来

俗话说："你永远都无法叫醒一个装睡的人。"同样的，我们永远都无法让一个没有学习动机的人热爱学习。帮助学生端正学习动机，明确学习目的，让学生主动起来，学习才能真实而有效地发生。学生的学习动机受到外部环境和自身内因影响，我们能做的是通过营造良好的教育生态进而唤醒学生的学习动机。

首先，校园里有轻松安全的心理环境。心理安全是促进学生主动参与校园生活所必需的气候，因为每个人都有获得安全感的需要。现代心理学理论和教育理论也证明，学生如果在被压抑的被动的条件下学习，学习的主动性和积极性极易被抑制，其学习效率也必然是低下的。要让学生喜欢来学校，首先就要让学生在校园里感觉是轻松的、安全的，校园生活是愉悦的。因此，学校要树立正确的育人观念，尊重学生的心理需求，创设良好的校园生态，让学生在轻松愉悦的、没有心理顾虑的状态下进入校园，最好的状态是让学生喜欢回到校园，想到校园生活就是一种美好，就会在脸上漾出笑容。学生喜欢校园生活了，主动学习就有了可能性。

其次，校园里有宽松自主的成长环境。这主要是指师生之间、生生之间民主、平等、和谐的人际关系。爱与包容、平等与尊重、互助友爱的人际关系有利于建立良好的学习氛围和班级文化。需要特别强调的是,在校园里与学生有关的人际关系中,师生关系作用最突出。因为,老师在校园里、课堂上属于心理强势方,可以影响甚至左右学生的心理感受。因此,构建温馨和谐的师生关系的主动权在老师手中。爱生是教师获得成功的基础,也是师生建立真诚关系的基础,教师应了解学生,理解学生,尊重、信任学生,承认个性差异,挖掘个人潜能,使每个学生都有机会表现自己。教师应做到态度亲切和蔼,以缩短师生之间的心理距离,让学生能亲近老师。此外,教师还应具有热心、同情心以及富于激励和想象的倾向性。总而言之,在这个情商作用大于智商作用、感性接受大于理性思考的时期,学生喜欢学校,喜欢班级,喜欢老师,喜欢上课,那么他的学习主动性就更强。

再次,课堂上有生动活泼的教学环境。改变僵化的、灌输式的教学方式,让学生参与课堂,把课堂还给学生,效果奇妙。学习动机的激发,在于利用一定的诱因,使学生已经形成的学习需要由潜在状态转入活动状态,产生强烈的学习愿望和意向。教师要精准分析学情,精选教学内容,精心设计教学过程,创设适当的问题情境,启发学生积极思维,实行互动式参与式教学,及时反馈评价矫正等等,来充分调动和激发学生的学习动机。

最后,多种途径激发学生的学习兴趣。兴趣是推动学生学习的内部动力,是影响学生学习主动性的直接原因。学生如果对学习产生了兴趣,就会提高学习动机,推动学生学习,并在学习过程中产生一种积极的情绪状态,鼓舞学生认真而愉快地学习。常用的方法有以下几种:

①对学生表达合理期望。合理的教师期望能够促进学生学习主动性的提高,这就是课堂上的"皮格马利翁效应"。就是说,如果教师充分相信学生具有潜在能量,对学生寄予恰当的期望,那么,学生的能力就真的会以较快的速度提升,在完成任务的同时也会获得信心,并充分感受到成就感。一旦学生有了成就感,则在以后的学习过程中表现就会有所改变,由被动学习转变为主动学习。实践证明这种效应带有普遍性,"相信他行,他就可能真行"。当然,要针对学生的差异确立一个适度的期望值,期望是一种有信心的等待,不要因失望而放弃期望。

②帮助学生树立目标。培养学生的主动性,首要的就是树立目标,在"志当存高远"的同时,也要"量力而行",依据每个学生的不同情况,制定适宜目标。适宜的目标激励是对主动性的心里呼唤,良好的心理预期会激发学生为完成目标而奋发图强,充分发挥主动性。

③运用激励机制。行为科学的实验证明：一个人在没有受到刺激的情况下，他的能力仅能发挥到20％～30％；如果受到充分的激励，能力就可能发挥到80％～90％。这说明充分运用激励机制是促进学生积极主动学习的重要举措。一般情况下，"表扬使人进步，适当的批评可以激励人进步"。当然表扬优于批评，正所谓"十责不如一夸"。在课堂教学中，教师可以采取语言激励、情感激励、目标激励、榜样激励等，让学生有成功的体验。

当然，教学激励不仅要有恰当的内容，而且还要有灵活的表达。激励可以是正面的激励，也可以是十分得体的反面激励。可以这么说，抓住时机，采用恰当的形式，从关心学生发展的角度出发对学生进行得体的激励，是促进学生积极主动学习的强大动力。

事实上，影响学生学习主动性的因素是多方面的，而且就个体而言，各种因素又是错综复杂、相互影响的。因此，在寻求调动学生学习主动性的对策方面，只有针对个体差异，具体问题具体分析。不同的学生、不同的阶段，影响其学习主动性的主要因素可能是不一样的。因此，我们在建构整个学校教育体系的背景下，重要的还是要找到影响学生学习主动性的关键因素。大到一个学校，小至一个班级，乃至学生个体，都有关键因素，找出来，分析它，解决它，我想总会有效果的。

3/让每个学生都有自信

方老师是化学老师，她所带的初三毕业班成绩都很出色，她教的班级不仅优秀率高，而且平均分也高。我多次去观察她的课堂教学，试图从其中总结出一些优秀的经验做法分享给伙伴们。她的课堂上学生很活跃，抛出问题时学生都踊跃发言，敢于表达自己的观点，从发言的状态来看，分不出哪些是优秀生，哪些是薄弱生。在小组合作讨论时，组内讨论的氛围很热烈，学生们积极参与，这时候你才能发现小组的"核心人物"，他在尽力地回答或指导本组成员，组内的同学似乎也不会羞于向他请教问题，有时组内同学为了一些观点也争论得面红耳赤。这种课堂就是学生积极投入、主动参与的课堂。与方老师交流教学心得时，她说："我也没有什么绝招，我只是尽可能让学生们对自己有一点信心，甚至刻意去培养中下生的信心，有信心了,兴趣也就有了,化学也就不难学了。"简单而质朴的几句话,却道出了课堂教学的真谛:一个自信的学生总是努力地成长着。

"不谈学习,每个孩子都是天使。"经常听到身边的同事或家长说这句话。可是一进入课堂,学生们立即被分门别类,成为老师口中的"优秀生""中等生""学困生",优秀的学生备受关注,中等学生苦苦挣扎,学困生则是一脸蒙,这就是常见的课堂状态。一堂课我们更应该关注谁呢? 很明显,学习力强的同学需要老师的帮助较少,所以,我们常常说"优秀生不是教出来的,而是老师引导出来的"。真正需要帮助的是老师口中的"中等生""学困生",因此,我认为"一堂课的效益体现在学困生的学习状况"。方老师的课堂正是着力于调整和优化学习有困难的同学的心理状态,培养他们的学习自信。有自信心的学生敢于参与课堂,也愿意参与学习,勇于迎接挑战、敢于克服困难,学习成为自我发展的要求。

学生在课堂里有没有自信,不仅取决于学科知识的难易,也取决于老师对学生的态度,取决于班级的学习氛围,取决于他能否收获成功的体验。大部分学生的学习自信不是与生俱来的,需要老师有意识地去培养。

(1)尊重和同伴的接纳是培养学生自信的前提

从本质上来说,教师始终是课堂的主导者,只要愿意,老师可以牢牢地把握着课堂的话语权,把握着评价权。因此,课堂上是否有一个民主、平等、和谐、轻松的课堂氛围,完全掌握在老师手中。在课堂中的任何时候,教师都应该用真情实意尊重学生,尊重他们的人格,尊重差异,甚至尊重努力过后的"学不会、跟不上"。得到尊重的学生,才能真正放下心中的戒备。很难想象一个经常被否定、被排挤、被边缘化的学生能在课堂上有自信心。

"曾经有个腼腆又自卑的女生,每天上课她总是一个人安静地躲在小组的角落里,从不参与小组讨论,同组成员已经习惯了她透明式的存在。我上课的时候常走到她身边,轻轻地拍着她的肩膀,鼓励她提一两个小问题让同学帮忙解决。一次偶然的机会,我看到她的手抄报画得特别好,上课时我让她去画实验装置图,果不其然,她的作品赢得了同学们的赞叹,大家为她鼓掌,她露出了自信的笑容,她终于为他们小组加分了,她不再是那个在小组里可有可无的组员。第二天的作业本里夹着她给我的一张小小的标签,上面写着:'老师,谢谢你昨天在同学面前给我面子,我会认真学好化学的。'慢慢地,她变得越来越开朗,也慢慢地融入小组,融入班级。有时候,可能是因为我们的一句话,就能改变一个孩子。"这是方老师的分享。

（2）创设体验成功的教学氛围

苏霍姆林斯基说得好："成功的欢乐是一种巨大的情绪力量,它可以促进儿童好好学习的愿望。请注意,无论如何不要使这种内在力量消失。缺少这种力量,教育上的任何巧妙措施都是无济于事的。"因此,体验成功能有效地培养学生的自信心。

在教学中,学生成功的体验来自解决难题后的喜悦,来自达成目标时的收获,来自突破自我困境时的欣喜。因此,在教学中要设置恰当的教学目标,特别需要提出的是,要根据学生的差异性设定不同的教学要求,要让每一个学生都有适合自己"跳一跳"就能达到的目标,产生成功后的喜悦感,从而形成积极的心理特征,自信心由此而来。

尤其是对学困生而言,老师要成为让他们领略成功喜悦的推手,而不是成为压倒他们、使他们完全放弃的最后那根稻草。"很多学困生不是不够努力,是学习方法不对,他们太需要成功的体验了。老师在课堂上要精心为他们设计适宜的问题,课后选择适宜的练习,让他们可以从每个问题的解决和每次作业的正确中感受到快乐。遇到困难时,老师能够耐心与学生一起读题、一起分析、一起完成,帮助他们越过障碍,日复一日,在每次的成功之后他们都会增长一些信心,学习的热情一天比一天高涨。"方老师说。

（3）让学生发现自己的优点

很多时候,我们总是在对学生进行比较,而且这种比较很容易就陷入"以成绩论优劣"的语境中,这种单一的比较对学生是粗暴的、无益的,可能成为他们成长道路上的绊脚石。

人各有所长,各有所短,对于一些缺乏自信的学生而言,我们应注意到他们的长处,发现他们身上的闪光点。对学生的努力与进步,教师都要及时给予肯定和当场表扬。特别是要注意鼓励学困生,对他们身上哪怕微小的进步,也要及时肯定,使他们获得成功的体验,迈开自信的脚步。

要用不同的尺子评价学生。充分运用多元化智能理论,从多角度来评价学生,关注学生个性差异的客观性,致力于发现和挖掘每个学生独特的优势,给予他们相应标准、不同角度的肯定与鼓励,从而使他们在不同领域获得自信。

要用发展的眼光评价学生。评价不只是停留在学生目前的状况,而是通过现状给学生分析未来的发展方向,给予学生改变现状的建议和方法。教师要去发现并呵护每位学生的细微变化和潜在发展,对于学生的每一个点滴改变和进步,都要及时给予赏识与激励,使他们树立不断进步的自信心。

每一个学生都是独特的存在,积极而自信的学生会向阳而生,从不同的角度看待每一个孩子,他们每个人都可以成为天使。

4/找准学生"最近发展区"

一堂课的内容到底该讲到什么程度,是不是教得越多越好,讲得越全面越深入越好?无论是三维目标还是核心素养,是否都要面面俱到?回答是否定的。课堂教学必须考虑学生是否真的能学会、学好,也就是说教学必须从学生原有的基础出发,以学生真实的发展为目标,"最近发展区"的理论为课堂教学提供了着力点。

"最近发展区"理论是由苏联教育家维果茨基提出来的。维果茨基认为,儿童有两种发展水平:一种是已经达到的发展水平,表现为儿童能够独立地、自如地完成教师提出的智力任务;另一种是可能达到的发展水平,即儿童还不能独立地完成任务,而必须在教师的帮助下,通过模仿和自己努力才能完成的智力任务。这两种水平之间的距离,就是"最近发展区"。

维果茨基认为,"教育不是在原有的水平上原地踏步,也不是远远高于个体现有的水平,而应稍稍高于儿童原有的水平"。福建师范大学余文森教授说"只有针对最近发展区的教学,才能促进学生的发展。发展的过程就是不断把最近发展区转化为现有发展区的过程,即把未知转化为已知、把不会转化为会、把不能转化为能的过程。"在教学中,教师应该按照学生的"最近发展区"来设计和实施教学方案,从而真正建立起教与学之间的桥梁,通过适当的支持与帮助,让他们从现有水平轻松愉悦地过渡并进入新的"最近发展区"。

基于这样的认识,蔡塘学校从以下几个方面开展教学改革行动的研究:

(1)诊断学生的"最近发展区"

把握"最近发展区"对教与学都起到关键作用,而要达到此目的的前提是准确找到"最近发展区"。教师根据学生以往的学习情况,先要确定学生已经达到的发展水平,这是教学的起点。而后要确定学生可能达到的发展水平,其实就是学生发展的潜能。维果茨基提出的"可能达到的发展水平"主要是指智力,其实在态度、情感和价值观等方面都存在"可能达到的发展水平",所以要多维度考虑教学目标,必须充分考虑教学实施的深度与难度,要让学生"跳一跳才能摘到桃子",既不能过分降低教学程度和水平,也不能过分加大教学难度。

为此,教师除了要充分了解教学内容的重难点问题,预判学生可能出现的"坎",还必须做好课前诊断,在课前深入了解学生,精准掌握学情,做到"有的放矢"。了解学情的方法和途径有:预习检查、课堂提问、及时批阅作业、做好课后分析等,这样就能比较准确地找到学生学习的"最近发展区"。

(2)合理定位学习目标与难度

教师所制定的学习目标应该位于学生的最近发展区内,目标定得过低,学生将没有学习兴趣,教学对学生来说就是无效的。目标定得过高,会使教学内容的难度过大,也会使学生失去学习的信心。如何才能将学习目标定位在学生的最近发展区呢?我们倡导教师分层设计教学目标,分层设计问题,分层设计练习,对少部分学习有困难的学生要降低学习要求,加强课后辅导,对少部分学习基础好、学习潜能大的学生要提高学习要求,加强拓展训练,实现"低进高出、高进优出、优进特出",让每一位学生在每一次学习中都获得应有的进步。

如何较准确地确定教学问题的难度?借助试题的难度,有人提出了这样一个公式:$H = 1 - P/W$。其中,"H"代表"难度","P"代表能够回答问题的人数,"W"代表应该参加回答的人数。如果全体儿童都能回答,难度即为"0",这就说明难度太小;如果全班同学都不能回答,难度即为"1",说明难度太大,已经超越了儿童的最近发展区。研究指出:在最近发展区范围内,问题的难度一般应该在 0.3 至 0.8 之间。

(3)为学生提供合适的"支架"

支架式教学是以维果茨基的最近发展区理论为基础的一种新的建构主义教学模式,它是指通过支架把学习的任务逐渐由教师转移给学生,最后撤去支架。所谓"支架",就是教师所能提供给学生、帮助学生从现有能力提高一步的支持形式。教师可以通过创设符合教学内容要求的情境和提示新旧知识之间联系的线索,帮助学生建构当前所学知识的意义,激发学生的探究欲望,引导学生达到可能发展的水平。我们认为这是一种教与学互通互融的教学载体,研究表明:教师帮助学生搭建的"支架"是与"最近发展区"密切相关的。在支架教学这一模式中,根据学生的"最近发展区"搭建的"支架"对学生的发展是最有效的。

(4)从实际出发,实施针对性教学

教学的最终目的是促进每一名学生都得到不同程度的发展,既尊重共性,又彰显个性。因此我们提倡教师分层教学,让每一个学生在最近发展区得到发展。就学生整体而言,比如一个班,教学应面向大多数学生,难度与深度为大多数学生经过努力所能接受。这就得从大多数学生的实际出发,考虑他们整体的现有水平和潜在水平,正确处理教学中的难与易、快与慢、多与少的关系,使教学内容和进度符合学生整体的"最近发展区"。当遇到较难的章节时,教师可以添加一些为大多数学生所能接受的例子,以便各有所获。对于个体学生来说,有的学生认知能力强,兴趣广泛,思维敏捷,记忆力强,他们不满足于按部就班的学习,迫切希望学习更多未知的知识,要求更有深度的拓展延伸,教师应根据他们的"最近发展区"的特点,确定教学的起点,实施有针对性的教学。

(5)注重学习诊断与补偿教学

在课堂教学结束之前,教师依据教学内容编制相应的巩固测试题,对学生最近发展区达成情况进行学习检验,反馈结果又作为下一阶段精准教学辅导的依据,实现将诊断评价嵌入课堂教学,促进"教—学—评"深度融合。针对学生最近发展区内未达成的能力表现进行精准补偿性学习,促进学生潜在发展[①]。

"最近发展区"理论告诉我们,不仅要根据学生的"实际发展水平"教,而且要根据学生的"潜在发展水平"教,"因材施教"就是关注学生个体不同的"最近发展区",尊重个体差异和个性化需求,最近发展区的重要思想很好地阐述了教学与发展的关系。

---

① 刘宁,余胜泉.基于最近发展区的精准教学研究[J].电化教育研究,2020(7):77-85.

5/点亮学生参与课堂的动机

传统课堂多以讲授式为主，课堂上学生主动探索意识不强，师生互动更多是单一的"我问你答"，无法很好地激发学生学习的主动性。现代教学观认为，学生是学习活动的承担者，是学习的主体，在老师的帮助下，他们能够表现出自身的主观能动性和独特的个性。我们的教学实践表明，通过学习准备、教师引导、互动交流、合作探究等几种方式，能较好地调动学生参与课堂的积极性。

（1）备而能学

维果茨基强调："只有当教学走在发展前面的时候，才是好的教学。"福建师范大学余文森教授说过："有效教学的第一条规律是'先学后教，以学定教'。当学生已经能够自己阅读课本和自己思考的时候，他们应该先让自己阅读和思考，然后根据在阅读和思考中提出和存在的问题进行教学。"因此，在教学实践中，我们强调学生要为课前学习做好准备。

"备"指学生在课堂教学前根据教师提出的学习任务进行学习准备，包括预习或自主先学，了解学习内容的基本情况，开展学前调研，准备相关的材料，存储相应的知识等。在大多数情况下，这种学习准备可以看作学生的"先学"。通过先学，学生掌握了自己能学会的知识，并发现自己不能学会的知识或存在的困惑、问题。学生带着自己的问题、困惑、思考、想法、观点进入课堂，处于这种状态的学生，是针对问题、困惑进行学习。

学生"备"学的过程，是鼓励学生先"动"起来，自主思考，自主实践，尝试发现、分析和解决问题的过程，培养学生的自主学习能力和思考能力。通过这样的过程，学生确立了课堂学习目标，建立解决问题的动机，激发求知欲望，课堂才能真正成为学生寻求知识、展示知识、互动评价的舞台。

（2）导而弗牵

《学记》所述"道（dǎo，同"导"）而弗牵，强而弗抑，开而弗达"体现了启发式教学的原则，其意思是说要引导学生学习而不要牵着学生走；要鼓励学生而不要压抑他们;要指导学生学习,而不是代替学生作出结论。这里已经强调了教学过程中教师是发挥主导作用,通过教师的引导激发学生内在的学习动机。

现代教学认为,教学是师生的双边活动,教为主导,学为主体,二者相辅相成,相互作用,相互促进,不可偏颇。教师的主导作用是引导和启发,不是要控制学生思考,更不是要包办代替;学生的主体地位在于发挥自己学习的主观能动性,在老师的引导帮助下,自觉、主动地学习,既不完全依赖老师,也不是无师自通。

因此,教师应转变传统的"教"的观念。在教学的过程中,教师是"引导者""促进者""帮助者"的角色,是指导者、协助者或者情感上的激励者,使学生自主地获得知识或者形成能力。在这一协助过程中,教师需要提供适当的学习情境,设置适当的活动来促进学生的理解。

教师的主导作用必须在"引、导"上下功夫。通过导趣,引导学生乐学;通过导疑,引导学生想学;通过导思,引导学生活学;通过导法,引导学生会学;通过导做,引导学生善学;通过导练,引导学生用学。教师的引导应立足于使学生在有迫切要求的心理状态下自主思考、理解、消化、吸收,从而达到"自奋其力,自致其知",这是教师发挥主导作用的立足点。

(3)动而能活

"动"是指课堂中师生、生生之间的互动交流,也包括学生自己的思维活动,"活"是相对于传统的讲授课、灌输课而言,互动有利于调动双方的能动性,使课堂气氛更加活跃,提高教与学两方面的质量。互动式教学就是通过营造多边互动的教学环境,在教学双方平等交流探讨的过程中,达到不同观点碰撞交融,进而激发教学双方的主动性和探索性,达成提高教学效果的一种教学方式。互动式教学要营造一种民主、自由、平等、开放式的课堂氛围,建立和谐、平等的师生关系。教师要巧设"空白地带"或设置核心问题、普遍问题,让学生去质疑、解疑。鼓励学生积极大胆提问,鼓励学生从不同角度、不同侧面,用不同方法解决问题,从而引起学生多角度的心理兴奋①。

在整个教学活动过程中,我们提倡"多维互动",即针对教学问题或任

---

① 互动式教学法[EB/OL]. [2020-07-08]. https://baike.baidu.com/item/互动式教学法1563674? fr=aladdin.

务,开展教师与学习小组、小组与小组、小组内学生与学生多个维度的交流互动,在互动中解决问题,在互动中发现问题,然后不断解决问题,课堂教学在这种互动中螺旋推进。互动教学可以增强教学的针对性,互动过程可以激活学生的思维。

如果我们教师在组织课堂教学时,让整个课堂"动起来",实现师生互动,生生互动,每一个学生都深入到学习过程中去,激发学习欲望,课堂教学将活力四射,充满灵动。

(4)合而能达

"合"是指利用学生学习共同体的作用,开展合作式学习、探究式学习,聚共同体的集体智慧解决学生的学习问题,学生在互帮互助中达成学习目标,实现共同发展。

以小组为学习共同体,开展讨论、探究是课堂中发挥学生主体作用最常见也是最主要的交往方式。合作学习的优势在于:学生在学习中遇到的许多具体问题和困难都能在组内得到其他同学的帮助而被解决。这些能够帮助其他同学的优秀学生,发挥了任课教师所不能发挥的作用,使不同学生的学习需求能够得到及时和富有针对性的满足,成绩较差的同学因成绩优秀的同学帮扶而得以提高,成绩优秀的同学因为帮扶成绩较弱的同学而使自己理解知识的水平进一步深化;同时,小组合作学习以及小组间的竞争也容易创造出一种学生间你争我赶、不甘落后的课堂气氛,课堂学习的活力由此而生,能激发学生的主观能动性并达成教育目标。

陶行知曾说:"好的先生不是教书,不是教学生,乃是教学生学。"如何教学生学,那就是放手让学生学,只有在学习中才能学会学习。"备、导、动、合"四种方式(或教学),就是为了实现让学生参与学习、学会学习的目的。

第七篇

把课堂改造为学堂

　　蔡塘学校的办学基础非常薄弱。建校初期,学校用两年的时间建立工作规范,奠定了良好的管理基础,使教风严谨、学风向上、校风文明,教学成绩很快就有了成效,但是也引发了我们的思考。

　　首先是对新课改理念的思考。新课改的目标中提出要改善学生的学习方式,要培养学生的自主学习能力和自我发展能力。因此,聚焦课堂,打破传统的"填鸭式"或时下的"表演式"教学,改革课堂教学方式,优化教学过程,注重学生学习的过程和学法的指导,改变"高耗、低效"的现象,建构有效课堂和长效的教学机制,是教学改革的必然要求。

　　其次是对校情实际的思考。我校教师队伍整体年轻,虽缺乏深厚的教学功底,但观念新,专业素养较好,受传统教学方式的束缚少,具有较强的创新意识与拼搏进取的敬业精神。在建校之初,通过加强常规管理,学校的教学取得了初步成绩。但是一些陈旧而呆板的课堂教学露出端倪,学校教育教学的进一步发展出现了瓶颈。转变陈旧的教学模式,提高课堂教学效益,已经成为学校发展的需要。因此,探寻一种能确实发挥学生的主体性、独立性的高效课堂,是我校实现优质教育目标的必由之路。

　　最后是对学校办学与发展的思考。对于一个新建的学校而言,如果仍按老思路、老方法去教学,那么这个学校最终是"千校一面"中的普通一员而已。我们不想走那种老师苦教、学生苦学的老路,所以我们把目光转到了课堂教学的有效性研究。提高课堂教学效率是实现减负增效的必由之路。

　　蔡塘的团队并没有因为办学基础弱而妄自菲薄,而是把办学基础差看成是一种机遇和挑战。针对学校的实际情况,2007年秋季开始,蔡塘学校开启了探索课堂改革的征程,一路探索,边实践边总结边完善,课堂教学改革渐进式地经历了"教学案"支架教学模式的实践研究、"互助小组"学生学习共同体建设、"学习型展示"的研究,最后形成"学习型课堂",努力把教师的"课堂"建设为学生的"学堂"。

第一部分 建构"教学案"课堂模式,转变教与学的传统形态

2007 年,我校开始了教学改革的理论准备和尝试,在一年的实践研究中,我们认识到,提高课堂教学有效性的突破口在于优化课堂教学结构,确实发挥学生的主体性和教师的主导性,由此开展了"支架"教学模式的研究。

1/"支架"——教学案的提出

新课程推动了课堂教学方式的深刻变化,今天的课堂教学已形式多样,生动活泼。然而,随着教学改革的进行,在课堂上出现了两种值得思考的倾向:

其一是有些教师片面理解课改精神,过度强调综合性学习,摒弃接受性学习,一堂课中探究学习、体验学习、合作学习、讨论学习等教学手段不断翻新;有的课满堂问答,课件泛滥,活动频繁。其结果是课堂形式热闹新颖,教学质量却直线下滑,教师主观希望"培养能力",学生的客观结果更多是"既丢知识,又没能力"。

其二是在一些课堂上,传统而落后的教学模式依然顽固地坚守阵地,满堂讲授、填鸭式的教学大有人在;有的人为了体现新理念,在课堂中勉为其难地进行合作或讨论,其作用却是"为合作而合作""为讨论而讨论",这种课堂的本质仍是以灌输为手段,以学生被动地接受为目的,以教师讲授为中心的陈旧的教学方式,形成了"穿新鞋走老路"的现象。

根据小学、初中阶段学生的认知规律,我们提出了蔡塘学校新课堂的两个核心理念:

一是"教学并重",即在小学初中阶段的课堂教学中,教师的主导作用

与学生的主体作用同等重要,不宜过于偏废一方。

二是"教学合一",教师要少说"我怎么教",而是要多想"学生怎么学",要注重培养学生学习的积极性、自主性和创造性。而学生也要换位,学会"教自己学""教同伴学",在学中学会教人,在教人中增进习得。这种教师与学生在一定程度上的角色、心理的换位,实现教师的教与学生的学在一定程度上的合一。

新课程标准的改革对教学质量提出了更高更全面的要求,这也就使如何提高课堂教学的有效性成为实施课改中值得深入思考的问题。我们认识到,提高课堂教学有效性的突破口在于优化课堂教学的结构,确实发挥出学生的主体性和教师的主导性。基于以上两个概念的支撑,我们把自己编撰的"支架"定名为"教学案"。

教学案是以学生为主体,从学生发展的需要出发,把课改理念与学情实际有机结合起来,进行教学方式的改革,力求优化教学过程和方法,提高教学效益,减轻学生过重的课业负担,释放学习的积极性,使各个层次的学生能得到相应的发展,从而提高教学质量。其实质是贯彻素质教育与教改思想,将国家课程、地方课程整合后形成的校本课程。

2/编制教学案的理论基础

编写教学所需的"支架"不能凭感觉进行,必须遵从课堂教学规律与学生的认知规律。结合课堂教学设计的普遍要求,我们通过广泛的学习分析,选择了以下三个有效的规律或较为成熟的教学改革经验作为依据。

(1)心理学家艾宾浩斯(Hermann Ebbinghaus)的记忆遗忘规律

艾宾浩斯的记忆遗忘规律揭示,输入的信息在经过人的注意过程的学习后,便成了人的短时记忆,但是如果不经过及时复习,短时记忆就会遗忘,而经过了及时复习,短时记忆就会成为人的长时记忆,从而在大脑中保持很长的时间。艾宾浩斯证实了一个学习规律:学习要及时复习巩固,同时还说明了在学习中凡是理解了的知识,就能记得迅速、全面而牢固,比较容易记忆的是有意义的材料。

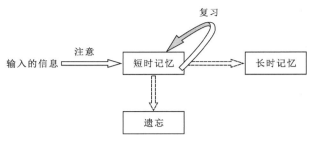

艾宾浩斯的记忆遗忘规律

（2）有效教学的三个规律

这三个规律是由教育部课程改革专家组核心成员、福建师范大学基础教育课程研究中心主任余文森教授总结提出的。

规律一：先学后教——以学定教。当学生已经能够自己阅读教材和自己思考的时候，就先让他们自己去阅读和思考，然后根据学生在阅读和思考中提出和存在的问题进行教学。

规律二：先教后学——以教导学。当学生不具备独立阅读教材和思考问题的时候（处于依靠教师的阶段），教师要把教学的着眼点放在教学生学会阅读和学会思考上面。

规律三：温故而知新——一切教学都要根据学生原有的知识状况进行教学①。

（3）课堂45分钟的价值曲线

课堂45分钟时间价值随着学生生理心理的变化呈现出一种动量状态。在45分钟之内，学生的生理心理状态分为五个时区，呈波谷—波峰—波谷—波峰—波谷的起伏发展规律。

①起始时区：5分钟。角色进入时区。学生由课间活动的心理状态转入学习状态。

②兴奋时区：15分钟。第一黄金时区。在这个时区内，学生的兴奋点已经转移到课题上来，生理心理进入最高波峰。

③调试时区：5分钟。心理过渡时区。教学时间已过去将近一半，学生的兴奋过程开始转为抑制过程，会出现一个疲劳波谷。

—————————

①　余文森.论有效教学的三条"铁律"[J].中国教育学刊,2008(11):40-46.

④回归时区:15分钟。第二次黄金时区。经过5分钟的调适过渡,学生的生理、心理出现第二次波峰状态,因此,称为回归时区。

⑤终极时区:5分钟。总结回应时区。这时候,学生趋于疲劳状态,注意力渐次分散,进入尾声。

这五个时区的创设,符合学生的生理心理规律,构成课堂教学的时间"场",能使45分钟的价值充分体现出来,使课堂教学处于最佳状态。①

(4)尝试教学法的课堂结构

这种教学方式是实行新课改后,江苏省常州师范学校邱学华老师创建的探究式教学模式。这种模式的一堂新授课大体包括六个阶段:①基本训练(5分钟左右);②导入新课(2分钟左右);③进行新课(15分钟左右);④试探练习(第二次尝试练习,6分钟左右);⑤课堂作业(10分钟左右);⑥课堂小结(2分钟左右)。

六段式课堂结构应用了系统控制理论,同时也应用了反馈理论,安排了两次集中反馈,使学生对新知识理解程度的信息和课堂教学效果得以及时反馈,如发现问题,教师能及时补充,当堂补救。该教学方式也考虑到了心理学最佳时间理论的应用。

(5)"三环节·三反馈"教学方式

此方式是由福建省优秀专家、中学特级教师蒋宗尧老师主导的课堂教学方式改革实验总结而成,根据有序原理设计的"三环节"是指导读环节、精讲环节、过关环节,三个环节紧密相连,环环相扣,以导读环节为根本;根据反馈原理及记忆规律设计的"三反馈"是指课内反馈、课外反馈、单元反馈,三次反馈也是紧密相连,不可分割,尤其以课内反馈最为关键。

3/教学案的界定

从以上"一个记忆规律、一种教学方式、三个教学规律"中,可以清晰地

---

① 王仁甫.45分钟价值曲线[N].中国教育报,2002-09-19(8).

概括出有效教学必须是师生在教学过程中实现有效的互动这一结论。一堂课有效性的关键要素是:先学后教、正确引导和反馈巩固。于学生而言,在于主动学习,主动探究,及时巩固;于教师而言,在于正确引导,及时评价,及时反馈。从师与生两个角度确定教学案的两种定义:

(1)教学案是"教师学生之案"

传统的课堂教学中,教师是主动的、支配的,而学生是受动的、被支配的。新课堂要打破这一定位,建立新型课堂师生关系,要求课堂教学要以学生为中心,学生由知识的被动接受者转变为知识的主动建构者,教师由知识的传授者、灌输者转变为学生主动建构知识的帮助者、促进者;师和生在课堂上实现有效互动,这就需要一个共同的平台,在这个平台上能实现教学合一,"教学案"就是要成为教师的教与学生的学的结合点。

所以,从形式上看,"教学案"就是一种融教师的教案、学生的学案、分层次的评价练习、拓展延伸为一体的师生共用的探究活动的载体。它是以《新课程标准》为准绳,以教材为依据,结合学校的实际,由教师整合各种资源,自己编写的课堂上供教师组织教学和学生学习共用的书面材料,设计的目的是引导学生了解学习目标和内容,做好课前准备,参与课堂活动,实现教与学的互动,体现了"先学后教,教学合一"的教学理念。

(2)教学案是"教导学习之案"

教学案的"教"具有教育、引导之含义,是教师主导作用的体现。教学案的"学"包含着"注重学习行为"和"注重学习主体"双重内涵,是一个有的放矢的过程,如何达成学的目标,就需要教师的引导。在教学案的设计中,教师的作用重在对学生学的引导:学情的评价、学习内容的引导、学法的指导和思维的启发等,这是教学案设计的暗线。

因此,从本质上看,教学案是教师引导学生学习的方案。教学案一方面要帮助学生将新旧知识形成联结,为新知识的学习提供适当的附着点;另一方面也能帮助学生对新知识进行加工,以利于形成更为牢固的知识体系,同时还要指导学生学习掌握新知识的方式方法。编排教学案时始终以学生的学习为中心,各环节的设置都必须对学生的学习有着"润物细无声"的导向作用,学生在学习过程中遵循教学案的引导突破重难点,从而一步步达到学习目标。所以,教学案是教师用以帮助学生掌握教材内容、沟通教与学的桥梁,也是引导学生自主学习和建构知识的一种重要媒介,具有

"导读、导听、导思、导做"的作用。

4/教学案的基本环节

根据课堂有效教学的三个规律和记忆规律,在编制教学案时,确定了"四次教学加动态评价"的基本环节:以学定教,以教导学,分层落实,分类发展。

(1)以学定教

以学定教即以学生的学习状态确定教师的教学行为。教学案的使用就是创造条件尽可能地让学生"先学",让学生由被动接受变为主动的建构,真正成为课堂学习的主人。以学定教是教学案中的第一次教学,从两个方面来落实:

首先设置预习环节,建立学情。教师在融合大量资源的前提下,根据教学内容把需要学生掌握的知识和能力精心编制成各种形式的预习内容来导学。教师要提出预习目标,让学生明确要"学什么、做什么和如何做"等;要指导学生自学的方法,引导学生复习旧知预习新知;要提出质疑要求,学生对预习中不能理解和有疑问的内容做出标记或提出问题,做好记录,让学生带着问题走向课堂。

其次检查预习内容,了解学情,调整教学策略。教师要对学生的预习情况进行检查、批阅,初步分析学生自主学习的情况,了解学生哪些知识能自主掌握,还有哪些疑难问题,难点问题是否突破等,根据学情进行有目的、有针对性的二次备课,确定在教学中略讲什么、详讲什么,教学重点在哪里,教学方法如何调整等,在课堂中就可以做到有的放矢。

预习、检查、二备,尽管这些工作都是在课外进行,但它是必须和重要的,一方面对培养学生的自主学习能力有重要意义,另一方面是奠定课堂有效教学的基础。通过这两环节,教师才能谈得上了解学情,定目标、定方法、定节奏,进而在一堂课中能实现以学定教。

(2)以教导学

新教材为学生主体性的发挥提供了有力平台,但如何发挥学生的主体性还必须依赖教师有目的、有计划、有组织的教学引导。所谓以教导学,简单地说就是通过教师有针对性的教学活动引导学生如何学习。以教导学是教学案中的第二次教学。

教学案中的"以教导学"体现为一个教授环节,从观课的角度看,是课堂上一段高效的、针对性强的教学。教师通过批阅预习确定"导教"方向,在此基础上进行的一段课堂教学重在一个"导"字,要把握的重点是:导学、启思、释疑。教师要精心设计教学过程,在课堂有效的时间和空间里,紧扣教材,精讲释疑,对学生已经掌握的内容可以少讲、略讲,甚至一带而过,重点教授学生的疑难问题和学生在自主学习中出现的问题;教学方法要灵活,精讲巧导,只要能有效引导学生学习的教学方法,不论是常规的还是创新的都可以兼收并蓄,要设置恰当的教学情景,有效地引导学生分析问题,让学生来解决问题,培养学习方法,引导能力的发展,最终学生能够自主地"学",学有所获。

（3）分层落实

分层教学是承认学生个体差异,实施因材施教的主要途径,我认为,在教学中不仅要有分层教学的意识,还要有分层落实教学目标的措施。教学案最重要的目标之一就是教师要针对不同基础和能力的学生设置不同的学习目标,因势利导,在教学中分层落实教学目标。课堂分层落实是教学案中的第三次教学,主要从以下几个方面着手:

学生分层,动态管理:根据学生学习习惯、能力、基础、思维品质和兴趣爱好等方面的差异,将学生分为基础组、提高组和竞赛组三个层次。经过一个阶段的学习后,通过综合评定,对各层次的学生进行适当的调整。学生分层后有利于教师组织教学、辅导、批改作业以及学习信息的反馈,也能充分调动不同层次学生的学习积极性和主动性。

分层备课,明确目标:根据不同层次的学生设计不同层次的教学目标,按照"了解、掌握、运用"三种要求,确定不同层次的学生的学习目标,分层布置课前预习作业,以求做到有的放矢,使教学活动从一开始就具有明确的针对性。

分层授课,分类要求:分层教学中的关键环节便是对学生实行分层授课,总体把握的原则是"基础知识全体掌握,基本能力得到培养,导优对象得到发展"。在教学过程中要注意把握对不同层次学生的要求。例如提问分层,问题设计应有层次性、梯度性,应根据学生对问题的认识逐渐加深,做到循序渐进,以保证在课堂提问的过程中各个层次的学生学习机会均等,不同层次的学生都积极思考,各司其问,各有所得。又如课练分层,课堂练习应满足不同层次学生的需求,要使竞赛组同学在课练中感到挑战,提高组的同学受到激励,基础组的同学也能尝到成功的喜悦,最大限度地调动学生的学习积极性,树立学习自信心。

分层作业,分类辅导:此环节的分层已经延伸到课堂教学之外,是教学案的第四次教学。作业的设计要面向全体学生,兼顾有学习困难和学有余力的学生,作业分层体现在量和质两个方面。实践中,教学案中精心设计了必做题和选做题,必做题是基本题,要求每个学生必须在规定的时间内全部完成;选做题是探索性、开放性习题,学生可根据自己的情况不选、少选或全选。这样,使不同程度的学生各有所得,促进每个学生的发展。根据学生作业反馈的情况,按照不同类型的问题进行有针对性的个辅、集辅,坚持导优辅差。

(4)分类发展

学生的差异是客观存在的,每个学生都有不同的学习优势,有不同的兴趣指向,也就不能用统一的标准来衡量学生,要因学生不同的个性特点而发展,因此,我们对每一个学生的评价也应相应地采取不同的形式和标准,教学案用分类的要求进行动态的分层发展评价。

采取动态的分层发展评价体系,是在承认学生差异性的原则下,建立在尊重和激励基础上给不同的学生不同的评价,改变了原有的单一评价体系。在这种评价方式的引导下,竞赛组目标明确,劲头更足;提高组兴趣盎然,稳中求进;基础生获得成功,消除自卑,增强信心。学生在学习上对自己既有信心,又能看到不足,既有压力,又有动力。动态的发展评价使不同层次的同学都得到鼓励,有利于各类学生在各自的"最近发展区"得到充分的发展,也是落实素质教育的有效方法。

5/编写教学案的基本模块

根据教学案的理论依据、新课改核心理念和课堂教学原则,在充分了解学情、吃透教材、理解课标和教学指导意见的基础上，将教学目标、教学程序及实施要求和学生要达到的知识、能力、素质等要素要求编写成教学案，经过实践，总结出构成一节新授课教学案的基本模块及其内容和形式，具体如下。

①三维目标：将教学目标（知识技能、过程方法、情感态度价值观）明确地写在教学案中，使学生在展开学习活动之前就能明确学习目标，并紧紧围绕目标展开学习活动。

②重点难点：指出本课时中的教学要求，教与学中的难点、重点知识，学习的方法。

③预习模块：体现先学后教的教学理念，是以学定教的基础。复习梳理学习本节课需要的基础知识，自主梳理本节课的学习内容，可采用填充、图表、练习等各种形式。

④教学模块：落实以教导学之精神，进行课堂主干知识的学习，是教师与学生教学活动的体现，要精讲精评，短时高效，教学设计思路要清晰、贴近学情并符合认知规律，重在解疑释难、导学启思、解决问题。

⑤精练反馈：设置部分习题，难度较低，目的是巩固课堂知识，落实基础。一般 3～5 题，5～10 分钟。这也是教师把握课堂教学效果的所在。

⑥课堂小结：梳理本课知识要点、重要的方法及教学思想等。

⑦拓展延伸：此环节是举一反三、触类旁通的知识迁移、发展学习的过程，它的关键是教师要设计好拓展延伸的内容，要分层设置，分层要求，使之具有层次性、综合性、启发性、典型性和创造性，既能巩固知识又能拓展运用。

⑧课后作业：把握层次性、针对性和适量三个原则，精心设计课后练习题。这些习题要涵盖主要教学目标，难度由小到大，题量适度，以确保作业的效度和信度，让学生都能体会到成功的喜悦，从而激发和保护学生的学习兴趣。

⑨教、学后记：教师教的心得及其修改、补充；学生学习心得、体会或错误订正等。

总之，教学案立足于学情，要求于教师，着力于课堂教学的有效性，把握好课堂教学中"教"与"学"的关系是教学案运用的关键，它既"先学后教"，更重在"边学边做、分层落实"。教学案的设计不能千篇一律，要因不同的年级、不同的学科和课型而异，它对教师的教育思想和业务素质提出了较高要求，实践显示，使用教学案能够加深教师对新课标的理解和运用，提高教师整合资源的能力，强化师生间的交流，有效提高学生自主学习和探究能力，从而提高课堂教学效率，使"教为导向，学为主体"的教学思想得到真正意义上的落实。

设计与编写教学案围绕着三个目标进行,一是以学生为主体,从学生自主学习的需要出发,根据学情实际建立学习路径;二是改革教学方式,力求优化教学过程和方法,提高教学效益;三是减轻学生过重的课业负担,释放学习的积极性,使各个层次的学生能得到相应的发展,从而提高教学质量。

教学案课堂重新建构了师生关系,学生由知识的被动接受者转变为知识的主动建构者,教师由知识的传授者、灌输者转变为学生建构知识的帮助者、促进者,师生在这个平台上进行有效互动,实现教学合一。

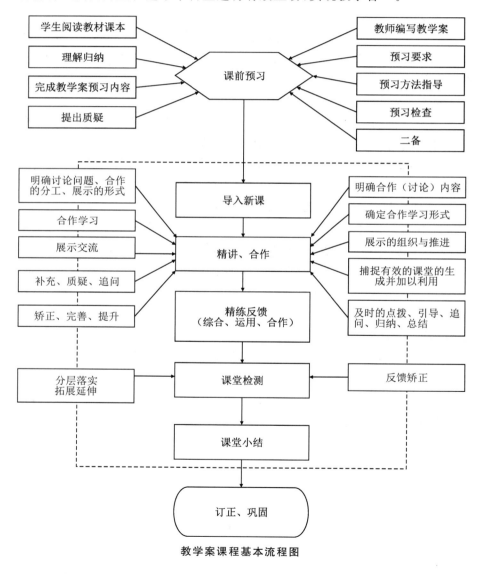

教学案课程基本流程图

第二部分　以"互助小组"为平台,建立学习型伙伴关系

通过两年教学案课堂模式的探究,初步完成了各学科教学案的建模过程,课堂教学的实效性和针对性突显,教学质量取得了跨越式的进步。2009 年在专家的建议下,我们把教改重心转移到学生合作能力、讨论能力、展示交流等综合能力培养的方面,研究如何在教学案课堂上建构合作学习,把原来松散型的"学习小组"转变成为实效型的"合作小组"。

在开始尝试教学改革之初,我校建立了学习小组——"121 小组",提倡小组合作。但在初始阶段"学习小组"更多的是被赋予了课后的学习互助,结对帮扶,是一种松散型的合作关系,在课堂上的运用还比较随意。而"合作学习"型的课堂,则是把"合作"作为教与学的一种重要形式和手段,更多地让学生以小组的形式在课堂上讨论、交流、展示,通过老师的引导、评价,促进小组成员间的共同发展。[①]

在我校的"教学案"课堂中采取了"合作学习,展示交流"的教学方式后,课堂中教与学的形式发生了深切的变化,展示交流已然成为学生所喜爱的学习方式,学生的主体性得到了充分的挖掘,参与课堂的态度发生了极大的转变,特别是一些学困生变化更为突出,他们不再抗拒上课,因为他们在课堂上也有了参与讨论和展示的机会,有了自己发言的机会。当学生在课堂上找到了自己的价值体现时,当他们在课堂上体验到成功和喜悦时,他们对课堂的主动与热情投入是超乎教师想象的,小组的合作学习改变了学生对课堂学习的情商。

在几年教学改革的探索中,我们逐渐意识到,教学改革不单纯是课堂教学的问题,而是一个涉及教育教学整体工作的系统工程,因此,进行教学改革不能只局限于课堂的 45 分钟,而是要跳出课堂看教改,更应该关注到学生的整个学习生活。从 2011 年下学期开始,我校尝试把教学中的小组合作模式拓展到班级的教育教学管理中,把功能单一型的"合作小组"转变

---

① 　L.A.巴洛赫.合作课堂:让学习充满活力[M].曾守锤,吴华清,译.上海:华东师范大学出版社,2005:89.

成为综合型的"互助小组",班级"互助小组制"的自主管理模式因应而生。

正如《学记》所说"独学而无友,则孤陋寡闻","三人行,必有我师焉",先贤的精辟语言揭示了学生学习的一个重要规律:学习者彼此交换学习经验,可以增强学习效果。同时,心理学的研究已证明:学生同伴间的互动不仅能提高学生的学业成绩,还能提高学生的交往能力,改善人际关系,形成良好的情感品质。因此,在班级中实行"互助小组"式的管理,把小组协作的范围辐射到学生在校生活的各个方面,依托小组互助机制,构建"自主管理,互助学习"的教育教学平台,能深度发挥小组合作学习的作用。

1/互助小组的构建与管理

互助小组是以教育心理学理论为基础,以人的关系为基点,在老师的指导与组织下,把班级若干个学生组织成为一个小组,在小组内以目标设计为先导,以生生间的互助为基本动力,以小组活动为基础的教育形式。小组是学生学习生活的共同体,通过组员间的相互帮助、相互促进、合作学习、自主管理,实现小组成员的共同进步。因此,从功能上说,互助小组是教师管理班级的基本单元,是同学参与班级课内课外各项教育教学活动的基本集体。

互助小组的活动是以团体的状态为评价标准,教师(班级)通过对互助小组的整体评价,促使小组内部成员间的合作、互助与发展,在小组的共同提升过程中,使每个同学在互助小组内能得到帮助、关注,得到尊重,实现价值,增强认同,从而使组内每个成员得到与之相适宜的发展,促进整体的班风、学风良性发展,进而构成优秀的校风。

互助小组的构建应遵从以下原则:

(1)分组原则

构建互助小组不仅要考虑到学校教育教学的要求,还需要考虑小组成员之间课外娱乐、生活的相互协同等方面的需要。总体上遵从"组间同质,组内异质"的原则,班主任在听取学生、科任老师意见的基础上,综合考虑学生的学业、性格、兴趣爱好、特长、性别、家庭条件等方面的因素,构建一个小组,因班级人数、教室条件而异,以四至六人为宜。

（2）组织方式

班主任确定分组原则后,首先确定各互助小组组长人选,召开小组长会议,听取组长对本组构建的人选及其他意见,进行初步的分组,最后召开科任教师会议,把分组名单初稿与科任教师讨论,协调学科意见,确定互助小组名单。

（3）编组编号

小组正式组号以数字为组号"第一组、第二组……",同时可以让每组成员集思广益、共同磋商,根据小组同学的共同意愿,为小组取一个积极向上、富有新意的、响亮的名字,这有利于凝聚人心,形成小组目标和团队精神。事实证明,只要教师相信学生,给学生以表现的机会,学生的潜能和智慧必定能得到淋漓尽致的发挥。

组内成员的编号以数字为号数（1 号、2 号……）,必须注意的是不同小组间在学业水平上属于同层次的同学小组内号数需是一致的,这样既便于组长分工——小组内成员按一定的序号发言、交流、讨论,或者按一定的方式合作;又便于教师在全班分层教学中统一要求。

（4）组员分工

互助小组成立后,在班主任的指导下,由小组长对组内成员进行分工,不同的人负责本组的各项事务,如出勤、纪律、卫生、劳动、礼仪、仪容、两操、各科作业收发等。确定小组内互助对象,合作学习时的各项分工,需注意的是:组内分工可以是动态的,在班主任的指导下组长可以根据不同时期的学习、表现进行分工调整。

小组的组织管理可以从以下几个方面着力:

（1）树立小组观念

互助小组为班主任、科任教师在教育与教学工作中的基本单元,取消以往的班级大组管理制度,弱化针对个体的评价,在与学生有关的德智体美劳等方面的评价中,均以小组为评价单位,实行捆绑式评价,一奖俱奖,一罚俱罚,班主任、科任教师在日常的班务安排、学习安排中,均以小组为单位进行安排。

（2）制定小组目标

小组要制定学期目标，根据组内同学的实际情况，制定小组奋斗目标，特别是针对组内的帮扶对象，要制定出具体、有效、可操作的帮扶办法，落实帮扶对象，同时约定一些组内的公约及小组内的奖罚措施和鼓励约定。

（3）转变记录载体

在所有的记录载体中，以小组方式呈现，如成绩册、点名册、质量分析等；校内优秀表彰暨评比等以"××班××小组××同学"的形式呈现。通过各种管理措施把互助小组的团队意识根植于小组成员心中，真正形成一个小组自主管理、相互帮助、合作学习的共同体。

（4）定期总结反思

班主任定期召开小组长会，反馈小组情况，宣布奖罚等；小组长定期召开小组的周小结会、反思会、互助会等，建议小组每天有 10～20 分钟的反思会，每周有一节课的总结会。教师要定期集中培训小组长，培训时除了了解反馈信息、作业专门指导外，还要倾听他们的意见和想法，让他们畅所欲言，相互交流，相互启发，以利于使他们领导的小组既有一定的共性，又有鲜明的个性。

（5）开辟展示园地

在班级开辟互助小组成长园地，展示各小组在校生活中取得的成果，展示小组特色，呈现小组评价的动态过程，以及各小组自己认为可以展示的本组亮点、优点，通过成长园地的展示，激发组间力争上游的积极风气。

（6）成立仲裁小组

成立班主任为主、年段长为顾问的班委仲裁小组，在出现加减分争议时，可在听取双方意见的基础上进行仲裁，要充分体现自主与民主原则。

2/小组的评价机制

对互助小组的评价是促进小组形成、落实管理意图、实现教育目标的重要推动力和保障措施,采取"捆绑积分制"的定量评价和"每周点评"的定性评价,两种方式并行。

（1）评价原则

突出"重结果,更重过程"的评价观念,对涉及学生的行为、学习、品德等各项目均可以根据所制定的评分标准予以加减分,计入小组总得分。实行周评、月评、学期评、学年总评。每周评出班级明星小组若干,班级表扬,年级张榜;每月评出年级优秀小组若干,年级表扬,学校张榜。学期进行总评,评出学校优秀小组若干,全校表彰;综合一学年互助小组的表现,进行学年表彰,与年度学生的各项评优评先捆绑评选。

（2）评价系统

实行互助小组制是为了充分培养学生自我管理、自主学习的能力,发挥小组成员之间互相帮助、相互促进、相互合作的作用,实现共同进步的目标。因此,评价系统是在班主任指导下的班委自主管理系统。

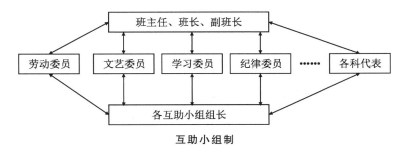

互助小组制

（3）评价项目

行为常规:以年段为单位制定学生日常行为常规各项目量化评分标准

样表,班主任可根据本班实际进行细化或调整。以班委为互助小组管理团队,班长、副班长为互助小组总积分记录者、监督者,把学生一日常规的要求,如卫生、值日、出勤、纪律、仪容仪表、文明礼仪、两操、课间行为及其他综合素质类的要求,分配给各个相应的班委负责,各个班委为所在项目的检查、监督人,并根据班级制定的评分标准对互助小组进行评价,按标准予以加分减分。如劳动委员负责各互助小组的卫生、劳动、值日等内容的分数加减。

各班班主任及班委根据各班情况,可把学生的全面发展、综合素质等各项指标均纳入小组评价范围,逐条赋予一定分值,形成完整科学的评分标准,在充分征求学生、科任教师意见的基础上,完善定稿,张贴于教室,作为互助小组捆绑评价的重要依据。各班委每周总结一次各互助小组的每项得分情况,汇总给班长,班长汇报给班主任。

合作学习:学科合作学习是互助小组的重要功能之一。小组的合作学习不仅体现在课堂教学上,还应向课堂的两端延伸,即课前的预习合作与课后的帮扶解困。学科评价由教务处统一制定学科评价基本要求,然后由学科教研组细化本学科的合作学习量化评分细则,各年级科任教师还可根据本年级本班级的实际情况进行适当的评分调整,科代表记录本学科各互助小组的得分情况,填写"学科互助小组合作学习记录表",各科代表每周总结一次各互助小组的得分情况,汇总给班委,班委汇报给班主任。

定性评价:班主任、科任老师可以根据需要每周对班级全部小组或选择部分小组进行定性评价,表扬、肯定优点,指出不足,提出期望。记录在"互助小组周总结记录表"的教师寄语栏目内。

（4）表扬奖励

互助小组制把"同伴互助,人人进步"作为所追求的一种境界,将常模参照评价改为标准参照评价,把个人之间的竞争变为小组之间的竞争,把个人计分改为小组计分,以小组总体表现作为奖励或认可的依据。各项目负责人每周汇总一次,将小组情况汇总给班长,班长汇报给班主任。班主任利用每周班会总结表彰前一周的优胜小组、个人及进步个人等情况,激励士气。每月班主任评选出班级优秀互助小组、优秀表现个人、学习明星、进步之星等,学校利用每月第一个周一升旗时间进行全校范围的表彰,颁发奖状,并合影张榜表扬。

奖励的方式是多种多样的,可采用口头表扬、鼓掌祝贺、经验介绍、颁发证书、适当的物质奖励、授予小组荣誉称号等。通过奖励使学生知道什么行为是有价值的,是能得到认可的,激发学生尽可能地展示自己的才华,开发他们的潜能,鼓励他们为小组的共同目标而努力,从而培养学生的合作意识,提高合作技能。

3/互助小组管理的实施策略

(1)选一名得力的组长是小组构建的关键

组长是老师的小助手,是一组之魂。实践告诉我们,选一名责任心强、有一定组织能力的学生担任小组长,负责全组的组织、分工、协调、合作等工作至关重要。小组长应具备四种能力:组织能力、提问能力、激励能力和分辨能力。教师不仅要善于发现具备这些能力的学生,而且应该有意识地培养学生的这些能力,这是培养学生领导才能的一个起点。

(2)学生培训是有效实施小组互助的基础

先期各班主任要进行学生动员,培养小组意识,学习各项评价制度及奖罚措施,激励同学参与;然后要组织班委、科代表、小组长进行专门培训,要让各个项目负责人明白评价标准、掌握操作规程、明确权利与责任,树立责任意识与公正意识。只有达到全员理解、全员认同、全员参与,互助小组制才能有效实施,才能发挥相应的作用。

(3)打造团队精神是小组培养的核心

团队精神的基础是尊重个人的兴趣和成就,核心是协同合作,最高境界是全体成员的向心力、凝聚力,反映的是个体利益和整体利益的统一,并进而保证组织的高效率运转。团队精神的形成并不要求团队成员牺牲自我,小组成员是"利益共同体",也就是说,只有在小组中的每一个成员都取得成功的前提下,小组才能获得成功。只有小组成员都树立了"荣辱与共"的集体意识,明确协作意愿和协作方式,才能增强每一个学生为捍卫集体荣誉而合作的内在动机。

（4）评价项目的实施要分阶段抓重点，循序渐进

在实施"互助小组制管理"的初始阶段，由于所涉及的内容宽泛，评价项目多，学生刚刚接触"互助小组"时，还没有适应自己的角色，容易出现混乱，无所适从。为了有序、有效地推进小组建设，对需要评价的各个维度不能在同一时期齐头并进，应该分阶段循序渐进，在一个阶段内重点抓好一个项目的评价，落实一项，推进一项，逐渐把评价维度丰富起来。

（5）稳定、落实、做好阶段性总结是持续有效的保障

教师要在做好充分的调查和准备后制定评分标准，评分标准颁布后，要给予学生一定时间的适应和磨合，不能经常进行删改，不能让学生感到无所适从。有了准确有效的评分标准后，还必须落实到底，学生对评分标准有疑问及存在评价纠纷时，班级仲裁小组要做出及时的排解与仲裁，让学生感受到这些评分标准的权威性。教师还必须要做好小组得分的阶段性总结和奖励，树立典型榜样，形成舆论导向，这对调动学生的积极性起着重要的作用。良好的舆论导向，是"互助小组制管理"持续有效地开展下去的保障。

（6）积分只是手段，不是目的

互助小组的评价采取积分制，但需要清晰地认识到"积分只是互助的形式，而不是互助的目的"，必须预防学生为了积分而挣分。如果教师把积分当成唯一的法宝，而忽视了积分制内在的含义，就可能会引发胡乱评分、弄虚作假的现象，出现不公平不切实际的评价，这将会导致学生消减对"互助小组"评价的信任，直接威胁到互助小组存在的意义。因此，教师要引导学生正确认识积分，比积分更重要的是它所包含的内涵，要注重产生分数的过程和原因，通过正当和积极的方式为小组增光添彩，积分制内在的互助、合作、学习、成长才是我们的目的。

建立互助小组，形成学习生活中的共同体，小组成员在合作中各展其长，各得其所，互相帮助，相互促进，这也正是素质教育所提倡的"自主、合作、探究"的教育理念。

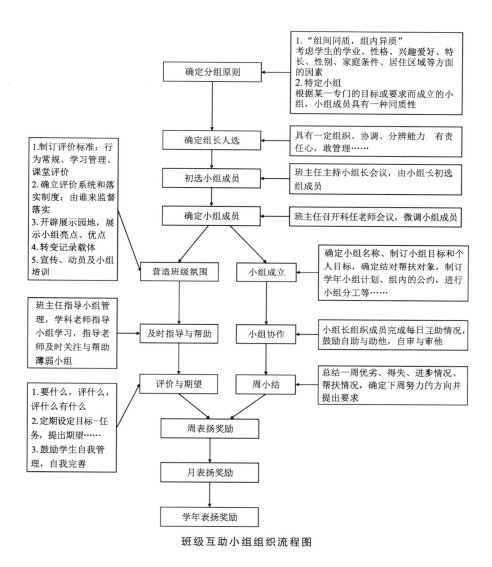

班级互助小组组织流程图

第三部分　开展学习型展示的研究，突破低效展示的困境

子曰："知之者不如好之者，好之者不如乐之者。"学习的理想状态是"乐学"，学习的过程应成为一种愉悦的精神享受。自我校开展以"教学案"为载体的教学改革以来，在新课堂中采取"合作学习，展示交流"的教学方式，学生的学习积极性被充分地调动起来了，在课堂上主动参与、踊跃展示，较好地解决了被动学习的问题，呈现了"群学、乐学"的特征，课堂中教与学的形式发生了深切的变化，展示交流已然成为学生所喜爱的学习方式。

然而，随着合作课堂的开展，在观察课堂的过程中我们发现，在热闹的展示之下一些过度展示或低效展示的现象露出端倪，如展示的目的不明、展示的组织失序、展示的机会不均等等，影响了教学的有效性和实效性。针对展示交流环节存在"失真""失效""失序"的低效现象，2011年开始，福建师范大学余文森教授指出的"如何构建'学习型展示'"为我校课堂教学改革指明了深入发展的方向。

1/课堂展示中存在的低效现象

"展示交流"是应用教育心理学原理，针对学生的学习规律和心理特点，通过不同形式的学生展示，来调动学生的学习内驱力，从而取得良好的学习效果。但部分教师对其理论背景和目的缺乏深入的理解与思考，在实践中存在着一些"失真""失效""失序"的现象，展示交流的真实意蕴被弱化，主要存在以下问题。

（1）展示的目的不明

有些教师和学生片面理解展示的目的，认为只要有展示，课堂就精彩，但是对于为什么要展示、什么需要展示、展示到什么程度、期望达到什么目标等缺乏深入的思考，师生更为重视的是展示的存在，出现了只重形式忽视实质的低效展示，如作秀型的展示、非必要的展示以及无效拓展的展示等。这些形式化的展示缺乏实质，目的不明，既浪费时间，又影响教学效果。

（2）展示的提升不足

这类型的展示表现为不同小组对同一问题进行反复的、同层次的展示，甲组说完，乙组再说，同样的内容反复再现；或是过多地突出小组或个人的表现型或表演型展示，教师没有引导学生进行有针对性的质疑、互动、辨析、提升，展示的过程与结果都处于同一层次上，不能启发思维，无法促进学生知识的拓展和能力的发展。

（3）展示的组织失序

由于小组成员培训不到位或展示交流的准备不充分，学生对合作学习的要求认识不足，成员分工不明，职责不清，不会倾听，在交流展示中呈现无序状态下的喧闹；或组内讨论混乱，人人都急于表达自己的意见，不服协调，争抢发言；或在他人展示时，随意插话，打断展示；或展示中易放难收，针对某些问题的追问、质疑偏离了要求，争论起来漫无边际，失去控制，致使课堂效率低下；或弱聚焦现象严重，展示时其他小组忙于整理和准备自己的内容，不能认真倾听和参与互动，课堂展示无法形成有效的聚焦。

（4）展示的机会不均

不论是在小组讨论还是组间展示，普遍存在话语霸权的现象，学优生处于主宰地位，承担了主要的职责，而学困生则处于被忽略的旁观角色，因为他们的被动，使其获得展示的概率减少。或因学困生基础薄弱，思维的敏捷性、深刻性稍逊，怯于展示，这又进一步导致了组内成员的排斥、轻视，无形中失去了思考、发言、表现的机会，在一定程度上被变相剥夺了学习的权利。学困生被边缘化加剧了学习困难，削弱了其学习信心，这样的情况导致"优者更优，差生更差"，加剧了两极分化。

（5）展示的有效落实不够

在有的课堂展示中，多数学生只专注于过程参与，却未能在展示后及时整理归纳新观点、新方法，缺少自我内化的过程；有的同学不思考，只盲从，展示时人云亦云，既不及时记录，也无法做到吸取正确的成分修正自我观点。或有的教师未能及时进行归纳、总结、提升，使展示的实效性差，落实不足。

讨论和展示的目的是碰撞思维，质疑辨析，形成更新更好的思想和方法，是师生之间、生生之间互动、反馈、提高的过程。展示是否有效，并不是指学生是否完成展示内容或形式是否新颖，而是指学生是否得到学习或提高。如果学生不想学或无所学，即为无效展示。以上存在的问题已经背离了课堂展示交流的真实本质，削弱了课堂教学的有效性。

2/学习型展示的内涵与特征

如何克服课堂展示中存在的问题，进一步发挥展示交流的有效性，使展示者和学习者都能在这一过程中得到发展，得到提升，这就要求所进行的课堂展示必须具备学习的功效，即展示交流的过程也是一个学习的过程，而不是低效的、重复的呈现。福建师范大学余文森教授在我校观察课堂时提出了"学习型展示"的观点，我在教学实践中从展示的组织、形式、内容、措施等方面对"学习型展示"进行了探究，力求建构有效的展示形式。

所谓的学习型展示是这样的一种展示状态，即通过展示者与学习者对内容的展现、质疑、探究、拓展使两者都能实现知识与能力的完善与提升。在展示的过程中，对展示者而言，它是一种表达、证实、展现；对学习者而言，它是一种借鉴、吸收、分享。因此，展示过程应该是一个生生之间、师生之间互动学习的过程。

学习型展示首先是一种必要的展示，并不是所有的课堂都必须进行"展示交流"，在有些课题的教学中，展示并不是必需的，只有当使用展示交流的方式能更好地达成目标、培养能力、提高教学效益时，才是必要的，才是适宜的。其次，展示的组织是有序的，是根据既定的程序有序开展，在这个过程中既能面向全体,又能兼顾弱势群体,角色清晰,分工明确。最后,展示的结果是有效的,于教师而言,通过展示交流,能达成教学目标,能更好地培养学生的能力;于学生而言,通过展示,不论是展示者还是学习者都能解决好某些问题,在展示中学习,通过展示得到完善和提升。

学习型展示不仅是展示者发言和表达的过程,更是学习者借鉴、质疑、辩论的过程,不仅是个人的展示,更多是小组合作的展示。其应该具备以下一些特征:

(1)互动性

在展示的过程中,展示者不仅仅是讲解者,学习者也不仅仅是听众,而是师生之间、生生之间形成互动,在展示的过程中进行质疑、讨论、互辩、解答。

(2)启发性

展示的内容有多个角度的探究性,展示者所呈现的是对知识理解内化后形成的个性化思维、方法、观点等,学习者能在展示的过程中得到启发,开拓思维。

(3)发展性

展示目的之一是促进学生能力的发展,因此展示的过程要能激发学生积极参与课堂、主动学习的意识,培养学生合作、交流、倾听、吸纳和表达等各项能力。

(4)矫正性

针对学生存在的共性问题或认知缺陷进行展示,可以为当堂矫正问题提供平台,具有矫正功能。

(5)全员性

通常情况下,学生全懂的和全都不懂的问题都不展示,要展示的是一种中等的、具有阶梯式的问题或内容,是全部同学都能参与的。

(6)效能性

通过展示,在课堂上相应的时间内能有效地解决问题,结果是提高了

课堂教学效益,而不是在无效的活动中耗费时间,

具备以上一种或几种特征的展示,就具备了学习功能,应该可以视为"学习型展示"。

3/学习型展示的组织与实施

学习型展示着力构建一种互动学习的有效机制,其实质是展示的有效性,应从展示的酝酿、过程的调控、结果的评价等多个维度进行组织和实施:

（1）学生充分的预习或讨论

只有学生具备一定的知识储备,才能有所展示,特别是对展示的内容进行了初步的学习和讨论,形成了自己的个性化见解,这样的展示才能对别的学习者有借鉴性,才能引发别人的思考、质疑、辩论。因此,让学生做好充分的预习或小组讨论,为展示做好准备,使他们在课堂上有成果可以展示,是构建学习型展示的重要基础。正是有了前期预习的有效性,才能使得展示精彩而有效。否则,学生的展示就会流于形式,或停留于浅层次的问题。

（2）教师对学情的准确把握

教师是课堂展示的设计者和组织者,展示的内容是由教师确定的,能否构建一个有效的展示,教师起着主导作用。脱离学情实际而设计的课堂展示,往往是无根之本、无源之水,因此,教师设计学习型展示应从了解学情实际入手,要对学情,特别是预习情况掌控清楚,哪些知识是重难点,学生掌握的情况如何,哪些学生预习得较好,哪些学生预习得不好,这些老师都要心中有数。只有准确地把握学情,才能明确展示问题,明晰问题如何分配,按照什么方式或思路展示,展示到什么程度,这些在课前都要进行适当的预设,使展示的目标明确,形式有效,让学生通过展示有所得。

（3）展示内容的选择是关键

展示内容直接影响着学生参与展示的积极性,决定着展示的学习性。

教师在选择展示的内容时,要立足于教材又不囿于教材,应根据教学的要求、学情的实际,着眼于学习型展示的若干特征,选择和设计展示的内容。不同的展示内容要找准其适宜的学习增长点,如新知的展示不应是预习的重复,应注重学生预习之后的延续和发展,重点展示的对象是学生预习中感到困难的、出错率高的;问题的展示要注重共性和探究性,教师要充分利用学生的思考,精心整合出若干有价值的问题,如探究问题、合作问题、共性问题、发散问题、一题多解的问题等,供给学生讨论、展示,从而激发学生探索的热情,形成探究性学习;质疑辩论是有效的互动展示,当学生有不同的看法和观点时,教师不断引导学生质疑问难,通过碰撞思维,去伪存真,发展创新思维能力;个性思维的展示是要敏锐地抓住学生学习中产生的新想法、新方法、新途径等个性化的思维,让有创见的学生展示自己的独到思维见解;探究过程的展示要注重差异性和比较归纳,展示者表达自己的探究过程、得出的结论、形成的观点或结果,学习者进行对照、比较、分析,发现问题,倾听意见,借鉴优点,完善和改进自己的探究方案;拓展展示要注重内容的实效性,是指展示的内容能与日常生活相联系,能培养学生创新能力的延伸与拓展,拓展的内容是必须的和有效的,是学生"跳一跳摘得到"的,这有利于拓展学生的知识面和能力的提高。体验与示范,当展示涉及技能专长时,可以让具有特长的学生进行展示,一方面让展示者有表现的平台,满足学生表现欲;另一方面又可以对学习者起到示范的作用,通过展示者的演示、指导和帮助,让学习者得到直观的感受和体验,从而得到启发,提高技能。

（4）有效的组织是保障

展示交流是小组合作学习的呈现,因此小组是实现学习型展示的平台,有效的小组建设是学习型展示的保障。

首先,小组的组织形式要有效。根据"组间同质,组内异质"的原则,小组合作学习可以四至六人组等,小组建设时要充分考虑学生的性别、性格、兴趣、习惯、学业水平乃至家庭环境,达到相对理想的组合,组员的搭配呈橄榄形,有利于形成一个学习共同体。这个共同体一旦形成,在一定时期内要相对稳定,以利于磨合出有效的合作学习方式。

其次,小组的展示程序有基本模式。组员的职责要明确,既有分工又有合作,不允许一个人包办全部任务。一般采取的程序是:展示的内容要由浅入深、由易到难,展示对象的顺序是先由学困生展示基础内容,继而中等生补充,最后由学优生归纳总结。这样的程序设计目的在于使学生机会均等,各展其长。在展示过程中,教师不是第一反馈人,而是由学生先进行反馈,保证教师不以自己的思考代替学生的思考,反馈的同时就是促进学生学习、提高的过程。

最后,教会学生参与展示的方法和正确的态度。通过小组的培训,教师要教给学生展示的方法、技巧,培养他们的展示能力,包括学生口头的表达、形态的表现、小组展示的协作、展示的程序、组间质疑讨论的程序等各方面的基本技能,要反复演练,直至每个学生都能掌握。同时,更要培养学生在质疑与辩论中包容、尊重、悦纳的态度,教导学生尊重他人,学会倾听,学会宽容和沟通,学会协作和分享。

(5)教师及时的质疑、点拨与评价激励

教师始终是课堂的主导,在展示的过程中,教师有针对性的质疑、及时的点拨、有效的拓展与补充、对方法规律的归纳、及时的评价激励等,是实现学习型展示的推动力。在学生展示时,老师应积极关注课堂中的每个细节:当学生提不出质疑问题时,教师要及时追问;当学生讨论偏离主题时,教师要及时引导;当学生遇到困难时,教师要适时介入点拨;当学生点评不到位时,教师要做重点点评;当学生展示完毕时,老师可以改变条件,拓展延伸。评价是无形的激励,恰当的评价能提高学生课堂展示的积极性,提高课堂教学的效果,教师对学生的展示要给予适当的评价,多给学生鼓励,多用赞美的语言,多用欣赏的眼光鼓励学生积极参与。教师及时的质疑、点拨与评价激励能起到画龙点睛的作用,从而推进课堂向纵深发展。

展示交流是合作学习的重要组成部分,是学生巩固知识、形成正确认知、发展创新思维、培养综合能力的有效渠道。在展示中不仅仅是把学生调动起来积极参与,更为重要的是,要把展示的过程建构成为一种互动学习的过程,学生在参与的过程中思维被真正激活,能力得到培养,得到了与之相适宜的发展和提升,真正做到"在展示中学习,在展示中提升,在展示中成功",这样的展示才是有效展示,才能成为构成有效教学的一个元素。

4/对合作学习的几个看法

(1)要关注小组合作中的弱势群体

关注每一个学生的发展,是新课程改革的一个发展目标。让不同的学生完成不同的任务,但是不能让学生将自己置身于小组之外。

要提高小组合作学习的有效性,必须照顾小组合作中的弱势群体。这就需要我们教师认真地去关注这些学生,给他们更多的关注、更多的机会,教会他们更多的方法,同时也要注意引导学生之间真心地互助,让他们知道每个人都有思想的闪光点,每个人的思维都有其独特性,只有这样,小组合作才能实现人人公平参与,乐于参与。

(2)独立思考基础上的合作交流

独立思考基础上的交流才是不同思想的交流。在组织合作学习时并不排斥独立学习,有了自己的独立思考,有了小组同伴间的合作交流,思想碰撞,个性会得到张扬,不同学生会有不同的发展。因此,要注意在合作学习之前,留给学生足够的独立思考和自主探究的时间。

(3)发挥教师的主导作用

在合作学习中老师的指导是关键,学生的学是离不开老师的"教"的,这个"教"就是教师的引导。合作前要提炼有价值的问题或主题,要让学生明确合作的任务、目标;教师不仅要参与合作,与学生共同探讨,对于合作中学生出现的问题要善于及时发现和及时补漏,有的放矢;在合作之后学生汇报时,老师要及时捕捉和激励学生回答中的闪光点,应尽可能多地让学生展现自我,表现自我。

(4)不可忽视个别辅导

由于各方面因素的影响不同,每个学生在发展的速度、认知活动的结构、兴趣、需要等方面各不相同,学生的发展存在个体差异,绝对的均衡很难做到。因此,因材施教,对于学困生的课后帮助扶持永远是必不可少的工作。

（5）集体教学与小组合作学习相结合

集体教学在教学交往结构上存在欠缺,导致教学交往难以充分、全面地开展,学生参与教学活动的积极性、主动性受到压制,他们的主体性自然也得不到应有的发展。小组合作学习提倡充分开发课堂中的人际交往资源,建立全面完整的教学交往结构。集体教学与小组合作学习在教学交往结构上存在着互补,二者的有机结合有利于教学交往全面、充分地开展,有利于发展学生的主体性。

集体教学是小组合作学习的基础,两者优势互补,相得益彰。集体教学的长处在于它的系统性能保证教学活动循序渐进,能使学生获得系统的知识和技能;它的领导性能保证教师充分发挥主导作用,使课堂教学有明确的目的和周密的步骤,从而保证教学任务的完成。从小组合作学习的一般模式中可以看到,几乎所有的小组合作学习策略都以集体教学为其教学流程的第一环节。作为起始环节的教师精讲是后继的小组合作活动开展的基础。教师的精讲,不仅给学生提供了活动的知识背景,同时还使学生明确了活动的目的、要求和需要解决的重点。凡是这个环节没能做好的,后来的小组合作活动一定会有困难。

（6）在什么情况下适宜采取小组合作学习

实际上,并非所有教学过程都适宜采用小组合作的学习方式。采用小组合作学习,要根据教材内容的难易、知识的前后联系以及所涉及问题的性质等诸多因素而定。

①当学生思维受阻时,开展小组合作学习。

②当学生意见不统一,思维处于混沌、迷惑状态时开展小组合作学习。

③当问题的答案不唯一时开展小组合作学习。

④在深化、拓展处开展小组合作学习。

第四部分　构建学习型课堂,培养学生关键能力

培养学生关键能力是新时代对教育的要求,在教学中如何落实是个难点问题。蔡塘学校在十余年持续开展的教学改革中,通过不断地积累、完善、叠加,逐渐形成了一套"以知识为基础,以能力发展为导向"的教学机制,我们把这种机制下构建的课堂称之为"学习型课堂",在这种课堂中呈现出"学生在学习,真学习,会学习,乐学习"的教学生态,学生的关键能力得到培养。

1/关键能力与教学策略

2017 年,《关于深化教育体制机制改革的意见》明确了关键能力的内容,即关键能力是指认知能力、合作能力、创新能力与职业能力[①],同时其也指出基础教育阶段重点培养前三种关键能力,其中的认知能力和合作能力具有基础性、生长性、共同性、关键性等特征,创新能力是建立在它们之上的高级能力[②]。结合三种关键能力的具体内容,我认为在义务教育阶段的教学实践中又可以具体化为六种能力:阅读能力、思维能力、交流与表达能力、自我管理能力、合作能力、创新能力。

培养能力需要有恰当的支点、科学的方法和有效的机制才能落到实处,但当前普遍存在的灌输教学更注重知识的传授,在学生综合能力培养方面存在明显的不足。为了更好地促进学生能力的发展,就必须改变被动学习的方式,采取与能力发展相适应的教学策略:阅读能力、思维能力的培养要从学生的自主学习入手,比如采用先学后教的教学策略;合作能力可以通过建立学习共同体为支点,在学习活动中培养;交流表达能力必须在

① 诸宏启.解读关键能力[J].中小学管理,2017(11):62-63.
② 余文森.论学科核心素养的课程论意义[J].教育研究,2018(3):131-137.

互动交流中培养,通过合作学习、互动学习为学生提供平台;而创新能力要通过自主、合作、实验探究等开放式学习等去引发。我们在十余年的教学改革历程中,逐渐把这些教学策略优化组合与叠加,建立一套教学机制,营造团队对话、和谐共生、互相启迪、教学相长的学习环境,形成了能力导向的学习型课堂。

2/学习型课堂的内涵与特征

(1)什么是学习型课堂

学习型课堂是"知识为基础,能力为导向"的教学机制,融合了学习共同体、合作学习、学习型组织的主要理论,从学生习惯养成及自主管理能力培养入手改善学情基础,借助载体导学,以"互助小组"为平台,以自主、合作、互动、探究为主要学习方式,采取"以学定教、以教导学、分层落实、分类发展"的教学措施,通过各种激励机制调节学习行为,使学生的知情意行协调发展,达到"在学习、真学习、会学习、乐学习"的状态,是旨在提高学生整体的学习力进而提升师生课堂生命质量的开放式、生成性的学习组织[①]。

首先需要明确的是,学习型课堂不仅是一种课堂教学形态,更是一种学习场,是以生本思想、团队学习、教学相长等理念营造而成的教学生态场,它不仅关注外显的学习形式,更关注学生内在的学习心理调适(真学习,乐学习)和学习行为调适(在学习,会学习);其次是学习型课堂强调"教学并重",教学过程中"教师主导"与"学生主体"两者同样重要,不可偏废。再次是学习型课堂秉持因材施教的理念,通过自主学习与团队学习使每个学生取得与之相适宜的发展。最后,学习型课堂形式多样,在实际教学中可以合作学习、研究学习、互动学习等,并不排斥其他有效的教学方式,因不同学科、不同教学内容需要而不同,重在看学生的学习发展状态,而不在于固定哪种教学方式。

---

① 耿永华."学习型课堂"理论初探[J].沈阳教育学院学报,2007(4):55-57.

（2）学习型课堂的教学特征

学习型课堂始终关注学生的学习体验和能力发展，把影响学生主体发挥的关键要素调节到最佳状态，营造宽松安全、互动合作、相互激励的学习环境，课堂教学特征表现为以下六个维度：

①"知识为基础，能力为导向"的教学追求。在"学会"的基础上走向"会学"，"学会"重在接受知识、积累知识；"会学"重在掌握方法，主动探究知识。学习型课堂关注学生如何学会，培养学生获取知识、解决问题的方法和能力。

②"多维互动，动态生成"的教学形态。相对传统课堂中师生之间的往来，学习型课堂互动教学的特征为"多维互动，动态生成"，即实现师生互动、生生互动、组内互动、组间互动，在互动中发现和生成问题，在互动中解决问题，实现知识能力的生成。

③"民主平等，互助共生"的教学关系。美国教育家罗杰斯认为"成功的教学依赖于一种真诚的理解和信任的师生关系"，学习型课堂的教学关系是师生以学习共同体为平台的平等相待、理解信任的伙伴关系，共同体成员之间相互学习、相互促进、共同成长。

④"安全和谐，宽松愉悦"的教学体验。罗杰斯还认为"成功的教学也依赖于一种和谐安全的课堂氛围"，这要求教师对学生要有耐心、信心、包容心，使学生感觉能被接纳、被包容理解，在心理安全的学习氛围中，师生之间的交流顺畅而愉悦，学生参与课堂的积极性提高，创造性思维被更好地激发，学生才能获得最大限度的表现和发展。

⑤"灵活恰当，优化组合"的教学方式。各种教学方式都有其特点和优势，没有一种教学方式可以解决所有的教学问题，故而，教学有法，教无定法，贵在得法。学习型课堂在坚持"教师主导、学生主体"的理念下，坚持互动教学为主的同时，根据教学实际将各类教学方式灵活变通和优化组合。

⑥"尊重差异，各有所长"的教学要求。学习型课堂尊重学生的差异，尊重个性见解，针对学生差异设计多元目标，采取多元评价，使每个学生通过自身的努力以及同伴间互助、交流、共享，有效地解决自己的问题，从而增强学习自信，使不同层次的学生都能得到成功的体验，实现"群体智慧"的增长。

3/学习型课堂的实施策略

通过多年的实践研究,我们建立了学习型课堂的教学机制,这个机制从两方面着手实施:课堂组织基础和课堂教学实施。

(1)学习型课堂组织基础

①团队基础:建立学习型伙伴关系

学习共同体是学习型课堂的基石,常见的学习共同体多建设为学习小组。在多年教学改革的探索中,我们逐渐意识到,把共同体定位于功能单一的"学习小组"是不够的,学生的学习不单纯是课堂教学的问题,而是一个涉及学生整体学习生活的系统工程,故而,我们把共同体定位为教育教学综合型的"互助小组",在班级中实行"互助小组制"的自主管理。

"互助小组"制是在通行的分组原则下把学生组织成若干个小组,在小组内以目标设计为导向,以生生互助为基本动力,以小组活动为教育形式,建构"自主管理,互助学习"的教育平台,在教师的指导下实行小组整体学习生活自主管理,通过组员间的相互帮助、合作学习、自主管理,实现小组成员"各展其长,共同进步"的目标。"互助小组制"着力于课堂之外,作用于课堂之内,有效促进了学生自主管理能力和合作能力的发展。

②行为基础:养成学习型行为习惯

关于合作能力的培养明确提出"引导学生学会自我管理,学会与他人合作,学会过集体生活,会处理好个人与社会的关系,遵守、履行道德准则和行为规范"[1],这是学生开展合作的前置条件。良好的习惯是学习的正确程序,能使自主学习落到实处,正确的交往行为是团队学习与活动开展的保障,更是优秀班风、学风的基本要素。因此,习惯养成教育不仅是德育要求,也是能力培养的要求,是构建学习型课堂的行为基础。

学习型习惯养成注重以下几个方面:自主学习方面要求有较好的阅读习惯、作业习惯;课堂参与方面有讨论、表达、倾听、求助等行为规范;在共

---

① 诸宏启.解读关键能力[J].中小学管理,2017(11):62-63.

同体建设方面有纪律、行为、卫生、交际交友等。这些都需要制定规范、规则,进行专门的教育与训练,并长期坚持,使之形成内在的秩序感,促成学生学习态度和情感的逐步转变,从被动参与转变为主动参与。

③能力基础:开展基础能力训练

学习型课堂要充分发挥学生的主体作用,与传统课堂相比,对学生的基础能力有更多的要求,比如能正确地阅读,能够顺利表达,能参与展示并具备一定的质疑能力等,这些能力可以通过专门训练而成。我校在初始年级开设能力训练课,主要包括:预习指导课,培养学生阅读能力和思考能力;合作指导课,培训学生合作学习时沟通、协调的能力;展示训练课,训练和指导学生展示的表达方式、语言组织等能力;探究与质疑训练课,培养学生初步的探究方法和质疑能力;各类专门的培训指导课建构了学生参与学习型课堂的能力基础。

(2)学习型课堂教学实施

①载体引导下的自主学习:先学是学生自主学习能力培养的有效方式,在教育实践中,各种引导学生先学的载体应运而生,我校根据义务教育阶段学生的学习特征,设计的先学载体是教学案,教学案突出"教学并重,教学合一"两个核心理念,是以记忆遗忘规律、课堂45分钟的价值曲线、六段式课堂教学法为理论基础编制的师生共用的教学媒介。教学案是教师用以帮助学生掌握教材内容、沟通教与学的桥梁,也是引导学生自主学习和建构知识的一种媒介,学生在教学案的引导下建立学习路径,通过阅读、查询、收集、求助等多种方式初步了解所学知识,提出质疑,为后续合作学习做好准备。

②任务驱动下的合作学习:合作学习学什么、怎么学是一堂课能否达成目标的关键,教师通过检查学生先学情况,梳理出学生在自主先学时存在的共性问题、核心问题,结合课程要求提炼出合作学习的任务或问题,小组根据问题或任务开展合作探究,此为任务驱动下的合作学习,是探究性学习的主要形态。任务驱动使学生在教师的帮助下,紧紧围绕一个共同的活动中心进行探索和互动协作,并以任务的完成结果检验和总结学习[1],这既是一个挑战的过程,也是一个体验成功的过程,使学生的学习自信和合

---

① 杨秋菊.实践导向教学法在公共管理教学中的应用[J].高教学刊,2016(18):113-114.

作能力得到培养。

设定合作任务主要把握以下三点：一是学习的中心任务必须以学生自主先学的学情为出发点；二是任务或问题的设计必须有层次性，以便不同层次的同学都能找到合作的参与点；三是任务或问题的设置必须有挑战性，不论哪一个层次的学生都是在完成挑战任务的情况下得到发展提升的。

③多维互动式的展示学习：展示是培养学生表达能力的重要环节，小组完成学习任务后展示自己的研究成果，其他小组对其进行质疑和补充、追问，教师进行必要的点拨、引导。通过生生互动、师生互动和人境互动促成信息交流，达成学习目标。我们把这种互动过程定位为"学习型展示"，"学习型展示"是指通过展示者与学习者对内容的展现、质疑、探究、拓展从而使两者都能实现知识与能力的完善与提升。在展示的过程中，对展示者而言，它是一种表达、证实、展现；对学习者而言，它是一种借鉴、吸收、分享。因此，展示过程实质就是一个师生之间、生生之间动态交互影响的过程。

④温润浸入式的教师主导：在开展学生为主体的团队学习中，最容易迷失方向的不是学生，而是老师。当学生沉醉于团队学习活动时，许多老师常常找不到自己的角色，或迷惘不知所措而任由学生自由活动，或担心学生无法达成学习目标，常常紧张地"切断"学生的学习，又把课堂主宰权牢牢地抓回自己手中。

教师的主导作用是学习型课堂不可或缺的部分，但这种主导作用应该是"润物无声的浸入"状态，体现在以下五个方面：构建，在学生自主学习阶段，教师根据教学要求整合教学资源，指导学习方法，设计合作任务，预设课堂结构、发展方向、可能的生成等，这是教师以课堂组织者的角色构建课堂；倾听，日本教育家佐藤学认为建立合作学习的教师必须具备的能力是俯下身来倾听他们的观点和心声，倾听学生的差异，理解发言同学的状态；参与，以讨论者的身份进入有困难的小组中参与讨论，发挥点拨、启发的作用，帮助与引导小组学习；串联与点燃，把教材与学生、学生与学生、旧知与新知、课堂与课外、学科与跨学科知识链接起来，捕捉有效的课堂生成，引发学生互动质疑、讨论、探究，引向升华；释疑与归纳，教师要进行精当的讲解与归纳，帮助学生释疑解难、总结提升。

⑤分层精练式的反刍矫正：佐藤学认为"创造合作学习的教师与单向灌输教学的教师的差异就在于是否借助'反刍'保障了班级全员的学习"，反刍就是每堂课都要留出一定的时间对学习的内容进行一次回顾、巩固矫

正、提升拓展,目的在于解决学生当下学习的困难和实现挑战学习,是一个富有实效的教学环节。根据因材施教的原则,反刍要兼顾到全体成员,分层要求,既要帮助一些还存在学习困难的同学回顾内容,巩固所学,也要帮助学有余力的同学拓展知识,提升运用,让基础一般的同学尝试到成功的喜悦,让中等的同学受到激励,让优秀的同学感到有挑战。

学习型课堂不仅关注学生掌握知识的结果,更关注学生掌握知识、形成能力的方法、过程和情感体验,课堂是一个师生、生生、生本交往与知识碰撞的学习场,学生在教师的激发、引导、调节下能动地、自主地学习,知情意行协调发展,关键能力的培养得到落实。

"学习型课堂"的研究与实践,使得蔡塘学校管理理念变了、教学观念变了、教学行为变了、学习方式变了、课堂景观变了、精神面貌变了、教学质量变了,教改的作用显现出来了。

教改实践证明,学习型课堂有利于学生主体地位的落实;有利于教师主导作用的发挥;有利于针对性教学落到实处;有利于学生核心能力的培养;有利于大面积提高教学质量;有利于减轻师生的过重负担;有利于年轻教师的专业发展;有利于均衡教育的全面实施。教改成果主要体现在以下四个方面:

①学生的发展。一是改变了学习方式,由被动待学转为主动探究;二是课业负担的结构改变并得到减轻,由传统的"教而后学,课后作业"转变为课前"先学",课中"合作展示、反馈落实"的良性循环;三是学习能力提高了,学习情商优化了,综合能力得到发展。具体表现在学生学业水平优异,综合素质突出,个性发展较好,精神阳光,品行端正,身体健康。教改为学生的终身发展奠定了坚实的基础。

②教师的发展。教师在课堂上的角色转变,由讲台上的主讲者、控制者,转变成走下讲台的参与者、引导者、调控者。新型课堂教学在深研教材、把握学情、建构教学、驾驭课堂等方面对教师的要求更高了,教师在不断学习、不断实践、不断反思、不断创造中得到锻炼,得到发展。几年来,学校一批批年轻教师在教改这个平台上快速成长,一批批教学骨干教师成为教改方面的能手,涌现了一批教改意识强、教改理念新、教改水平高的学校领导和中层干部,九个年级主任大都成为抓教改的行家里手。教改使得教职工的观念变了,角色变了,方法变了,课堂变了。教改成就了他们,教改提升了他们的幸福指数。

③学校的发展。首先体现为教育教学管理更加规范,我们依托教学案

的研究与实施,建立了以"学生参与度、时间有效度、目标的达成度"为主要指标的课堂教学评价新标准,"向管理要质量,向常规要效益"的管理策略得到落实。其次是教学质量实现了跨越式的提升,打破了"生源基础、教学条件限制教学质量"的魔咒,学校年年获得教学质量优质奖、湖里区教学质量突出贡献奖。再次是形成了严谨、扎实、创新发展的教学文化,现在"以科研促发展"不仅是学校的需要,更成了教师们自我提升、自我发展的需要,浓厚的教改氛围已然形成。

④交流与辐射。"学习型课堂"教学机制既有丰富的教育教学理论支撑,又有具体的行为模式,从实践的效果来看,具有可操作性和可复制性。我校先后多次召开了省市区级教学改革汇报会、研讨会,教改成效的辐射面广,影响面大,近几年来,来自全国各地参观交流、跟岗观摩的学习者络绎不绝。

一路走来,实现学校跨越式的发展的推动力,就是我们开展了历经十余年的课堂教学改革。坚持不懈的改革,由课内而及课外,由教师而及学生,由教学而及教育,已经不仅仅是单纯的课堂教学改革了,而是扩及至学校教育教学的整体范畴。我们试图建构一种长效的教育机制,通过几年的积累与完善,已经有了一定成效,较好地解决了学生被动学习的问题,呈现了学生"群学、乐学"的特征,这个机制不仅是把课堂还给学生,把学习动机还给学生,在课堂教学中自主合作探究探索,不再是遥不可及的,而是真实的存在,学生的学习真实地发生着。课堂教学改革着眼于学生的长期发展,着力于学生的自主与合作、表达与交往、探究与创新等综合能力的培养。

第八篇

教师应该是学师

新课程背景下的教师不仅仅是传统的"传道、授业、解惑"的角色,教师的角色和行为都发生了改变。从角色上来说,教师是学生成长的陪伴者,是学生学习的促进者,对学生的学习与成长起着帮助、引导、激发、矫正的作用。从行为上来说,教师是学校教育的直接实施者,是学校文化的主要建构者,这要求教师应该是教育教学的研究者,还应该是课程的建设者和开发者。新课程要求教师的教育行为从传统的师生关系转变为强调尊重和赞赏、帮助和引导的新型师生关系,强调教师在对待自我上要强化反思,在对待其他教育者的关系上要加强合作,形成教育共同体。

1/ 老师,这个职业想说爱你不容易

近年来,教师的辞职信越来越多地受到网络媒体的关注,从"世界那么大,我想去看看"的浪漫情怀到"心生魔障,专业水平不足"的苦楚悲愤,再到"吾本爱教育,无奈薪资低"的心酸无奈,不断刷屏的教师辞职信道出了教师离职的各种原因,也反映出教师对职业的认同感下滑的现实问题。

以前,当老师是很多人羡慕和期待的职业,很多家长也总是希望孩子当老师,尤其是女孩子当老师,职业稳定,没有风险,而且不用风吹日晒。

但现在,教师职业的光环正在消退,吸引力正在减弱,越来越多的优秀学生或教师逃离了教育行业。我们为什么不爱教师这个职业了呢?

第一,教师职业发展前景固化,没有吸引力。

曾经,有一位老师参加了市质检的评卷工作。在阅卷培训会上,她见

到了自己第一届的学生。他们打招呼后,学生随口问道:"老师,你还是在当老师吗?"那位老师有些不好意思,开玩笑说:"当然,不然我们怎么会见面呢?"回来之后,那位老师感慨万千,自己教的学生都出来当老师了,而自己还在这个岗位上教书几十年,除了学生在变化,自己并没有其他的什么改变。

教师职业的性质决定了其发展前景,入职后随时间的推移,改变的是老师们的职业经验,但工作内容和角色不会发生改变。长期重复性的工作缺乏挑战性,使教师们感到疲倦,丧失了工作热情。其他行业可能有风险,但也带来挑战。挑战会促使许多人不断地努力和改变,从而在职位和薪水方面获得更高的自我价值,获得心理满足和社会认同。

从入职到退休,教师职业的尽头一目了然,这会让很多充满激情和拼搏的人望而却步,或者跳出圈子,追求更多的机遇和挑战,从而实现更大的自我价值。

第二,社会对老师的要求高,理解度低,挫伤了教师的工作积极性。

曾经有人说"教师是阳光下最光辉的职业",但现在很多教师发现,这只是戴在教师头上的光环。而有了这个光环,就可以要求老师的行为达到几乎完美的程度。

因为我们所从事的是心灵教育的工作,我们不能在言行上犯任何错误。一旦出了问题,就会给孩子留下终身的心理阴影,甚至毁掉学生的生活,当事教师会被社会成千上万的人唾弃。

很多时候,学生调皮,老师只能一次次耐心地教育,别无他法。因为老师的教育如有半点差池,就会遭受家长和学生的怨恨,似乎这位老师犯了滔天罪行,全然不会去想以前老师所付出的一切心血和努力。

教师的教育焦虑越来越多,"怕学生出问题"成了教师群体共同的忧虑,甚至有老师对师生交往深感恐惧。当遇到类似"红黄蓝事件",网络舆情以网民的愤怒、攻击指责教师群体的负面消息为主时,极少有教师敢于站出来捍卫教师群体的尊严。教师对职业群体的认同感也就越来越低,原本为教师提供组织关怀的学校,有时却成了家长"威胁"教师的武器。"向校领导或教育局反映"触发了教师对组织的恐惧甚至敌对心理。"角色迷茫""身份顾虑""教育焦虑""对组织恐惧",这些让教师群体情何以堪?

很多时候,老师还得饱受着社会的白眼,很多人嘴上说教师是一个伟大的职业,可内心却极为轻视。他们认为老师迂腐,很较真,认死理。有些家长甚至当着孩子的面,去评价教师职业的不好。

以前,人们常说"一日为师,终身为父",现在却成了"我是学生,你得为我服务,否则,我要投诉。"在当下,尊师重教的风气越来越淡漠。学生认为学习是自己的事,如果他们不想学习,老师就不能干涉。所以,当有学生上课睡觉,老师叫醒他们,会遭受学生的白眼,甚至学生以拳头恐吓威胁;学生考试作弊,如果老师揭发了他们,他们就寻死觅活,一旦发生意外,就是教师的责任。学生考上好学校,是学生的天分;如果学生学习不好,那是因为老师教得不好;学生不好也不坏,那是老师关注不到位。反正,都是老师的错。

一段时间以来,家长、社会对老师的要求很高,舆论对老师对教育太苛责,使教师对这一职业的热忱在消退。

第三,教师工作强度大,薪酬低,丧失了这一职业的吸引力。

很多教师早上六点多起床,忙碌到晚上十点多,才可以拖着疲惫的身体短暂地休息一下,还要背负着各种考试和质量监控的沉重压力,继续负荷前行。

似乎从古至今,教师这个职业就注定应该和清贫挂钩。如果不这样,好像显示不出这一职业的清高品质。总认为教师的工作简单,上几节课而已,鲜有人问教师的业余时间怎么安排,鲜有人关心教师的房屋怎么办,鲜有人关心教师自己的孩子怎么办。

教师职业的吸引力在急速地减退,这也是越来越多的年轻人不愿意从事教师职业的原因。

2/我们应该做一个什么样的老师

一千多年前,韩愈在他的《师说》中很恰当地定位了老师:"师者。所以传道、授业、解惑也。"上下五千年的中华文明,依靠老师这个行业传承至今,从两千多年前的"至圣先师"孔子,到现代的"人民教育家"陶行知,有太多青史留名的教育家。当然,要求我们每一位普通老师都成为大教育家是不现实的,他们是这个行业里大多数人难以企及的高度,是我们高山仰止、景行行止的人。

千千万万的普通老师应该做什么样的老师呢? 2014 年第 30 个教师节

前夕,习近平总书记考察北京师范大学时发表重要讲话,勉励广大教师做有理想信念、有道德情操、有扎实学识、有仁爱之心的"四有"好老师。2016年第32个教师节前夕,习近平总书记在北京市八一学校考察并发表重要讲话,强调广大教师"要做学生锤炼品格的引路人,做学生学习知识的引路人,做学生创新思维的引路人,做学生奉献祖国的引路人"。2016年12月,习近平总书记在全国高校思想政治工作会议上提出的"四个统一",即坚持教书和育人相统一,坚持言传和身教相统一,坚持潜心问道和关注社会相统一,坚持学术自由和学术规范相统一,引导广大教师以德立身、以德立学、以德施教。这些要求为现代"人类灵魂的工程师"画出一个丰满的画像。

朱永新先生提出教师职业大致有四种境界:第一,是让学生瞧得起的老师;第二,是让自己心安的老师;第三,是让学校骄傲的老师;第四,是让历史铭记的老师。这是一个老师职业发展的方向,细细揣摩之下,从第一个层次开始,做好老师的起点就是一切为了学生,也许大部分老师无法达到第四层次,甚至无法做到第三层次,但都可以做好第一、二层次,其中贯穿着一个好老师终身必须具备的基本要求。

一是做一个有责任心的老师。

一个有责任心的人是不会苟且的,不会马虎应付,不会得过且过。有责任心的老师会想要把课上好,把学生教好,全身心投入工作,真正爱学生,这种责任感就会产生强大的感召力和教化力。责任心能激发人的潜能,唤醒人的良知,所以,他们不会对学生的困难和问题视而不见,必然会想尽办法帮助和教育学生。有责任心的老师不会对工作推诿懈怠,能干一行爱一行,他们对学校对工作有强烈的认同感,严谨治学,勤于进取,能静下心来做好教育,为了教育好学生而努力发展自己,成为一名成熟且具有专业水准的教师。有责任心的老师会努力践行陶行知的名言:教师的成功是创造出值得自己崇拜的人,先生之最大的快乐,是创造出值得自己崇拜的学生。

有责任心的老师会用良知拷问自己:"我是不是真正用心? 我是不是真正尽力? 我是不是对得起面前的孩子们? 社会把他们托付给我,他们的父母把他们托付给我,学校把他们托付给我,我对得起这样的信任吗? 我心安吗?"

有责任心的老师会对自己要求高一点,会按好老师的标准要求自己,那就是陶行知先生说的八个字"学高为师,身正为范",这样的老师内心会有约束感,面对必须做的事情,他没有消极的情绪;面对学生,他会想着提高自己的修养,努力做到为人师表,引导学生朝着正确的方向前行。

教师一旦失去责任感,不仅会失去自身的发展动力,还会在麻木中失去教育良知,诸多教育怪现象就随之而来。这样的老师,不仅浪费了自己的生命,更是耽误了学生的发展。

二是做一个人性温暖的老师。

人性的温暖,是心境,是豁达,是宽容的态度,是遇事从容淡定的心情,更是做人的修养。这样的老师教育学生时,首先眼中会有人,他是为了人而教育,而不是为了分数而教书。因此,在教育教学的过程中,老师会考虑学生的人性需要,不功利,不媚俗,不会为分数不择手段,不采取损害学生人格尊严和心理安全的方式对待学生。人性温暖的老师,会有一颗善良的心,有一种悲天悯人的情怀,对弱者有着天然的同情心,不会对学生发生的各种事情视而不见,他会主动给予困难学生帮助。他会关爱孩子们,尤其是关注班级里那些看上去"不可爱"的学生。这样的老师对优秀的同学会给予鼓励和支持,对困难的学生会给予更多的宽容、理解、同情和帮助,做到"静待花开"。这一点尤其重要,因为我们发现,大部分学生或多或少都有那么一点"不可爱",他们需要老师给予人性的关怀、理解和适当的等待。

人性温暖的老师多数时候会有自然的亲和力。亲其师方能信其道,有亲和力的老师才能走近学生,走进学生的心灵。当一个学生在老师温情的阳光下,他会感受到源源不断的真爱,由此产生的信任与自信,让他乐于走到老师身边,聆听老师的教诲,主动达成各种学习目标。老师也不会因为学生对立抵触的情绪而徒生烦恼,在教育的道路上举步维艰。

人性温暖的老师会尊重学生身心成长的规律,了解学生在"拔节孕穗期"的需要,让被关爱的学生学会爱别人。陶行知先生的"四颗糖"就是人性的温暖。苏格拉底说:"教育不是灌输,而是点燃火焰。"教育是影响儿童精神成长、温暖儿童心灵的事业。一个有理想的教师,应该是有温度的教师,应该具有强烈的愿景和温暖的情怀。做一个温暖心灵、点亮人生的教师才是最幸福的。

三是做一个学习型的教师。

想依赖大学四年师范教育的知识储备来做一辈子教师,这显然是不行的。很遗憾的是,"教书的人不读书,教学生的人不学习"这种现象不是个案,不求进取、墨守成规的教师只是一个裹足不前的教书匠。

当今时代,是一个科技日新月异、知识爆炸的时代,是一个生存空间日益狭小、综合竞争日趋激烈的时代。在这个时代,我们每天都有大量的不熟悉、不懂得的知识需要学习和掌握。昨天的理论未必能解释今天的现实，今天的经验也未必能解决明天的问题。我们作为教师更要学习，如果你不学习，或者不愿意学习，或者不深入学习，或者学习与实践脱节，必然会出现本领恐慌、才能恐慌、知识恐慌，更谈不上要给学生一碗水，自己就要有一池活水的要求。国学大师钱穆先生晚年回顾自己的从教生涯时写道："虽居乡僻，未尝敢一日废学。"钱先生其学之恒，让人悠然神往，心生仰慕。无论从时代的发展出发，还是从教师职能出发，都要求我们做一个学习型的教师，要把学习当成一种工作责任、一种精神境界、一种成长途径、一种终身追求。

如何做一个学习型的教师呢？关键是要勤学和善思。勤学即勤奋地学，必须不断学习教育创新理论，学习新的教育方法，逐步形成有效的别具特色的教学风格。业精于勤，才能厚积薄发，长期坚持下去，必有大的收获。学习还要结合思考，孔子说："学而不思则罔，思而不学则殆。"学习而不思考，则会感到迷茫而无所适从。

教育学生的实质也是在教育我们自己，这些要求其实并不高，只要有心去做，我们都能做到。

3/我们应该承认，我们离"师"还很远

早些日子，和好友一起重温了阿米尔·汗主演的《地球上的星星》，闲聊中想起了好多电影里的教师形象，《放牛班的春天》里的音乐老师马修，《死亡诗社》里的语文老师基汀，《季春奶奶》里的美术老师忠燮，《心灵捕手》里的教授席恩，以及《一个都不能少》的乡村教师魏敏芝……

如果没有马修，皮埃尔的音乐天赋只能被埋没，然后和大多数镇子上的年轻人一样成为普通的工人，甚至是充满暴戾的街头混混；如果没有忠燮，《季春奶奶》里的慧智可能也就是去超市、餐厅从事一份很简单的工作，至于办画展这些事儿基本上跟她沾不上边了；还有《心灵捕手》的威尔以及《地球上的星星》里患有读写障碍的伊夏……如果没有遇到好老师，他们这一生会多么黯淡。幸运的是，威尔遇到了蓝波教授和席恩教授，一个发现了他的数学天赋，一个打开了他的心灵；伊夏遇到了愿意花时间了解他帮

助他的尼克,尼克发现了他在绘画方面的天赋,让他原本濒临崩溃的内心逐渐变得美好。细细品味,这些老师不愧被称为"老师"。

何人可称为"师"? 德行高尚,为人表率的人是"师";学识渊博,引领后辈的人是"师";长技在身,德艺双馨的人是"师";而某领域造诣深厚、独领风骚的人是为"大师"。但凡能被称为"师"的人,都是某方面的典范,是值得尊敬的。

我们中的很多人一生都可能无法达到这些大师级的层次,那么,普通寻常的老师,真的能被称为学生的"师"吗? 不妨对照以下一些追问,这可以很好地衡量我们自己是不是一个合格的"师"。我们问问自己:

对学生:我们是否能永远把学生放在第一位? 我们是否能记住所教的每个孩子的名字? 我们是否能耐心地听完一个犯错学生的辩护? 我们是否能很好地控制情绪,用阳光的一面对待学生? 对"特殊的学生"能给予特别的关爱吗? 我们是否每天都会面带微笑主动问候自己的学生? 在学生面前,我们是不是用自己最美的行为影响学生……

对教学:我们是否尝试着每天让自己的课堂改变一点点? 我们是否反思为什么有的学生总是在自己的课堂里不爱听课? 我们是否有勇气,让自己处于不断自我更新、自我变革之中? 是否坚持个性化备课,有创新,教出个性,形成自己的教学风格? 上课的时候,是否微笑地进入教室,上课时有走下讲台,到学生中去吗……

对学习:我们有保持着读书的习惯吗? 是否以作为一个研究者的身份进入课堂,在教学实践中是否有去研究自己以及别人的教学? 是否定期记录下自己的教育思考? ……

对工作:我们的办公桌是否经常收拾得整洁有序? 我们是否能够管理好自己的时间? 我们是否能做到今日事今日毕……

这些细细碎碎的问题,是宋运来先生主编的《影响教师一生的100个好习惯》中的内容,这就是一个好老师的习惯,对比之下,不知道自己有哪些方面达标,不知道自己离一名好老师的标准还有多远?

学校里有一个女孩右耳边有一条疤痕,为遮挡这条疤痕,她留了厚厚的鬓发和长长的刘海。虽然头发扎了起来,但总会留一部分头发遮盖在耳边,让人看起来不是很舒服。她对别人的谈话总是显得很敏感,以致同学们不愿接近她。这条疤痕既显现在她的脸上,也印刻在她的心里,成了一道难以逾越的心坎。刚开始,班主任默许她的发型,半学期后我再见到这个学生时,她已经扎起一个干净利落的马尾,微笑地走在校园里。

我很好奇她的转变，特意去找班主任老师了解，班主任说，一开始，她顾虑孩子的自尊心，让她披垂着头发遮丑。可她总觉得女孩如果无法迈过这条疤痕，这将成为一生的心病。她一直等待契机，想解决那孩子心里的"疤痕"心结。一次，女孩想跟她说说话，她爽快地答应了。女孩与她聊老师、聊同学，还聊自己的偶像。她顺势接过话茬，说自己也有一个偶像，是胡歌，然后若无其事地讲到胡歌因车祸毁容、现在的蜕变，以及他那句"皮囊坏了，用思想来填满"的话语，最后话锋一转："其实每个人都有疤，只是有些人的疤在皮相上，有些人的疤在心里。"女孩一直默默地听着。许多天后，女孩把头发扎起来了，并笑着告诉老师，她发现这样的自己更美。

班主任首先守护住了孩子的尊严，用真诚和善意走进孩子的心，用智慧给孩子指明了道路，打开她的心结，从而帮助孩子变得更强大，帮助她勇敢地面对自己、面对未来。显然，班主任开始有了师者的高度。

我们是一群被称呼为"教师"或"老师"的人，我们的职业有幸以"师"字相称。南朝字书《玉篇》中说："师，范也。教人以道者之称也。"现代社会把教师称为"人类灵魂的工程师"，这是一个被社会赋予崇高荣誉的职业。"学高为师，身正为范"是我们能被称为"师"的标准。

"师"应有理想信念。"师者，传道授业解惑也。"作为一名教师，传道排在首要位置，教师的本职就是教书育人。要传道，首先自己心中需要有道，这个道就是坚定的理想信念、国家使命和社会责任，为国家、为民族、为儿童的健康发展而教育。如陶行知心怀大众教育的信念，如晏阳初为了平民教育而奋斗，如苏霍姆林斯基为儿童成为幸福的人而教育。

"师"应是德行高尚。孔子说："其身正，不令而行；其身不正，虽令不从。"可称为"师"的人，他的人格力量和人格魅力能对学生起着潜移默化的教育作用。师德无瑕，热爱教育，献身教育，这样的人堪称"师"。

"师"应是业务精湛，有独到的教育教学理念，有扎实的知识功底、过硬的教学能力、勤勉的教学态度、科学的教学方法、独特的教学魅力，进而形成自己的教学艺术和教育教学理念。

"师"应有教育情怀，有仁爱之心，教生如子，把教育视为自己生命的意义。爱是教育的灵魂，没有爱就没有教育。如陈鹤琴先生提出"没有教不好的学生"，细细品之，这里首先是基于对学生深深的爱。

真正意义上的教育，不是始于教师走上讲台的那一刻，而是始于与学生的交互。一个会心的微笑、一个会意的眼神、一句关切的问候、一个无言的赞许，或者哪怕是借用一支笔后的感谢。亚里士多德说过：优秀不是一种行为,而是一种习惯。要成为一个合格的老师,从培养自己良好的教育习惯开始,从一件件平平常常、实实在在的小事做真实的教育,坚持下去,这些正向的、美好的教育力量,让我们离"师"越来越近。

4/学着让自己有"师者"的心态

今天的教师群体,承载着太多的社会期望,面临着巨大的工作压力,他们背负着沉重的心理负担,我们时常听到老师们的叹息、抱怨甚至是愤懑。他们叹息每天备课、上课、布置作业、批改作业、管理学生,工作机械,缺乏新意;抱怨现在的学生难教,工作辛苦,还有忙不完的非教育事务,责任大,压力大;愤懑一些不着调的家长蛮横无理,社会舆论对教师工作的苛刻和指责,有时真情付出却可能得不到家长学生的理解。

做老师真是一件艰难的工作,尽管我们曾经有一腔热情,尽管我们抱着美好的愿望,但是教育之路并非总是鲜花绽放,永远新鲜神秘。我们会遇到无法解决的瓶颈,我们会遭遇无法逃避的职业倦怠感,我们可能会因为种种不得已做一些并不愿意面对的事,我们可能会试图放弃某一个自暴自弃的学生,我们甚至可能会怀疑教师这份职业的崇高性和有效性。这些状况或多或少地存在于每一个教师的身上,并困扰着我们。而且,随着年龄的增长、家庭负担的加重,许多教师在多重压力下逐渐产生职业倦怠感,把工作当作谋生的一种手段,以消极甚至抵触的情绪、态度对待工作.很难感受到职业的幸福感,更谈不上享受工作的快乐,追求生命的质量。

一个人从事一份职业,如果没有良好的心态,就不会从职业中体会到满足和持续的快乐。老子说:"万物芸芸,各归其根。归根曰静,静曰复命。"我们该如何让自己驿动的心安静下来,从容地面对外部的喧嚣和工作上的困扰? 我们不妨从一些真正的老师身上去学习为人师者的心态,去寻找职业幸福感。

一是要保持一种宁静的心态。进入学校,成为教师,这就意味着我们要保持一种朴实真诚、勤奋敬业的工作态度,享受在平淡无奇的日子里乐育英才。要想不被外界的喧嚣诱惑,不被物质诱惑,教师需要一份入禅入定般宁静的心态,"不以物喜,不以己悲"。要做一个幸福的教师,就必须常怀一颗宁静的心，恪守着自己精神世界的高贵，坚守教育者那份特有的真诚与虔诚。人民教育家于漪老师说"一辈子做教师，一辈子学做教师"，师者，应秉持一颗初心，在喧嚣中独守一片平淡，在繁华中坚持一份简单，努力做到内心清澈澄明，灵魂晶莹宁静。

老子则说："轻则失根，躁则失君。"静能生慧，宁静方能致远。教育，是慢的艺术，需要时间，需要等待。在嘈杂的社会中，老师只有静下心来，听从内心的真实声音，遵从自己的内心节奏，才能抵挡喧嚣，从容抵抗诱惑。只有把心归于宁静并坚守这份宁静的师者，才谈得上教育的坚守，才愿为教育投入时间和心血，才能寻找到教育的本真和美好，最终才能创造出超凡的价值。

二是要保持一种纯粹的心态。陶行知先生曾说过："捧出一颗心来，不带半根草去。"心中只有教育，没有半点杂念，这就是一个为人师者的纯粹。做一个纯粹的老师很难，难在我们能不能有一颗纯净的师心，打心眼里热爱教师这份职业，可以淡泊名利，只为教育而做，别无他求。做一名纯粹的老师也很简单，简单到只需眼里有学生，想学生之所想，教学生之需教，而不是为了自己的业绩而教。纯粹的老师不是春蚕，不是蜡烛，而是阳光雨露，是大地春风，纯粹的老师用不着牺牲自己的健康来滋养学生成长，而应该是在师生共谱的教育旋律中教学相长，在阳光雨露中共同感受"生的美好、爱的珍贵、学的必要"，纯粹是痴情，是执着，是高贵，我们会因为纯粹而富足而欣慰。

保持纯粹的心态，会让我们始终清楚要走向哪里，保持心灵自由，保持教育的高贵，坚守教师的那份朴素与淡泊，并喜欢教育事业，喜欢学科教学，尽自己所能帮学生，与学生们共同成长，有一种源于工作的快乐，是认识自我、发现自我、发展自我、创造自我、成就自我的快乐，这是一种发自内心的快乐，这种精神上的快乐，超越物欲、私欲、权欲，正是纯粹的教师所具有的职业幸福。

做一名纯粹的教师，简约而不简单，纯真而不杂碎。纯粹的教师是单纯、质朴、平实灵魂的化身，平和与睿智的微笑是最生动的语言，乐观与豁达积蓄着文化的力量。纯粹是将现实的困难融化为润泽生命的因子，教育的行走，仿佛清泉在内心流淌。

三是要保持一颗敬畏的心。进了学校，从事教育，对教育和学校要有敬畏之心。所谓敬畏之心，就是有一颗恭敬而虔诚的心。我们的职业被称为"人类灵魂的工程师"，"太阳底下最光辉的职业"，"十年树木，百年树人"。我们培育的是生动活泼的生命,学生的生命是独特的,个性鲜明的,是有尊严的,我们需要敬畏生命。教师职业不仅关系到人类文明的延续与发展,还关系到国家民族的兴衰和未来。一位教师最直接关系到几十个上百个学生当下的幸福、快乐和健康,关系到学生未来的成才、成功和成就,还关系到家庭的幸福、和谐和希望。所以,面对如此神圣、如此崇高、如此重要的职业,教师不能没有敬畏之心,这是一名教师的天然职责。

一名保持敬畏之心的教师,每次踏进教室,应该像虔诚的朝圣者踏进教堂那样,带着一份庄重,带着一份虔诚,带着一份肃穆。一名保持敬畏之心的教师,面对教学工作,应该像杂技演员走钢丝那样,小心翼翼,一丝不苟地备课,认认真真地上课,耐心细致地讲授,诲人不倦地引导。

《论语·季氏》中有一句话:"君子有三畏:畏天命,畏大人,畏圣人之言。"孔子的敬畏心值得我们日日三省。我们每一位教师,也应该有一颗敬畏之心,敬畏职业的崇高,敬畏课堂的神圣,敬畏生命的珍贵,敬畏知识的力量,敬畏道德的重要。

四是要保持一种创新的心态。改革创新是时代发展的不竭动力,更是教育发展的主题,已经成为现代教育发展的常态。对于个人来说,保持改革和创新的姿态既是个人发展的需要,也是适应时代发展的需要。老师不要墨守成规,要适应时代而改革自己的教育观念,不断优化教学方式,不断提高专业水平。什么是创新?创新其实并没有那么高不可攀,有人说过这样一句话:"把常规做到极致就是创新。"从这个角度出发,创新意味着首先把常态的事情做好、做强、做到极致,这里就包含了一个人专注的教育态度和完美的教育追求,虽难以臻于至善,但那份无限趋近至善的感觉会让自己感到欣慰和自足。

我认为,教育看似重复劳动,其实充满了各种可能与变化,这决定了它是一项极具创造性的工作。学生是各具特点的,即便是同一个学生,也处在变化之中,因而没有一把万能钥匙可以通解他们的所有问题。这些,无不挑战着教师的应变能力和教育智慧。如果没有保持着创新的心态,教师便无法适应各种变化,也无法应对各种问题。只有拥有创新的源头活水,不断精进自己的教育技艺,我们才能让教育生活永远清新如许。

任何职业都有其独特的艰难,也有其独特的美妙。教育亦如此,除了困难和挑战,它也可以有诗意和浪漫。为师者应有"淡泊以明志,宁静以致远"的心境,要有"学为人师,行为世范"的追求,要有"学而不厌,诲人不倦"的精神,因"传道"与"授业"之责而有所为有所不为,这样,在教育的天地里便会风清月朗,便会从容自在。

5/学着让自己有"为师"的行为

学校工作的本质是育人,教育是以人格塑造人格的神圣事业,这就要求我们教师以身作则,为人师表,行为世范。北京师范大学把"学为人师,行为世范"定为校训,题写者著名书法家启功先生阐释它最基本的含义就是"所学要为世人之师,所行应为世人之范"。这也成为一代又一代教师的追求。这两句话的含义固然好理解,但真正践行起来并不是那么容易,尤其是要做到"行为世范"就更难了,然而它的教育意义又更为重要,更为突出。

行为世范,就是要努力树立自己的形象,规范自己的行为,要方方面面、时时刻刻都光明正大,为世人做个好的典范,成为社会中的楷模。由此,我们很容易把对教师的要求提到很高的高度,用"无私奉献、蜡烛精神、严于律己、甘为人梯……"等高大无比的词来形容和要求老师的行为。这些都没有错,也是一个优秀的老师对自己最高的德性追求。

古人说"身教胜于言教","有其师必有其徒","名师出高徒",的确如此,人格魅力的潜移默化是任何形式的教育活动都无法取代的。因此,我认为在日常的教育教学中,"行为世范"更多地体现在"师为生范",就是做老师的日常行为要成为学生学习、效法的楷模和表率。对学生而言,教师的这种示范作用既是全面的,包括了做人、做事、做学问;又是细微的,包括一言一行,一举一动。所以,蔡塘学校的墙上铭刻着这样一句话:学校无小事,事事皆教育;教师无小节,处处皆楷模。

在浮躁的社会环境里,教育这个良心职业,就更应该考虑用自己的言行来教育引导学生,与其用一些空洞的低效的口号教育学生,不如用实际的行动为学生树立榜样,这既是教育学生,也是教育我们老师自己,这正是孔子所说:"子帅以正,孰敢不正。"他认为,一个人首先自立,才能立人;首先正己,才能正人。用在教育教学实践中,就是教育者自身应当先要具备"为人师"的行为规范。

其一,要有为人师的仪容仪表,可以为学生树形象。

仪容仪表是一个人修养和素质的外在表现,是一张没有文字却形象生动的名片。教师要有良好的职业形象,就必须讲究美的仪容仪表,穿着得体,举止端庄,这对于学生的价值判断和审美判断有着重要的示范和影响。观察一下当下的校园,有些教师的仪容仪表并不尽如人意,这不仅与教师教书育人的角色不吻合,有损教师的社会形象,也不利于教师树立威信,尤其不利于引导学生正确着装。试问,如果教师这样穿着,我们如何去要求学生穿着整洁? 如何要求学生发型清爽? 如何要求学生不化妆?

中小学阶段是学生行为养成和审美标准形成的关键时期,对学生具有强烈的示范作用。《中小学教师职业道德规范》中对教师的仪容仪表的要求是:教师要穿戴整齐、朴素大方。因此,教师的衣着要朴实整洁,不在于时尚奢华,关键在于符合教师的身份,要整洁得体,具有朴实、和谐的美。青年教师朝气蓬勃,充满活力,衣着应以活泼明快为主,但不能花里胡哨,奇装异服,要在活泼明快中透出简洁、干练、稳健、大方。教师穿着得体,落落大方,给学生是阳光的、正面的影响。

其二,要有为人师的言谈举止,为学生树立文明行为的榜样。

苏霍姆林斯基说过:对语言的敏感性,这是促进孩子精神高尚的一股巨大力量。教师的言谈举止对学生有着最直接的示范作用。要教育学生语言文明,不讲粗话,首先教师的言行必须高度自律,在校园内外要文明用语,不可以粗言秽语,细微之处应体现为人师表的风范。希望学生在公共场合不大声喧哗,老师与学生交谈时就要有和风细雨的温润;希望学生在公共场合遵守社会公德秩序,老师就必须行止有则,做尊重秩序的楷模。老师谈吐文雅、举止儒雅,学生就会潜移默化,收敛其粗野的行为。教师文雅端庄,对学生以礼相待,这会使学生感到教师的和蔼可亲,平易近人,师生关系就会变得融洽、便于沟通。言谈举止体现出教师的风度,稳重健康而不矫饰,活泼开朗而不轻浮,热情大方而不做作,善良和蔼而不怯懦,谦逊文雅而不庸俗,这样才能树立威信,受到学生的爱戴和尊敬。教师的文明举止体现着良好的道德修养和丰富的文化内涵。教育家叶圣陶说过:"教育工作者的全部工作就是为人师表。"也就是说,做教师工作必须规范自己的言行,要以自己的"言"为学生之师,"行"为学生之范,言传身教,动之以情,晓之以理,导之以行。

其三,要有为人师的遵规守纪,为学生树立尊重规则的典范。

培养学生的规则意识是学校教育的重要内容之一,学生的规则意识从遵守校规校纪开始。教师必须成为遵规守纪的榜样,从大的方面说,要遵守国家法律法规、社会公德秩序、学校规章制度;从小的方面说,要尊重校园规则,尤其是班主任老师,要尊重与学生共同制定的班级制度,以身作则,言行一致。要学生做的,自己首先要做到;禁止学生做的,自己坚决不做,在行动上为学生做出表率。比如,要求学生上课不迟到、上课认真听讲、及时完成作业,那么老师就应该做到认真备好课、提前到班级候课、及时批改作业等。教师的规则意识不仅是一个人自身的品德修养,更是培养学生规则意识最为直接的样板,以模范行为为学生做出表率才可能教育学生遵规守纪。

其四,要有为人师的勤业精业,为学生树立勤奋好学的榜样。

教师这个职业在人们心目中是崇高的,教师工作的对象是人,教育的影响触及心灵,教育过程中的任何轻率、差错和随意性都会给学生造成不良影响,因此教师的职业态度除"认真"二字,别无选择。勤业和精业是教师安身立命的本职要求。朱熹说:"敬业者,专心致志以事其业也。"勤业的教师总是踏踏实实、勤勤恳恳,尽职尽责地做好本职工作。精业的老师有扎实的教学教育基本功,并不断钻研,具有创造精神和创造能力,不断提升自己的教育教学能力。《给教师的建议》中有这样一个案例:一位有 30 年教龄的老师上了一堂精彩的课,老师们都听得入了迷。课后,当被问及花了多少时间来备这节课时,这位老师说:"对这节课,我准备了一辈子。而且,总的来说,对每一节课,我都是用终生的时间来备课的。不过,对这个课题的直接准备,或者说现场准备,只用了大约 15 分钟。"为一节课准备一辈子,这便是对教学工作的虔敬。

勤业精业的老师教给学生的不仅仅是知识,更是一种做事的态度,一种坚韧的精神,会激励学生勤学上进、刻苦钻研,深自砥砺,发奋成才,这就是榜样的力量。

其五,要有为人师的友善乐群,教会学生学会做人、学会共处。

教师的工作看似由个体独立完成,而对于学生而言,需要不同角色的教师通力共育,所以,教育工作是一个群体工作,不是教师个人单挑独干的。这就需要教师有团队协作的精神,要有共同体的意识。作为集体的一分子,教师要有乐群意识,待同伴待学生要和蔼可亲,与人相处融洽,能和别人共同工作,积极参加或组织各种活动,不斤斤计较,并能接受别人的批评,这样的人常常被称为"乐群"的人,或者是高情商的人。其实,这样正是我们要教会学生的"学会做人,学会共处"。

人类是一种群居动物,我们无法独自生存,所以我们的人生,每时每刻都不得不与人共处。与人共处的基础是尊重,尊重能在心与心之间建立交流的通道,学会了交流,我们就能整合所有人的力量,创造奇迹。

其六,要有为人师的家国情怀,为孩子树立爱国爱家的精神。

"风声雨声读书声,声声入耳;家事国事天下事,事事关心。"明代思想家顾宪成的这副对联,体现了读书人既认真读书,又关心国家大事的胸怀。教师应该成为学生做人的楷模,因此就要具备"天下兴亡,匹夫有责"的爱国主义思想、"天行健,君子以自强不息"的人生进取精神、"地势坤,君子以厚德载物"的博大胸怀。2019 年 3 月,习近平总书记在学校思想政治理论课教师座谈会上强调:要给学生心灵埋下真善美的种子,引导学生扣好人生第一粒扣子。习近平总书记也给教师作出了六个明确的要求,其中之一就是:"情怀要深,保持家国情怀,心里装着国家和民族,在党和人民的伟大实践中关注时代、关注社会,汲取养分、丰富思想。"教师是知识分子,是教育践行者,也是家国情怀重要的传递者,因此,教师自身必须具有家国情怀。教师的"家国情怀"不仅仅体现在课堂的知识传播上,更体现在课上课下一致、网上网下一致,自觉弘扬主旋律,积极传递正能量,才能用堂堂正正的人格感染学生、赢得学生,用真理的力量感召学生,在学生心中埋下理想信念的种子,为未来培养爱国爱家的公民。

德国著名教育家第斯多惠曾说:"教学的艺术不在于传授本领,而在于激励、唤醒、鼓舞。"教师良好的教育行为和自身形象就是对学生的激发、唤醒和鼓舞。教育家徐特立说:"教师有两重任务,一是'经师',二是'人师'"。教师不仅帮助学生掌握科学文化知识和技能,也要教给学生做人的道理,其作用在于教育引导学生学会生存、生活、做人和与人合作。教师的理想信念、敬业态度、为人处事、道德情操、文化知识等都会对学生产生直接或潜移默化的影响。教育的过程是培养人的过程,也是教师自我修炼的过程,学着让自己有"为师"的行为,要时刻提醒自己当初为什么出发,守住教育的初心,时光不语,静待花开。

6/学会"蹲下来与学生对话"

在日常,我们往往习惯用成人化的眼光去看待学生,以成人的思维、标准去衡量学生,而忽视了学生的智力和思维发展规律,这就往往使学生与老师成为两极。

教育家陈鹤琴先生说过:"大人应该蹲下来和孩子说话。"这里所说的"蹲下来"是一种对话的态度,一种对学生的尊重,一种对学生的理解。"蹲下来与学生对话"是新课程倡导的一种新型的师生关系,已经成为许多老师的教育观念。但是,老师,你真的做到"蹲下来"了吗?

片段一:教师去家访,如果学生没有给教师搬凳子、倒水,教师肯定会想,这个学生最基本的礼节都不懂,真没礼貌。如果学生搬凳子、倒水了,教师会认为这是理所应当的。但是我想问,当你的学生到办公室找你谈心时,你会给学生搬凳子、倒水吗?

片段二:当学生遇到你时,学生不向你问好就走开了,这时你肯定会想,这个学生连向老师问好都不知道。但是,当学生很有礼貌地向你问一声"老师好""老师早"时,你会真诚地回应"你好""你早"吗?还是轻描淡写的一句"好""早",或是直接省略为看一眼学生?

片段三:学生违反纪律受到教师的批评是"理所当然"的事,但是,当教师讲解有误,要承认自己的失误时,却变得那么的羞涩和艰难。

像这样的片段有很多很多,这些都源于教师的一种"潜意识",认为这一切都是"理所应当"的,导致我们口中说着师生平等,行动上却并不平等的局面。如果"蹲下来与学生对话"仅仅是成了一种姿态的话,那说明教师的心并没有"蹲下来",所谓肢体的"蹲下来",不过是居高临下的"平易近人"而已,骨子里还是比学生高得许多。

记得一位老班主任和我聊过这样一个学生。她在教初二时,班上有一男生很聪明,但性格比较犟,与人相处时他的脸上总是挂着不屑和冷漠,每次犯错误就是狡辩,科任老师一说到他就头疼,说单看他面目表情就会犯怵。班主任知道这是青春期叛逆小男生特有的"桀骜",他需要的是得到别人的认可和赞许。班主任老师说,这时候"硬碰硬"是没有用的,与之"交锋"时,需要同理心、平和心和包容心。班主任时常以朋友的身份跟他交谈,问问他为什么不喜欢某科任老师,为什么不喜欢某同学。时间长了,才知道,原来某科任老师讲话比较刻薄,伤了他;原来他还觉得班主任老师偏心,原来……开始阶段,班主任总是需要拿出足够的耐心倾听,不反驳,有时也将心比心帮他分析,在尊重他的同时,引导他学会尊重别人才能得到别人的尊重。这个男生喜欢体育,班主任利用大课间与他一起锻炼,并抓拍他的精彩镜头在班级群里晒,征得他同意后让他当体育委员。逐渐地,男生由问题学生成了班主任的得力助手。

"蹲下来"平视学生不是为了作秀,是为了更好地了解我们的教育对象,更好地帮助他们成长,"蹲下来"的教育是充满智慧的教育。美国心理学家威廉·詹姆士说:"人类本质中最殷切的需求是渴望被肯定。"尊重学生,走进学生的心灵;宽容学生,善待学生的错误;欣赏学生,寻找他们的优点,由衷地赏识他们,他们也会喜欢和爱戴你。

怎样才是真正"蹲下来与学生对话",把这样一种姿态变成一种心态呢?

首先,"蹲下来"源于对学生真正的关爱。只有"眼中有人,心中有爱",我们才会想真的去了解学生,去帮助学生,才有"蹲下来"的真正动机。

其次,"蹲下来"需要老师放下"架子"。如果老师面对学生总是板着一张脸,总是居高临下地教育或指导学生,那么,在学生眼里,老师就是高高在上的,可能是可敬而不可爱的。这在老师和学生之间形成了一道鸿沟,师生之间不会有真正的交流。只有老师放下"架子",走到学生中间去,和学生和融相处,像对待朋友一样和他们相处,真正关心他们,感受他们的开心快乐与烦恼难过,听听他们的心里话,这样才能真正了解学生,知道他们的需求,真正做到为他们而想,为他们而教。"蹲下来",不再发号施令,不再吹胡子瞪眼,不再隔阂多多,才能让学生敞开心扉,我们才可以更准确地了解学情,真正的教育也将在无声中展开。

最后,"蹲下来"需要老师学会换位思考。学生是具体的、活生生的、富有个性的、不断发展的个体,他们所处的年龄阶段及成长时代与成年人有着显著的差异,这就需要老师换位思考,多从学生的角度去思考问题。"蹲下来"让老师进行换位思考,这样才能使老师和学生在同一高度上,无论是心理上还是情感上才能够有"感同身受"的体验,从而更加了解学生的年龄特征以及心理需求。老师能理解和尊重学生,学生才愿意接受教师的建议,进而又促进老师选择正确的教育教学方式和方法①。

"蹲下来"不仅是一种对话方式,更是一种对话诚意。教师"蹲下来"是为了倾听学生的想法,了解学生的情感,尊重学生的见解,和学生平等对话,构建民主、平等、和谐、互动的师生关系,在"蹲下来"和学生探讨之中实现教学相长。

学会"蹲下来与学生对话",与学生保持一个高度,是教师给学生传递一种与人沟通的平等与自信,一种遇到困难时内心的淡定与从容,一种对别人的尊重与积极关注。当你放下自己的姿态,你将走进学生崭新的世界。

"蹲下来"让我们和学生更近,"蹲下来"让我们听到了更多⋯⋯

---

① 茹士侠.蹲下来和学生说话[J].黑河教育,2015(7):13.

7/学会低头务实的同时,要心怀"诗和远方"

学校的日常工作是细碎烦琐甚至有些枯燥的。每天备课、上课、批改作业,集备、教研、业务培训,班主任处理班务、学生矛盾、协调科任、培优辅差,此外还要与学生谈话、与家长交流等等,每天还要完成学校布置的一些临时性工作,一天下来,精神疲惫,体力透支。一个老师的教育生活往往就在这些琐碎的工作中循环往复。

每个刚刚走上讲台的教师都曾经有一番壮志宏图,但随着时间的推移,岁月的流逝,工作的打磨,许多人的棱角光滑了,雄心没有了,壮志消失了,更多的是对事业前途失去了信心,在平淡之中无奈地坚持着。因为他们发现,现实和自己的教育之梦距离太远了,理想很丰满,现实很骨感,只是如此地工作着,忘了当初为什么而出发。

这就是真实的教育生活。当我们陷入事务性的忙碌时,一直低着头,就难免一直只看到眼前的一亩三分地,难免被眼前的琐事缠住。现实的困扰就如同蜘蛛丝,一根两根地缠绕开来,直到变成一张困住你的网。

我们能摆脱这些烦琐的事务吗?我们能超越现实的羁绊吗?回答肯定是不能的,因为我们不能一步登天地实现教育的理想。如老师不备课、不研究就不能上出好课,教师的专业就不会发展。常常说"合抱之木,始于毫末;九层之台,起于累土"。教育学生本身就是由这些琐碎的工作构成,这些琐碎的工作正是我们追寻教育理想必需的积累,这就是我们所说的务实。任何理想的大厦都是低头一块砖一块砖垒起来的,所以,一直以来,我总是告诫自己、鼓励老师,一定要低下头来勤勤恳恳地做事,有了这个基础,学校工作才有一切可能。

只是,在务实中不要迷失了对教育理想的追求,正所谓"不低头实干,今天没法过;只会低头苦干,明天过不好"。所以,在低头务实的同时,别忘了教育的诗和远方。当我们眼前一地鸡毛的时候,当我们被现实压得喘不过气的时候,当我们觉得希望渺茫的时候,我们还是要把心中的理想拿出来看一看、想一想。苏格拉底说过:"世界上最快乐的事莫过于为了梦想而奋斗。"

教育的诗和远方在哪里？

改变课堂，构建优良的课堂生态，使课堂更适合学生发展的需要，这是我的课堂教学的"诗和远方"。要想走向理想的课堂，我们还得从最基础的工作开始，学习新课堂教育理论，研究学生学习方法，开展课堂实践研究，转变教师教学习惯，摸索有效的教学方式，建构适宜的教学载体等等，经过一次又一次的研讨课、试验课，激烈地讨论，认真地思考，努力地摸索，把遇到的问题一个一个拎出来，即使再细微的问题，我们也要提出来并找到解决的办法。我们用耐心、用务实的工作找到解决的方法，并形成新的经验和能力，这些是务实。

总是憧憬有一天，走进校园，随意走进一间教室，你听不到老师和学生一问一答的拘谨严苛，你会听到师与生、生与生仿佛是一同去郊外远足一样，在学习的花园里散步、交流，思维的碰撞冒出了火花，闪变成学习花园里一朵颤颤然绽开的花，这是"诗和远方"。

建设学校，创建成全人的教育，让学校成为身心生命成长的乐园。这是我的学校教育的"诗和远方"。学校是自然人转变为社会人的摇篮，在学校里，通过课程的实施，教会学生"求知、做事、合作、生存"，学生的内心世界不断得到滋养，学生的知识、情感、价值观不断丰富和完善，继而形成健全的人格、健康的体格，逐渐形成能够独立生活的能力和创造生活的能力，进而发展成个性独立的人。从学生的角度来说，学校是让学生认识自我、完善自我并为将来实现自我做准备的地方。在此过程中，学校又成了文化的传承与生发的地方。

好的学校，一定有极其崇高的社会理想，一定有适合人性的教育哲学，一定有温润有爱的育人氛围。这样的学校，能唤醒人性，亲近良善，远离无知，拒绝邪恶，完善人的生命并使其健康成长。

中国教育发展到今天，经历了诸多变革，呈现出了百家争鸣的态势，然而，无论是何种理论何种学派，其最终的目标和指向都应该是成就真正的人。我们的教育不是仅仅为了让学生获得许多的知识和技能，而是要让他们的精神、情感、思维和价值观也得到升华。尽管当下的教育或多或少还被应试约束，但作为教育者，我们不应该停止追寻诗和远方的脚步。教育始终应该有一种积极向上、向善的动力，不断引领受教育者向着真、善、美的目标进发。

十年树木百年树人，教育的发展和树的生长是有几分相似的，树越是向往高处温暖的阳光，它的根就越要伸向黑暗而潮湿的土地，而教育越是向往诗和远方,就越需要我们沉下心来,回归本真,尊重生命,关注人性,一步一个脚印地去奋斗。如果我们的每一间教室都像雷夫先生的 56 号教室那样充满了尊重和自由,每一所学校都像小林先生的巴学园那样洋溢着童真和幸福,我想,我们就真正抵达了教育的诗和远方了[①]。

8/学会承认孩子在某些方面不比我们差

不知道大家有没有注意到,我们看孩子的时候,因为年龄和阅历的关系,总喜欢或习惯用俯视的角度。不管是作为老师,还是家长,我们总是习惯于指导孩子。时间久了,好像也就成了常态,成了"正确的事"。

"指导"意味着我们认为自己比孩子更正确,比孩子更强。但有这么一句俗语——"有状元学生,无状元老师"。旧时私塾里的先生很多是在科举考试中碰了壁的,没有了仕途晋升的机会,才安心授课,换取束脩以求温饱度日。这些科场失意的老师,却教出了许多成才的学生,因此,俗语里便有了这么一说。这句话的真正含义却是在告诉我们,学生总是会比老师强,必定是青出于蓝而胜于蓝。"教学相长"不也是告诉我们,在教学生的时候,老师并不都是无所不能的,有的时候,我们真的要承认,孩子在某些方面真的不比我们差。

为了深化课堂教学改革,推进信息技术与课堂教学的融合,我们学校在合作课堂的基础上,开展了新媒体条件下的教学改革研究。刚开始,老师们反馈给我的信息经常是因为操作不熟练,导致不能按时完成预定的教学任务,为此老师们焦急、担忧,呼吁学校要抓紧开展系统培训和提供技术支援。几个信息老师被安排上场,奔波于各个教室救急。可是,没过几天,老师们惊喜地告诉我,他们遇到的操作问题被班上的学生很轻易地解决了。原来,现在的学生都是数字世界的原住民,他们在使用新媒体技术方面有天然的优势,硬是学得比老师快,操作得也比老师熟练。所以,我们的老师请学生来当自己新媒体操作的老师。老师们每每在使用新媒体"卡"住的时候,只要问一下学生,很快就能找到操作方法并调试好,省去了信息老师来回

---

① 章智伟.教育的诗和远方[J].教育研究与评论,2016(4):3.

奔波的辛苦。这就是一个发生在身边的承认学生不比自己差的例子。老师们能够这样弯下腰,诚心地去请教,也给了学生不一样的成就感与价值感。

今天的学生比老师强的方面还有很多,如:我们要承认,学生的想象力比我们丰富,有些学生的思维能力比我们活跃,学习能力比我们强;我们要承认,现在学生学习和运用新技术的能力比我们强;学生的实践探究愿望和能力比我们强,甚至学生的运动能力也比我们强……

有一次在化学课上,老师在讲解多种化合物混合在一起的除杂题目,运用各种化学反应,并逐步除去其中的杂质。老师讲解的方法是使用流程图,每一步加入什么物质,发生什么反应,除去什么杂质,剩余什么物质,这样一步一步累加,到了最后一步剩下了什么。思路是很清晰,但过程冗长,每一步都需要重复分析,容易出纰漏。听课的我第一感觉是这个方法没错,但过程过于繁复,对于粗心的学生来说,容易出错。果然,一个男生站起来说他发现一种更简洁的方法,征得老师的同意后,他径直走上讲台,把老师讲的过程转化成一种列表的方式,混合物一列,添加物一行,一边添加,一边反应,同步划去除掉的杂质,表上再增添生成的物质,待全部反应结束后,除去什么,剩余什么,在表格上一目了然。老师十分惊喜,问及这个方法从哪里学来的,学生说,他受到数学中统计表格的启发,临时想起来的。授课老师和我不禁拍案叫绝,全班同学给予他热烈的掌声。孔子说:三人行,必有我师焉。谁能说这个"三人"中不会有我们自己的学生呢?学生的感悟力和创造力不比我们老师差,甚至他们更敢于大胆创新。同时,我也要为这位老师点赞,学生拿出更优秀的思路时,这位老师并没有因为"跌了面子"而遮掩或否定,而是给予学生充分的肯定和鼓励,并谦虚地向他讨教,这正是我们常常说的"教学相长"。这位老师后来跟我说,这次的经历也鞭策他每次备课更加认真,这真是一次"双赢"。

我们教学的目的不就是让这些学生明天能超过自己吗?他们今天就有超过老师的表现,岂不是更如我们所愿?不要因维护所谓的"师道尊严"而去打击学生的进取心,学生们的出色表现就是他们自己最大的收获和享受。在我们的教学中,教师要给予学生全面展示个性的时间和空间,当学生超越老师的预设时,能得到老师的肯定和鼓励,会使学生们和老师的距离拉得更近,情感更深。有了民主平等、尊师爱生、教学相长的新型师生观,才能激发学生们的兴趣和热情,才能张扬其个性和挖掘其潜能,才能培养出具有独立个性的新人。

教师与学生的地位是平等互助的,师生之间又是客观存在差异的,教师是教育的主导者,但并不代表教师样样都比得上学生,在这堂课中出现了学生比老师强的局面,说明了教师的教学是有成效的,教学的手段是合理的,当看到自己的学生赶上和超过自己,我们应该感到高兴和欣慰,孩子们出色意味着教师同样是出色的。

学生就如同早晨刚升起的太阳,你不知道他接下来是会光芒万丈、耀眼夺目,还是置身云后,把云层镶上金边。总之,他们有无限可能。既有无限可能,就无法想象也无法压制。如果作为老师,总是用自己的经验、经历像一个模子一样地去套,然后判断学生,无疑是非常可怕的。我们不应把学生修剪成我们预设的形状,而是要给予他们方向和一定的界限,促进他们全面而有个性地发展。

师者,不仅仅是传授知识,解答疑惑,尤其对未成年的孩子来说,老师有时候更像一盏灯塔,是方向的指引者。韩愈在《师说》中曾言:"弟子不必不如师,师不必贤于弟子。"我期待,所有的学生都比我厉害,这样我们的未来才更有希望。作为一名教师,只有心胸开阔起来,只有对"学生比自己厉害"这件事满怀期待,我们才能期待桃李芬芳。

9/学着做一盏点亮学生的灯

在大海里,如果遇到有雾的天气,海面上就很难看清方向,但有了灯塔就有了方向,有人形象地说灯塔是指路明灯。我想,教师这个职业更可以形象地比喻为是一盏可以照亮别人的灯。

电影《无问西东》里有一幕令人印象至深。

英语和国文均为满分的吴岭澜,面对实科的不及格,内心纠结彷徨,因为"最好的学生都在念实科"。面对吴岭澜"每天把自己交给书本,心里就觉得踏实"的茫然读书,时任教务长的梅贻琦缓缓开导,却直指内心。

"你还忽略了一件事,真实。人把自己置身于忙碌当中,有一种麻木的踏实,但丧失了真实。你的青春也不过只有这些日子。"

"什么是真实?"

"真实就是,你看到什么,听到什么,做什么,和谁在一起,有一种从心灵深处满溢出来的不懊悔也不羞耻的平和与喜悦。"

　　寥寥数语,却尽是点悟,如一盏明灯,瞬间点亮了吴岭澜迷茫的眼神。时空转换,已为人师的吴岭澜在战火纷飞中,继续在红土沟壑内给他的学生授课,教诲他的学生"不要放弃对生命的思索,对自己的真实",从容、笃定。一如梅贻琦当年启发他一样,吴岭澜也不断地启迪他的学生——沈光耀们,传承着思想和精神的火种,照亮了一颗又一颗也曾迷茫的心。

　　教师之于学生精神成长的意义,在吴晗致他的老师胡适先生的信里得到了生动诠释。吴晗是这样描绘胡适先生的:"夜黑人孤,骤然得着一颗天际明星,光耀所及,四面八方都是坦途。"教师在学生宝贵的青春里,如果能成为一盏灯,能够照进学生心灵,给学生指引前行的方向,能用自己的思想启迪学生的心智,点亮他们的心灯,唤醒他们的灵魂,那么,即便生逢乱世,身陷困境,也能创造出一个精神上的伊甸园。

　　教育,就是一种思想启迪另一种思想、一个灵魂唤醒另一个灵魂的事业。北大老校长蒋梦麟先生说过:"教育如果不能启发一个人的理想、希望和意志,单单强调学生的兴趣,那是舍本逐末的办法。"作为老师,我们所担任的不仅仅是知识的搬运工,更为重要的是我们是学生的引路人和精神支柱。所以我们老师应该是一盏灯,给人方向,照亮前进的道路,给人以温暖,唤起学生,点亮学生。

　　在学生迷惘的时候,老师是一盏指明方向的灯。

　　在学生混沌的时候,老师是一盏涤荡心灵的灯。

　　在学生无助的时候,老师是一盏给予温暖的灯。

　　在学生失意的时候,老师是点燃学生自信的灯。

　　在学生犯错的时候,老师是给予学生宽容的灯。

　　在学生孤独的时候,老师是陪伴学生走出阴霾的灯。

　　………

　　《一盏一盏的灯》的作者吴非老师这样写道:"教师是一盏灯,人的能力也许有差异,但我们多多少少能照亮一个学生一点点路,仅此而已。一个学生在基础阶段可能会遇到很多个老师,你就是其中的一盏灯:你亮一点,他就能走得远一点;如果你过于暗淡,他可能不得不徘徊。"在学生接受基础教育的 12 年里,与其说是 12 年的学习过程,不如说是十二载的启蒙和成长生涯,每一个鲜活的生命在接受着教育的洗礼时,每个老师都是学生身心成长中的灯,对学生的成长都有或多或少的影响。人们都期望在生命中充满温暖和美好的记忆,但"也会记住那些给他带来烦恼甚至痛苦的教师",因此,教师未必都能成为学生的精神标杆,我们力所能及的是"多多少少能照亮一个学生一点点路"。一盏盏怀揣着教育梦想的灯,即便是微弱的灯光,也能让学生走得很远。

当然,我们并非只是为了照亮别人而生存的,教师先得照亮自己,审视自己走过的路,让心中充满光明。老子在《道德经》中说:"大音希声,大象无形。"教育,润物无声,是一种智慧,一种境界,一种追求。好老师就像一盏明亮的灯,不仅能点亮学生的课堂,照亮学生的精神世界,还能唤醒学生心智、燃亮学生生命。所以,要培养有思想的学生,教师自己应首先是一个点亮自己的人,在思考中涵养自身的智慧,做一个精神富足的人,拥有高远的眼光和博大的胸怀,并以自己生活的广度和学习的深度,带领学生学会思考。

那些富有智慧的人,那些有鲜明个性的正直善良的人,像一盏一盏的灯亮在学生面前,留存在学生成长的世界里最早的画面中,成为他青春歌谣中难忘的意象。我们教过的学生,在遥远的以后可能会想起我们那已经微弱的光亮,他们已经走得很远后会怎么看待我们呢? 也许他们会说:"唔,在那个年代里,有些教师曾带着梦想在工作。"这就很好了。

生命的美丽不是用外在的光鲜来炫耀的,而是能够在自己力所能及的范围内,点一盏爱的灯,温暖他人,也温暖自己。愿我们老师有"一盏灯"的精神,一盏拥有美、爱、责任的灯,这是美丽隽永的师者精神、职业道德和人性温暖的灯,散发着教育情怀的光和热。让我们都勇敢地去做伫立在学生成长道路上一盏盏路边的灯,因为只要你亮一点,就有更多的孩子能走得远一点。

第九篇

制度即管理——学校文化之基

　　我曾近距离观察过两所学校,一所是近百年的老校,自诩文化底蕴深厚,校长常常说文化治校,无为而治,然而这个学校却陷入了办学低谷,教学质量差,校风学风不好,社会风评很差,倒是身在其中的教师们自得其乐,优哉游哉。另一所学校规模不大,办学条件一般,但学校的管理制度严密,老师们日常工作不敢有丝毫懈怠,否则就会被扣分、被罚钱,学校的教育教学质量非常出色,社会风评极好,但在私底下的接触中,老师们却满腹怨言,有些疲于奔命。

　　学校的管理是以育人为目的,涉及教育、教学、科研、后勤以及全体师生员工的协调和组织,其中最重要的还是对人的管理。一所学校的管理到底是制度管理为好还是人文管理为重,孰是孰非呢? 这也是校长们最为纠结的,只要一谈到制度规范,就会被扣以缺乏人文精神的帽子,只要一谈到规范工作要求,就会有人站出来义正词严地说,教师的工作有其特殊性,不适合用制度管理。甚至有某知名人士在公众媒体说,学校就不应该实行坐班制,那样就没有了人性的关怀。此言一出,网络上为其摇旗呐喊的人众多,其中多为老师。

第一部分　管理不应该忌讳制度

　　制度与人文孰重孰轻? 学校就是科学管理的"法外之地"吗? 想要理清这个问题,还是要先理清教师这个职业与社会百业相比,到底特殊不特殊。

1/教师工作真的就那么特殊吗？

一谈到教师工作具有特殊性，大多数是我们教师自己这样觉得，理由莫过于我们的工作对象是未成年人，我们白天上课，晚上要备课、改作业，下班还要家访，不论什么时候都要接家长电话等等，说起来的确是一副理由充足、无可辩驳的样子。曾与一位非教育界的人士探讨过对教育行业的看法，他说，教育工作的性质很崇高，行业的特点很突出，但与其他职业一样，工作的本身并没有特殊到需要特殊的方式才能管理。仔细思量，他说得很在理，很客观。

一方面是世人觉得教师行业没什么特殊。知乎上网民对中小学教育行业特点的评论归结为两个方面，一是认为行业专业性不高。举例来说：如果 A 跟非本行业的 B 说："我是程序员"，B 大概率会觉得"好厉害，A 能做很多我不会的事情"。而如果 A 跟非本行业的 B 说"我是中小学老师"，B 恐怕大概率会觉得"中小学那点儿东西我也能教"。我们可以从这种看法一窥端倪：因为老师会的知识，非教育行业的很多人也会，我们所谓的"学科专业"并非其他行业的人不会的"专业知识"。二是认同教育行业有超于常人的道德要求，要为人师表，甘于清贫。

这两条综合起来就意味着，中小学教师在大部分外行人心中的形象是："干着平凡的活儿，操着圣母玛利亚的心"或者说"很辛苦，值得尊敬，但是没什么技术含量，谁圣母起来都能干好"。

另一方面教师觉得自己的职业特殊。很多老师觉得教师行业特殊，工作压力大，繁杂的教育教学工作永远做不完。面对几十个上百个学生，稍有职业良心者，就不敢有丝毫懈怠，怕误人子弟，白天做不完的事情，晚上还得带回去做，工作与生活的时间与空间界限很模糊。肩上的担子，心理的负担，常常把自己搞得筋疲力尽。不少老师觉得教师职业待遇不高，社会地位不高，常常有想逃离的冲动。职业倦怠是每个人职业生涯中的必经过程，在职场中是再正常不过的。但像教师这种大多数人都存在职业倦怠和职业不幸福感的，则属于异常了。

我有一个同事，曾经向往"外面的世界很美丽"，辞职到企业做了白领，一年后,她又应聘回来学校。因为她有跨界的经历,我请她谈谈两种职业经历。

她说:"逃离的那年,我进入了豪华的海景写字楼当起了白领,就像是电视剧里一样,总觉得终于是自己舒展筋骨大干一番事业的时候了。人事部安排我与其他几个研究生跟着不同的师傅从助理顾问做起。第一件让我不适应的事情是午休,原来在写字楼里,大家上午 12 点下班,下午 1 点半就继续开始工作了,午餐后仅余的时间只能趴在座位上稍微休息。这让习惯休息两小时的我有点怀念学校的午间。以前同事们算学生成绩的时候常常不会用 Excel,总是埋怨学校没有培训到位,甚至还有的老师提出请信息老师帮忙统计数据。而在这里,我发现大家对于各种 Office 办公软件相当熟悉。有一次我问了一位同事是什么时候培训的,结果她说这是生存的基本技能,自己花钱网上买教程或者去培训机构报班学习都行,千万要在别人发现你不会之前学到滚瓜烂熟。经过两个月的努力我也让自己熟练地使用不少办公软件,我常常会问自己为什么当老师的时候学不会呢?以前当老师的时候我总是抱怨工作太杂太细,材料太多,不能准点下班。我开始新工作后,有位同事引起我的注意,同为助理,她每天除了把自己分内的事情做完,还常常出现在其他师徒的身边旁听,总是拿着厚厚的一叠笔记等同事下班后练习到深夜才回家。一年后,这位姑娘顺利成为业务顾问,理由是她能独当一面并且熟悉各模块的业务。最近在朋友圈里看到这位和我一起入职的小助理已经成为集团的骨干型人才了。从教已经快十年了,我忍不住问自己,如果我把听各个学科优秀教师的课当成学习别人的优秀经验,而不是把听课当作一种任务,我是不是会少些抱怨多些进取呢?在我出走的这一年里,我看到太多太多努力拼搏的身影,他们自己的心得笔记反思总结一本又一本,这极大地讽刺了我之前抱怨的教案要写多少篇,教学反思要憋出多少字,各种记录要多少篇等等当时觉得毫无用处的工作负担。一年来,也让我看到了准点下班走人和下班后仍在办公室里充实自己这两种人的区别。出走一年的时间,我渐渐发觉,我应该重新回到教学岗位去,或者说我发现应该怎么当老师了。每当年段需要算成绩或者计算学生进退步等情况时,我会主动帮忙。在我的电脑里,开始有按年份记录的各个处室及年段的大事记,每当工作群里发布工作或者通知时,我都会按时间把事件记录在相应表格里,并写下自己对于这些决策的思考,不理解的地方我会去请教同事。随着时间的流逝,我发现大事记里当初让老师不理解的学校决策最后都取得了可喜的成绩抑或推动了学校的发展。有时候抵触工作真的是因为我们太狭隘而非工作无益。"

最后,她感慨地说:"曾几何时我也觉得教师行业特殊,现在我早已不再有这种想法。社会大众可以对教师职业不理解,教师群体也可以对自己的职业不认同,但是走出去再回来的我理解并认同了。人间哪有那么多的圣母,做一个对得起自己良心的教师就可以了。"

不能说"教师的工作很特殊"是这个行业的自我标榜,却也不排除有的人就是把"教师的工作特殊"挂在嘴上,作为自己懒散、懈怠和自由主义的挡箭牌。教育确实有其他行业所没有的特殊性,但哪个行业又没有它自己特殊于其他行业的地方呢?各个行业都有自己的难和苦,从管理方面来说,都是一种组织行为,都有共性的一面,从这个角度来说,学校、教师也就没有那么特殊了。

2/没有制度支持的人本管理是虚弱的

在对学校管理的评价中,人们普遍认同人文优于制度。"以人为本"的管理被高高地擎起,大凡介绍办学经验必谈学校实行人本管理,仿佛实行了人本管理的学校,就能达到管理的最高境界,学校的发展就臻于完善了。而一谈到制度管理就显得那么的初级和生硬,就是低水平校长干的事。学校人本管理被说成"包治百病"的灵丹妙药了。

然而有些学校在高喊人本管理的时候,是不是就真的达到了理想的效果呢?有一所百年老校,新任的校长觉得学校文化底蕴深厚,他推崇无为而治,全面实行人本管理。他说要充分尊重和相信教师的文化自觉,相信老师们的职业精神,老师们会凭着教育者的良心做事。所以教案写不写、作业改不改、备不备课,都不要查,无为而治嘛,就要让老师们自己管理自己。学校历史积淀下来的各项制度都被束之高阁。然而,好景不长,学校的教学质量快速下滑,他期望的那种"文化自觉"与"教师自主"的理想状态并没有出现。

我到这所学校进行办学诊断时看到的是:校园管理无序,环境脏乱差;教学规范不足,备课上课、作业批改要求随意,常规教研活动、备课组活动等不精不实,过程材料基本靠造假;各种评价机制落实不到位,奖勤罚懒制度效果不明显,导致做多做少差别不大,无法起到撬动作用,严重侵蚀了教师的工作热情。这里的教师队伍弥漫着一种"葛优躺"式的懒散氛围,不进取,不奋发,沉溺在温水煮青蛙般的日子中,得过且过;不少教师遇到工作时第一反应是能推则推,推不了就应付了事,遇到问题喜欢归因于他人,归因于外部条件。学校行政工作标准低,效率低,满足于做过就好,推诿扯皮拖沓现象是常态,没有精益求精的意识。令我吃惊的是从老师到干部们对学校存在的各种问题已经熟视无睹,教学质量长期在低位徘徊,老师们已经习以为常。学风松散,教学质量不高,导致外部风评差,上级不满意,家长不满意,学校错失了几次大发展的好机会。

人的自然属性决定了人追求自由与个性化的特点,人的社会属性决定了人终究是群体生活的特点。人的自觉性不是与生俱来的,需要在工作和生活中逐渐培养,也需要一些约束来逐渐增强人的自觉性以及工作的积极性。事实说明,过度依赖人的自觉性和自律性是不可靠的,因为在巨大利益的驱动下,或在没有约束的环境下,人文有时会变得苍白无力。忽视管理制度,忽略学校的发展阶段,无视社会环境对教师职业的影响,教师的思想尚未达到自律的境界,在这种情况下一味地追求人本管理,往往无法保证工作的顺利完成,人文就成了空谈。从一些优质学校的发展历程中,我们也可以得到一些启示:其一,一些学校之所以取得让人羡慕的成就,早期有序有效的制度建设是功不可没的;其二,要重构我们以前固有的认识:判断管理模式不以"标签"论成败,即不要预先设定人本管理优势论。就现在的社会和学校发展阶段来看,人本管理与我们还有一段距离。

"以人为本"的管理必须建立在科学制度的基础上。失去了制度的制约,"以人为本"的管理就很容易演化成极度的个人主义,牺牲的是公平原则,最终损害的是群体的利益。制度管理为实施人本管理提供保障,尤其是在学校发展的初级阶段或学校发展处于滑坡的阶段,过分强调人本管理是不利的。加强制度建设,规范管理行为,提高管理效益,将发挥重要的作用,它有利于促进学校管理的规范化,促进学校良好的风气的形成。规章制度的制定能够保证人人平等,约束管理者公平对待每个教职员工,在约束管理者和老师的行为的同时为每个老师提供公正的平台,同时为教职员工的工作考核评定提供依据。

实际上,科学制度并不排斥对"以人为本"管理的追求,我们需要做的是增强制度的人文色彩。学校管理者应通过深入的调查、科学的研究,在取得师生普遍的共识之后制定和完善制度,使制度管理充满"人本"的温情。这种人文制度的特征不是一味地强调奖励与惩戒,而是要将制度的刚性原则与情感的柔性原则紧密结合起来,既对师生的行为作出适当规范,又给予师生的个性张扬一定的空间和自由,使制度获得尽可能多的支持和合作,认同"制度不是约束,而是激励,是凝聚人心",使之成为全校师生的自觉行为,使全体成员"情为之发","心为之动","行为之变"。

在学校管理中,制度管理和人文管理到底哪种方式更有利于学校的长远发展?我认为,科学的管理观应当是制度管理和"以人为本"管理的和谐统一,二者相辅相成,才能达到较高的管理境界。制度管理是基石,没有制度支持的人本管理是虚弱的。

3/学校"以人为本"管理的几个误区

随着学校管理的改革与创新不断地深入,"以人为本"逐渐成为学校管理文化的追求,并使学校管理从牺牲人的个性追求回归到对人的尊重、关爱、理解和支持的理性平台,为推进课程改革奠定了良好的基础,这也是社会进步的必然趋势。然而,由于人们对"以人为本"的内涵存在理解偏差,在学校的管理实践中出现了一些负面效应。我认为在学校管理实践中倡导"以人为本"理念的同时,应当谨防和走出以下几个误区:

(1)把"以人为本"异质化为"以人情为本"

人本管理强调对人的尊重及人际的和谐,然而有的学校领导和老师对"尊重"与"和谐"的理解却失之偏颇,认为尊重就是互留情面,和谐就是没有矛盾。为了体现管理的人性化,以"宽容"代替"处罚",以"表扬"取代"批评",不知不觉地把"尊重人"异质化为"不得罪人",工作上只讲感情,不谈原则,有求必应;对教师的缺点和错误,碍于情面,或只字不提,或轻描淡写。回避工作矛盾,凡事都可以放宽要求,甚至没有要求,讲究一团和气,事事留情面,处处给人情,唯恐被贴上不能"以人为本"的标签,殊不知却落入了庸俗的人情圈子,"以人为本"演化成"以人情为本"。

"以人情为本"是对人本内涵的异质化理解,人情是社会生活中的特质文化,有着理解人、同情人与帮助人的温馨面,但在人情的催化之下,往往又容易导致对事放弃原则、对人失去公允,"以人为本"被当成拉关系走后门的幌子,人人只当没有原则的老好人,表面上看,校园气氛宽松自由,人际关系和谐融洽,但实际上已将管理的内涵异化为无原则的"放任",最终使学校纲不举目不张,风气不正,学校工作变成一盘散沙。

在学校管理中提倡"以人为本"的理念,是从关注师生生命的整体发展出发,尊重、理解、关怀、支持每一位师生,注重师生的情感需求,激发师生的发展动力,给予学生成长成才的条件和教师发展、创新、成才的空间。但是"尊重"不是放任自流,"理解"不是全盘认可,"关怀"不是拉关系走后门,"支持"更不是无原则同意,这些"尊重、理解、关怀、支持"都应是以公平公正为原则,以促进发展为目标,就是要平等待人,公正处事,而不是在人情之下的一人一个标准、一事一个准则。失去了公平公正的人情,其实是对群体的反人文。因此,在学校管理中提倡"以人为本"的理念,是本着肯定人、激励人、发展人的思想去管理学校的,学校管理者的"人情味"应该是对教师人格的尊重、生活的关心,以及精神上的鼓励和事业上的支持;学校的"人际"应该是温馨向上、互相支持、团结协作、有强烈归属感和认同感的命运共同体,而不是庸俗化的人情主义。

(2)把"以人为本"狭隘理解为"以个人为本"

在学校少数的教师眼里,"以人为本"就是要求学校管理要让个人感受到绝对的尊重、自由和满足,学校的一切管理,必须尊重"我"的需要,以"我"是否认可、是否满意作为评判标准,于他而言,他个人的需要得到满足就是"以人为本"了,却鲜有思考他需要的尊重、自由和满足是否符合学校的公共价值准则。一旦自己的要求得不到满足,动辄说学校"不人文、不尊重",他强调和期望的是权利,忽视的是责任,把"以人为本"理解为"以个人为本""以自我为本"。

这是对"人"的狭隘的理解,"以人为本"所讲的"人"是具有丰富内容和多重规定性的概念,就学校而言,既是师生个体又是师生群体,更是个体与群体的统一,这里强调的"人"是多数人的利益和积极性,而绝非少数人的利益和积极性,把"以人为本"理解为"以个人为本""以自我为本",过度强调个人的需求是对"以人为本"的曲解,必然会与群体的整体利益相抵触,与学校的发展需求相违背。

在学校管理中提倡"以人为本"的理念,应当坚持个人的需求必须符合或有利于推动学校整体利益和价值观的发展。因此,实施"以人为本"的管理需要营造一个宽松、尊重的工作氛围,但更需要树立扬善抑恶的舆论导向,摆正个人与集体、责任与权利、付出与获得的关系,建立积极向上的观念认同,不断提高群体的道德情操,形成主流价值观,对人性"善"的一面倡导人文管理,进行褒扬、激励、推动和发展;而对于"恶"的一面,要谨防"以人为本"可能成为他的遮阴树、挡箭牌。有了群体的高尚,才能使那些狭隘的偏见、刻意的歧解没有生长的空间,实施"以人为本"的管理才有一个良好的舆论环境,达到个人的需求与学校整体的发展需要、精神价值辩证统一以及和谐发展。

(3)把以人为本误解为是弱化甚至放弃制度的宽松管理

时下有一种观点认为:"教师职业是一种良心职业,主要靠教师的自觉自律",现在倡导"以人为本,构建和谐校园",就应当尊重、信任、理解教师,教学管理与考核更应该充分地人性化,而规章制度必然会制约、压抑校园的人文气息,会引起老师们的心理逆反,这与以人为本追求的境界是背道而驰的,因此人本管理应该淡化甚至取消制度的制约。

很显然,这是对"以人为本"管理的肤浅理解,把"人本"与"制度"对立起来,"鱼和熊掌不可兼得",简单地挪用了对人的信任、关心、尊重等管理方法来充当"以人为本"管理模式,却排斥了制度管理的基础性作用,在这样"泛人文化"的管理氛围中,教学的规章制度被随意践踏,在一些学校中出现教师之间随意调课,来去自由,有假必准,有错不纠,结果是常规松懈,不仅不能调动教师的积极性,反而挫伤了他们的工作热情,导致教学规范弱化、教师的专业发展动力缺乏和敬业精神懈怠,学校管理反而呈现"散、乱、差"的局面。

实际上,"以人为本"并不意味着对人的放任,更不意味着对科学制度的否定。"以人为本"管理离不开制度管理这一坚实的基础,尤其是在实践中,必须加强制度建设,才能使"以人为本"的管理具有足够的动力支撑和真实的主体依托①。实践证明,制度管理在克服人性弱点和惰性、维持工作准则、提高工作效率方面有着不可替代的作用。因此,我们学校管理者在提倡"以人为本"的同时,不能弱化制度管理,加强和完善制度管理与倡导"以人为本"管理应被视为改善学校管理、提高学校质量和促进学校发展的

---

① 郑光梁,骆忠洋.我国常见的人本管理原理应用误区分析[J].沿海企业与科技,2005(6):193-194.

两个方面,不宜过于强调孰重孰轻。

（4）以人为本的教育被曲解为迎合学生的天性

有少数学校和教师将"以人为本"的教育简单地理解为顺从学生的天性,无条件满足学生的愿望,对学生不能说"不",不能批评,就怕挫伤学生自尊,泯灭了学生的学习兴趣,导致没有原则的"尊重""赏识"泛滥成灾。有的学校在"尊重"的名义下,对学生不合情、理、法的要求一味迁就,实际上变成了"唯生独尊"。有的学校甚至淡化了纪律与管理,如提出课堂上学生可以睡觉、插嘴、随意选择同桌、有权拒绝回答教师提出的问题。

这些做法表面上是对学生自由和权益的尊重,实际上违反了教育规律,影响了正常的教学秩序,最终影响的是所有学生的健康成长,特别是对初中的问题学生缺少有效的教育手段,结果使"爱的教育"演化成"溺爱教育","赏识教育"变成了"捧杀教育","一个都不落下"却"因为个别都落下"。

4/走出"以人为本"管理误区的几个对策

这些误区的形成,不是"以人为本"的精神实质有问题,而是由于人们对它存在误解,甚至是一种歧解。那么,如何更好地在学校管理中体现"以人为本"的管理文化,谨防和走出"以人为本"的管理误区呢? 我认为应该采取以下四个方面的对策:

（1）倡导"以人为本"管理,首当"正本清源"

所谓"正本清源"就是要正确理解"以人为本"的内涵。科学发展观的"以人为本"的实质是"为了人、依靠人、尊重人"。"以人为本"的思想,既强调一切为了人,人是主体、中心和目的,而不是把人作为工具和手段;又主张一切依靠人,依靠整体的"人"推动社会进步,促进人的全面发展和价值的全面实现,最终实现人与自然、人与社会的和谐发展。

学校倡导的"以人为本"的管理,其基本内涵就是为了师生、依靠师生、尊重师生,确立以"师生为中心"的管理理念,以师生的共同成长为根本目的。首先要以师生的合理需求为本,其次要以师生的共同发展为本,最终以形成积极向上的共同价值观为本,也就是以人的理想信念为本。它要求学校领导在管理工作中应坚持人的自然属性、社会属性、精神属性的辩证统一,从关注师生生命的整体发展出发,尊重、理解、关怀、支持每一位师生,注重师生的情感需求,给予学生成长成才的条件和教师发展、创新、成才的空间,最大限度地激发师生的发展动力。但是"尊重"不是放任自流,"理解"不是全盘认可,"关怀"不是拉关系走后门,"支持"更不是无原则同意,这些"尊重、理解、关怀、支持"都应是以公平公正为原则,以促进发展为目标,就是要平等待人,公正处事,而不是在人情之下的一人一个标准、一事一个准则,失去了公平公正的人情,其实是对群体的反人文。

因此,在学校管理中提倡"以人为本"的理念,应本着肯定人、激励人、发展人的思想去管理学校,把师生尤其是教师作为教育事业的第一资源,始终把师生的发展作为学校工作的出发点和落脚点。学校管理者的"人情味"应该是对教师人格的尊重、生活的关心,以及精神上的鼓励和事业上的支持;学校的"人际"应该是温馨向上、互相支持、团结协作、有强烈归属感和认同感的命运共同体,而不是庸俗的人情主义,只有贯彻这样的"以人为本"的理念,才能把教育教学推向新的台阶。

(2)实施"以人为本"管理,当行"扬善弃恶"

这里的"扬善弃恶"指的是以健康的舆论引导人,以积极的理念激励人。提倡"以人为本"的管理,最本质的核心是倡导对人性的尊重,但是人性本来就有善恶之分,对于"善"者实施"以人为本"的管理,能充分调动他的主体意识,推进学校工作的开展;而对于"恶"者实施"以人为本"的管理,就有可能成为他的遮阴树、挡箭牌。马克思曾经指出:"一个人的发展取决于和他直接和间接交往的其他一切人的发展。"因此,"以人为本"管理应以积极健康的舆论为导向,通过群体的"扬善弃恶"形成主流价值观。

首先,校长应是"以人为本"思想的引领者,他对"以人为本"的认知与践行,在学校"以人为本"的管理中起着导向作用。孟子说:"以德服人者,中心悦而诚服也。"校长应当认识到自己作为教师群体中的特殊"个人"的思想引领作用,应有令人信服的品德修养,能坚持以身作则为教师树立榜样。校长的"以人为本"理念体现在对师生有仁爱心、对不同意见有包容心、对出错师生有宽容心;要学会欣赏,学会接纳,常进行换位思考,想人之所想,急人之所急,同时要善于发现快乐,善于用人之优点,并通过沟通推行学校管理理念,积极构建一种团结、和谐、向上的校园管理文化。校长只有被教师从内心深处认可、接纳、佩服、拥戴，才能"不令而从"，才能达到"无为而治"的境界。

同时，"以人为本"管理要重视积淀深厚的文化底蕴，营造温馨的人际舆论。这是学校"以人为本"管理的保障体系，是一种软管理。学者马尔库塞认为："观念和文化是不能改变世界的，但它可以改变人，而人是可以改变世界的。"因此，在学校中建立起宽松、高洁、清新、有人情味的校园文化，让学校具有浓重的文化气息，积淀深厚的文化底蕴，是学校"以人为本"管理的理想层次。管理者要注重对师生群体心理氛围、人际关系的研究，强调对人的重视，强调管理的"情感投资"：管理要管人，管人要管心。通过对人性的理解、人文的关怀，引导形成正确的人际观念和价值观念，努力倡导和谐的同事关系，树谦谦君子"坦荡、欣赏、自省"的风范：做"脚踏实地、胸怀坦荡"之人，行"相互欣赏、互为人梯"之事，存"常责于己，怨不及人"之量。健康、合理的竞争使工作充满活力，而和谐、友好的协作是有效工作的保障，正确的协调和引导，就能形成蓬勃向上、充满活力、协作互助的良好局面。只有这样，正气才能弘扬，团结才能加强。

在学校管理中提倡"以人为本"的理念，还应当坚持个人的需求必须符合或有利于推动学校整体利益和价值观的发展。"以人为本"管理需要一个宽松、尊重的工作氛围，但更需要树立"扬善弃恶"的舆论导向，摆正个人与集体、责任与权利、付出与获得的关系，建立积极向上的观念认同，对人性之"善"倡导人文管理，进行褒扬、激励、推动和发展；而对人性之"恶"要谨防，要进行批评、帮助、纠正，通过群体的价值取舍，使那些狭隘的偏见、刻意的歧解没有生长的空间，才能使实施"以人为本"管理有一个良好的舆论环境，实现个人的需求与学校整体的发展需要、精神价值辩证统一及和谐发展。

（3）尊重教师个性发展，应守共性规律

"以人为本"管理提倡对人的个性的尊重，给予教师一定的张扬个性的空间，鼓励和引导教师发展自己的个性特长。然而，毋庸讳言的是，由于工作状态、专业需求、教学水平的不同，每个教师的工作追求、教学视野不在一个层面上，所展现出的"个性"也良莠不齐。

在实施新课程标准的改革中应当反对出现"穿新鞋走老路"的现象，同时也应该注意到教育从来就不是一种新发明或新行业，教育的改革是一个传承与发展的过程，素质教育并不是不要质量，恰恰相反的是它对质量的要求更高,对于一些行之有效的教育的常态要求如备课要求、课堂环节、作业批改、学生行为规范等教育共性的规律,要作为最基本的行业规范,是不能随心所欲地进行扬弃的。而"个性"往往是有局限性的,教师与管理层所处的位置不同,看问题的角度不同,对职业的责任、操守、专业发展需求不同,面对这种藐视教学基本规律的"个性",校长就应该旗帜鲜明地坚守管理底线,不能一味地迎合这种低层次的心理需求,更不能因尊重教师所谓的"个性"而放弃优秀的传统。

校长体现"以人为本"管理的理念,不是在某个特定环节的表达,而是体现在对教育本质的理解和追求,教育管理不应追求立竿见影的效果,更不应追求特立独行的轰动效应,校长更应该做的是引导激发教师的"内源性发展",遵从学生认知规律,尊重教育规律,继承与创新并举,循序渐进,正所谓"春园之草,不见其长,日有所增",真正的成效是日积月累的。

(4)实施"以生为本"管理与教育,不违科学规律

"以人为本"对学生而言就是"以生为本"。"以生为本"的内涵包含四个递进的层次:一是把学生当人看;二是把学生看成发展中的人;三是把学生看成独立发展的人;四是把学生看成平等的人。明确了"以生为本"内涵包含四个递进的层次,学校实施"以生为本"管理与教育,就不能违背科学的教育规律。

著名教育家苏霍姆林斯基说过:教育者的任务是既要激发学生的信心和自尊心,也要对学生心灵里滋长的一切错误的东西采取毫不妥协的态度。我们的教育对象是身体和心志均不成熟的年幼学生,必然会有许许多多不成熟的思想和行动,爱学生就要对学生的终身发展负责,对于有碍于学生健康成长的不良习惯、错误言行,甚至有悖于社会公德及至触及刑律的恶劣行为,学校和教师有义务更有责任对其进行纠正[①]。"以人为本"管理与教育不是说事事顺从学生,关键是:一方面,在合乎情、理、法的时候,教育工作者要尊重学生正当的追求,顺乎学生的要求;另一方面,学校的管理与教育应该在规则、纪律、制度之下,尊重学生的权益、个性与自由。在教育教学活动中,"以人为本"管理与教育强调教师对学生的理解、帮助、尊

---

① 刘德勇.对教育教学管理过程中"以人为本"的反思[EB/OL].(2007-06-07)[2021-06-18].http://blog.sina.com.cn/s/blog_541ea3fc010009q3.html.

重和关爱,教师要尊重学生的个性而不是任性①,要对学生宽容而不是纵容,对于不合乎情、理、法的需求,教师要坚决抵制,通过说理、沟通、感化、激励等方法结合起来进行教育,也就是说表扬与批评、激励与惩罚一样都不能少,这才是科学的教育规律,才是完整健全的教育。

学校管理的核心是人,工作的重心是育人。因此,校长在学校实施"以人为本"管理的根本目标是为了人、依靠人、发展人,管理的过程就是要激励和满足人们健康向上的积极追求,开发人的内在潜能。"以人为本"管理是一种内涵深刻、境界高远的管理模式,但只要我们能尊重教育规律,以科学的管理观、教育观、发展观对"人"和"本"进行辨析和定位,把握其要义,我们的教育工作者就能够走出"以人为本"管理的误区,以科学的管理、完整健全的教育促进学校、教师和学生健康、和谐地发展。

第二部分　法德相依,构筑学校和谐管理

战国的法家韩非子倡导"以法为教",治国"一为法,二为德",做到"刑过不避大臣,赏善不遗匹夫";而儒家思想则提倡"人治"和"礼治",它推崇待人要"温、良、恭、俭、让",处世须"仁、义、礼、智、信",靠人性、诚信治国。历史上这两种理念都曾有过辉煌的一页。在倡导"以德治国,以法治国"的今天,学校围绕着建设和谐校园的主题进行科学管理的探索,在学校管理中,"法"可以具体为各种管理制度,而"德"可以理解为人文内涵,在"依法"还是"以德"管理的实践中,出现两种典型的倾向,一种是借鉴企业量化管理机制,相信制度高于一切并能解决一切,追求绝对量化的制度管理;另一种是泛化理解人文管理,事事讲情面、处处讲和睦,追求一团和气的人情管理。显然,它们都存在片面性,那么该如何把握校园管理中的"法"与"德",正确理解制度管理和人文管理的关系呢?我认为法与德不是一对矛盾,而是学校管理中的两个不同侧面,我们需要"法治",但不能唯"法治";提倡"人文",但不能泛"人文"。法与德运用得当,则相互促进,相得益彰,在国家的治理、社会的治理乃至一个学校的管理中,都是不可或缺的两个方面。

---

① 陈继杨,彭泽平.教育追求怎样的"以人为本"[N].中国教育报,2006-08-29(5).

1/科学制度是有序管理的奠基石

"没有规矩不成方圆",任何一个团体的协同乃至人类社会的发展,始终依赖于各种制度、法律的规范,天下之事概莫能外,学校工作亦不例外。

(1)科学制度,是规范办学的需要

学校教育功能的正常运作、教育宗旨的贯彻落实,都需要有必要的规章制度作为保证,离开了制度,工作就失去了准则,没有了目标,管理也就无从谈起。不可想象的是一个没有制度的群体如何还能称为集体,在这样的群体中,团队、协作、效能、发展都成空中楼阁了。古人说得好:"欲谋强兵,先谋奖罚。"在学校的建设与管理中,首先要对德育、教学、岗位职责进行规范,建立评价、考核、激励机制,只有形成一套科学的管理制度,使教职工"教有规,行有则,绩可评",才能做到"人尽其责,物尽其用"。因此,管理必须重视规章制度的建设,科学的、完善的制度对规范学校的办学行为、促进学校的发展是必不可少的,制度先行,学校工作才能走上正轨,发展、创新就有了坚实的基础。

(2)落实制度,是规范行为的保障

好的制度应该是建立一种和谐的、能够共同遵守的、契约式的约束机制,凡是学校日常运转离不开的重要事项,都要以文字方式明确下来,形成学校制度,一旦这个契约成立,大家就应该共同遵守,成为老师与学生的行为准则①。合理可行的教学常规、教研常规、考勤制度、教师评估与奖罚制度等,能让教师明确该做什么、可做什么、不该做什么、不可做什么,客观上,也对人性中的惰性、任性、自由散漫等弱点起到抑制作用,通过监督与落实,维持一种秩序、一种原则,在保护整体工作环境的时候,抵制的是个别现象,减少个体工作的随意性和自由主义。制度管人,是培养教师群体良好的工作行为的保障,才能使学校整体工作按照正常的轨道运行,不至

---

① 吴国通.以教育创新的思想完善学校管理体制[J].中国教育学刊,2002(5):9.

于出现重大的偏差和失误。

(3)依据制度,是客观评价的标尺

制度管理就是将管理的要求和目标通过条例、机制来表达,把目标和要求标准化和量化。在现代学校的管理中,量化制度已成为评价工作的重要机制,如年度考核、评优评先、教学工作量、教学质量、班级管理、教职工考勤与教学奖罚等,涵盖了对教师的定量和定性评价。尽管我们很难对教师的教学、科研及道德水平进行完全的量化,制度也不可能尽善尽美,量化也有许多不尽如人意的地方,但是,对同一个集体而言,制度就是一把相对公平的尺度,能较客观地衡量教职工工作的得失与优劣,反之,失去了评价的标准,就无法实施客观管理。

2/人文管理是学校发展的推动力

人文管理是以人性的需求和特性为出发点,以正确的文化价值观念引导形成良好的人际关系、健康的舆论导向、积极的群体心态,教师在和谐、愉快的文化氛围中工作,实现自身的价值。高雅的人文理念的引导,使教职员工迸发出工作自主性、积极性和创造性,将是学校发展的不竭动力。

(1)以人为本,是建设人文校园的核心理念

学校与企业不同,它管理的核心是人,工作的重心是育人,因此,学校工作以人为本是毋庸置疑的,为了人,关心人,依靠人,是人文校园的核心。

学校人文管理集中体现的是儒家思想精髓的"仁者爱人",这种爱于领导是热爱全校教职工,关心他们的生活、工作与进步,设身处地替他们着想,于教师是关心同事爱护学生,于学生是友爱同学尊敬师长。仁爱主要体现为:尊重,尊重个体自我完善和成长的要求;宽容,善待曾经有错和错误对待自己的人,形成宽松民主的环境;理解,深层次地理解和体验教师的情感,要换位思考看师生,充分了解师生的心理需求;真诚,真诚是人性中最可贵的品质,凭着彼此的真诚,以心换心,沟通情感。"仁爱"会感染师生,使人包容,使人儒雅,促进人的和谐。也许"领导能交心,同僚可合作"

更能直接体现人文精神。

（2）人文管理，是营造人际温馨的舆论基础

今天的教师群体，承载着太多的社会期望，面临着巨大的工作压力，背负着承重的心理负担，同时，朝夕相处的他们，因性情之差异、见识之不同、利益之冲突，易出现分歧和摩擦，甚至造成同事关系紧张，这时教师需要的不是冰冷的制度，他们更渴望的是心灵的慰藉和温馨的环境，而这是制度管理无力解决的，只能通过学校人文环境的建设与引导，使校园洋溢着人文的关心与理解，形成健康的舆论导向，才能解心头之结。

因此，学校管理者要充分理解教师心理之重，通过对人性的理解、人文的关怀，引导教职工形成正确的人际观念和价值观念，努力倡导和谐的同事关系。要树谦谦君子"坦荡、欣赏、自省"的风范；要做"脚踏实地、胸怀坦荡"之人，不为苟且之事，不论人后是非，扎实处世，认真做人；要行"相互欣赏，互为人梯"之事，欣赏他人的优点，学其所长成就自我，相互扶持，共同成长；要存"常责于己，怨不及人"之量，金无足赤，人无完人，贵在严于律己，宽以待人，遇到摩擦要善于"三省吾身"，知过则改，学会宽容，多从自身找找原因，也要学会换位思考，有容人的雅量。

健康、合理的竞争使工作充满活力，而和谐、友好的协作是有效工作的保障，正确的协调和引导，就能形成既蓬勃向上、充满活力、协作互助的良好局面。只有这样，正气才能弘扬，团结才能加强，工作时才会有人欢呼"我忙碌并快乐着"。

（3）人文内涵，是学校持续发展的内在动力

人文管理根植于校园文化，文化是一所学校办学思想、价值观念、作风传统、行为规范的历史积淀，是一种思想和精神。文化对学校师生的理想信念、行为方式起着重要的引导或制约作用，潜移默化地影响他们的人格、个性、角色、观念等的形成，学校文化构成了学校人文管理的核心价值和人文基础。如果学校缺少这种思想和精神，师生在一个没有教育思想、不崇尚学术的校园里，独立性和创造性会被泯灭，个性被湮没，以"分"为本，追逐的是"考分最大化"，教育教学工作被蒙上强烈的功利色彩，利益驱动代替事业追求；这种缺乏优秀文化的学校，不会成为卓越的学校，只能是一个考分机制造厂。有些老校之所以能够经久不衰，如一股甘泉、一坛醇香，回味悠长，就是因为它们有源远流长的历史，形成了深厚的文化积淀和精神

底蕴;有的学校虽办学时间不长,但在校园能感受到其丰富的内涵、浓郁的育人氛围,得益于校园文化建设的成功。学校文化的影响是深远的和深刻的,学校文化建设是学校最高层面的建设,它引领着学校的各项建设,丰富的文化内涵和高雅文化品位是人文精神的沃土,推动着学校的可持续发展。

3/法德相依是和谐校园管理之本

制度管理是物化的刚性管理,而人文管理是柔化的情感管理,两者不是孤立的管理方式,找准了结合点,就能相互渗透、有机协调,营造出既科学有序、有章可循,又生动活泼、健康积极的富于人情味的学校管理文化,和谐校园由此而成。

(1)人性制度,人文管理

学校的各项管理活动要有规章制度做保证,但一味地强调制度,有可能使管理者陷入尴尬的境地,正如"依法治国"的同时也需要"以德治国"一样,不应该把"制度"与"人文"对立起来,而更应该追求的是"制度人性化,管理人文化"。

教育是一项艰苦、复杂的创造性脑力劳动,工作的效果不能完全立竿见影;作为知识分子的教师,看重人格的尊重,看重精神和价值的承认,鄙视粗野,乐于服理。这些特点都突出学校管理中"人"的主体地位。因此,学校管理制度的制定,要建立在对教师心理、工作特点的充分理解,对人性尊重的基础上,制定出人性化、合情理、有实效、可操作的制度,才会得到广泛认同和支持。同时,在制度管理的过程中要注重渗透人本思想,在制度规范的空间之外,尽量给予教师更广阔的自主发展和创造的空间,努力创设一种相互宽容、理解、尊重、信任,充满温情和亲切感的人文氛围。

实践证明,要办好一所学校,在强调制度规范的同时,还须充分考虑人这个最活跃、最具能动性的因素,在制度中渗透人本精神,在人文中体现制度规范,从而使学校成为理性与人性的高效组织。

（2）宽严有度，科学管理

今天，"规则""制度""量化"等现代管理手段已经进入校园，并对学校传统的管理工作的改进和推动起了巨大作用。但是，有的学校追求的是制度上墙、工作量化、指标化，把充满个性与自由的教育教学过程看成是"教育生产"，一味强调制度的制约，凡事依纲据本而忽视人本因素，表面上是"完善制度体系"，殊不知已落入了僵化的教条主义之中了；如此这般捆绑了思想的翅膀，制度反而成了桎梏，久而久之就会造成人际关系的紧张，工作呆板，甚至形成烦琐无用的形式主义。

另一面，一些学校片面理解"人文管理"为人治管理，把人文庸俗化为人情，凡事都可以放宽要求，甚至没有要求，在"人文"的幌子下大行人情世故。于是乎，工作没有了目标、事情没有了准则，学校里个个都是老好人，你好我好大家好，上下一片其乐融融，殊不知"人情社会最无情"，失去公平的人情是对他人的最大不公平。

显然，这两种管理倾向最终的结果都使学校管理无序、僵化，与和谐校园的精神实质背道而驰。因此，在学校管理中要避免片面追求制度管理、重章不重人、把以法治校变成以罚治校的教条主义，也要避免不讲原则的庸俗化的人情主义，讲人文不是讲人情，应由教条型和经验型向和谐统一的科学型管理转变。

（3）立足需要，发展管理

心理学家认为需要是发展的原动力，不断变化发展的需要和满足的可能性是教师个性发展的推动力。所以，制度和人文都要立足于教师的需求，着眼于学校的发展，把"需求"转化为推动教师发展的行为，实现教师与学校共同和谐发展。

首先，制度建设和人文管理要与人的自然需求结合。作为自然人，教师与其他人一样有生存与安全的基本需求，而人文的关怀首先体现为对人最基本需求的保证，因此学校管理首先要以关注人的自然需求为根本出发点，立足于教师现实需要，解决教师的生存与职业安全的后顾之忧。其次，制度建设和人文环境要与人的社会需求相结合，教师知识面广，理论水平高，遇事都善于思考，有自己的见解，他们有强烈的参与和尊重的需求，因此，学校制度建设应主张人格平等、机会均等，同时，重视人文关怀，营造宽松民主的文化氛围，让教职工当家作主，关注学校的发展，参与学校的管理,体现教职工的主体意识与能力价值,满足教职工的精神需要。再次,制度建设和人文环境与教师的发展需求相结合,管理的目的是提高学校工作的效率,促进学校的发展,而学校的发展首先建立在教师群体发展的基础上,因此制度的优劣在于能否满足教师发展的需求,通过制度建设,实现教师的个人发展,利于优秀群体的脱颖而出,满足教师走向成功的需要,教师的发展动力正是推动学校发展的持续动力。

制度之于人文,犹如人之骨骼与血肉,有了坚强的骨骼,才能支撑起五尺之躯,辅之以血肉才能使之丰满鲜活起来,成为有机的生命个体,供之以营养才能使之生长而强壮,然后才有了思想,才有了行动,才有了人之一切。学校管理中,只有把"法"与"德"有机地结合起来,依法而管,管而有度,依情而理,理而有节,使学校形成规章严肃、人情温馨、人心舒畅、整体活泼的文化校园,和谐教育的春天就不会远了。

第三部分 精细管理点亮学校品质发展

教育的健康发展最根本的路径就是回归到常规,就是要把先进的理念和工作的目标变成明明白白的工作要求。一个学校的管理不需要太多的高深理论,前人已经提供了足够的经验,因此我们无需标新立异,需要做的是扎扎实实地做好常规管理,把过程管理做细做精,这也是提升办学品质的有效途径。

对"精细"的追求不是舶来品,一直存在于我们悠久的文化中,如精益求精、精耕细作、精雕细琢等。现代意义的精细化管理,更多见之于企业的管理中。近几年,我们教育行业也引入"精细化管理"的理念。许多学校在这方面进行了深入的思考和尝试,如有人说:"精细化管理就是用精心的态度实施细致的管理过程,以获取精品的结果。"还有人说:"人人都管理,处处有管理,事事见管理。""精细化管理就是用心工作,爱心育人,真心服务。"这些都是实施精细化管理总结出来的优秀做法和经验。

在我看来,精细化管理一在"精",精确、精密、精准;二在"细",着眼细节、细致落实;三在"化",规范化、系统化。在蔡塘学校的办学历程中,由于学情特点、软硬件条件局限、教师年轻等特定的校情,我们在实践中自觉或不自觉地有了一些求精、求细的管理意识。在德育、教学、行政等方面的工作中，更多地注重"细节的教育与管理"，我们更为注重抓关键处的细节，重视"细节"背后所蕴含的教育意义，在做好"细节"中落实工作，促进师生成长，从而促进学校教育教学的发展。这也许恰好契合了那句"细节决定成败"，正如老子所说的"天下难事，必作于易；天下大事，必作于细"。

1/着力于教学常规落实，致力于教师的职业规范

对于一个新建学校而言，培育严谨的教风是教学管理的首要，对于年轻的教师而言，了解和掌握教学常规，是个人专业素养形成的基础。因此，我校把管理的第一个着力点放在了教学常规管理方面。

常规与效益有关系吗？通行的教学常规是经千锤百炼而形成的，是教学质量的基本保障和教学管理的有效手段，教学常规做好了，工作就会更加规范，工作效能也会相应得到提高，教学的目标更能得到落实。在常规管理的细节落实方面，主要从"两个侧面七个环节"入手：

首先，常规要求简洁明确：对"计划、备课、上课、作业管理、导优辅差"这五个环节制定了规范要求，并提出了简洁明确、操作性强的评判标准：

①抓计划，学期初详尽制订工作计划，注重计划的实效性和可操作性，倡导"无效的计划就是废话"，做到教学有计划、有方向，目标明确，克服了教学的盲目性。

②抓备课，全学年要求提前一周备课，教研组每周检查教学案，教务处每月抽查，每学期进行一次优秀教学案评比，教学案要求"自然形成，格式规范，二备清晰，反思深入"。

③抓上课，上课环节精细雕琢，讲解求"精"，方法求"活"，课堂开放，随时接受听课。注重课堂教学中的防差工作，提倡"课堂的效益体现在学困生的发展"，教学对象要瞄准中下等学生，切实提高课堂教学实效。

④抓作业管理，课后作业弹性布置，精选习题，要懂得科学的放弃，充分体现针对性和层次性，使好生吃得饱，差生吃得了，力争精批、细改，做到"一批，二改，三巩固"。

⑤坚持导优辅差，实行"分层教学、分类推进"的措施，通过"春雨工程"

帮助学困生端正学习态度,优化学习方法,实现转化。

其次,建立"观察—反馈—整改—跟踪"的落实机制。在这个机制中,核心的工作思想是"帮助和指导,矫正与落实","课堂常规检视制度"重在对教师教学常规的诊断与及时的矫正。

①抓检查与落实,教导务处定期对备课、上课、作业布置、批改、辅导及教学计划的执行等环节进行检查,促进学校教学常规的落实。

②抓反馈促整改,针对各教学环节存在的不足,教务处逐一反馈到人,与教师真诚地交流沟通,督促教师及时矫正自己的问题,每月在教工会上做一次检查整改专项总结。

长期坚持的常规管理,使学校形成了严谨的教风,青年教师的职业规范得到提高,为教师的发展奠定了坚实的基础。

2/着力于教学过程优化,致力于课堂的生态建构

教学案课堂模式是我校结合学校实际,对传统教学模式的深度改革和创新,是具有一定的独创性和较强实效性的教改尝试。蔡塘学校课堂教学改革的出发点,就是在现有的教育大环境前提下,努力提高课堂教学效益,真正把课堂还给学生,充分调动学生的主动性,努力尝试课堂教学从"讲授式""灌输式"的形态向"知识与能力兼备发展"的新课堂形态转变。由于这种学习方式的课堂结构灵动,充满活力,激发了学生的学习兴趣,受到学生的普遍欢迎,也较好地解决了学生被动学习的问题,呈现了"群学、乐学"的特征,课堂中教与学形式发生了实质性的变化。

回顾教改之路,正是一个不断优化课堂教学环节的过程,所以,蔡塘学校管理的第二个着眼点在于课堂教学环节的优化。

从教改启动之初,通过对新课程理论的学习研讨、集体式的头脑风暴、细致的思想动员,我们艰难地度过了老师们对新课堂理念的理解与接受阶段,转变了教学观念,确定了新课堂以"教学并重,教学合一"为核心概念,完成了对新课堂模式的整体设计。然而,在实际的课堂教学过程中,新课堂各环节的具体设计与组织成了限制课堂效益的障碍,如教学案的设计如何更精练有效,在先学的前提下如何提高教学的针对性,合作小组如何有

效管理,课堂小组讨论、学生展示如何更加有效,课堂分层落实如何操作,当堂检测如何安排等等的细节的把控,加上教师们对新课堂的理解和把握不同,实际操作方式各异,良莠并存,这些问题如果不解决,将影响教学效益,使之无法达到理想的境界,更构不成高效的教学。

"教学有法,教无定法",这里的"有法"就是教学有共性的规律和要求,对于这些共性的地方可以进行原则性的管理,把共性的要求转化为新课堂的教学常规要求进行管理。对课堂教学环节研究已经取得的成果,要变成可操作的规定动作,对课前准备、课中教学提出具体要求,进行细致管理,通过管理杜绝个别老师的随意性。

课前管理:通过"学生预习指导"建立学情;"课前批改",变课后批改为课前抽改了解学情;"二次备课",针对学情调整教学策略。落实"三环节",解决教学的针对性问题。

课堂管理:制定了《蔡塘学校教学案课堂评课标准》,将其作为指导性原则,从"教师主导、学生主体、教学成效"三个维度对教与学的行为进行引导与评价。

①转变教与学的行为:首先,走下讲台,做影子教师。老师走到学生中间,聆听、引导、帮助。其次,给出时间,让学生有目的地进行自主学习。最后,让出话语权,老师精讲、点拨、引导,学生质疑、讨论、展示。

②巩固与落实:分层要求,精练精评。

③课堂评价:制定《学科课堂评价意见》,针对学生,针对过程,针对能力,进行生生互评、师生互评、小组互评等。

值得注意的是,每个学科,每个教师都有自己的特点和要求,因而在实施精细化管理的同时,课堂教学的管理切忌"一刀切",而应是遵从新课堂指导性原则的基础上,充分体现学科特色和要求,充分发挥教师的个性特长,双方并不是不可调和的矛盾。

3/着力于微型课题研究,致力于教师的专业成长

我校教师队伍整体年轻,观念新,学科素养较好,但缺乏深厚的教学功底,未形成自己的教学主张、教育思想,年轻的老师们受传统教学方式的束缚少,具有较强的创新意识与拼搏进取的敬业精神,这也正是青年教师专

业发展的契机和重要阶段,因此,学校把管理的第三个着眼点放在了教师的专业发展上。

制定青年教师培养计划,提出"一年适应,三年成熟,五年骨干"的发展要求,为了把落实新课程的理念与扎实地促进年轻教师专业成长有机结合,在开展多样化的培训的同时,我们把课堂教学改革研讨作为平台,以微型课题研究为突破口,以校本研训为抓手,来促进教师专业成长。

"问题就是课题,教学就是研究",把课题研究工作融入日常教学工作中,行政团队就是课题研究管理团队,制定翔实的活动方案,责任到组,人人参与。在课题研究管理方面概括地说就是:定项目,定人选,定计划,定成果。总的来说,从三个方面开展微型课题研究。

(1)从实践中来

小课题研究的目的是解决教育教学中存在的各种具体问题。教师天天置身于教学现场,这是教学问题的原发地,我校把老师们在"教学案"课堂教学改革中所遇到的问题逐一收集。挖掘出值得研究的问题建立"问题库"。从问题的价值和紧迫性方面考虑,每学期从中选择一至两个问题召开教学研讨会,以项目或子课题的形式,落实到有关学科组、处室及教师,以此深入推进学校的教育科研活动,逐步做到人人有案例、组组有课题。

(2)集约式研讨

在微型课题的研究中,我校不是让老师们单兵作战,而是采取全校分学科、分年级,在"首席教师"的组织下,以小团队(教研组、备课组、年级组)为单位的集约式同题研究,这样的研究方式,启发于教学中的"同课异构",可以在同个时间内从多个角度开展问题研究,从学校的角度而言·可以拓宽思路,方式多样,所能取得的研究效果更丰富。

(3)到实践中去

每学期末,学校组织各研究团队进行阶段交流汇报,展示本学期的研究成果,相互学习,相互启发,课题研究的核心小组把各团队的成果进行总结梳理,去芜存菁,形成课题的总结成果,用于今后的教育教学工作。研究的问题源于自身的需要,研究的结果来自自身的实践,这样的成果老师们更乐于接受,更利于促进教育教学的发展与教师的成长。

正因为我们一路坚持进行微课题的研究,不断解决课堂教学改革中遇到的一个个问题,在研究过程中促进了老师们主动学习教育教学理论,研究教材,研究学生,研究教法、学法,深入地进行自我反思。老师们通过微型课题的研究,在不断学习、思考、总结、改进的过程中,观念得到了更新,一些固有的旧习惯发生了改变,思路得到了拓展,教学能力和水平得到了锻炼和提高。教师的专业化成长为学校扎实开展新课程改革,为提高教学质量和办学水平提供了强有力的保障。

4/着力于校园细致管理,致力于环境的育人作用

我们都认同环境育人的巨大作用,整洁的校园使人自律,优美的文化环境能令人心旷神怡,校园以其独特的风格和文化内涵影响着师生的观念与行为。我个人认为,校园环境能体现一所学校的精神气质,是校园文化的外在表现。我们把第四个着眼点放在了校园环境管理上。

我非常重视校园环境建设中每个细节的要求,"以书香浸润校园"是我校校园环境建设的指导思想。虽然我们无法改变陈旧的校舍,但是我们可以改变校园所承载的内涵,在蔡塘学校简朴的校园里,用心地设计每一面墙、用心布置每个角落,甚至到一桌一椅、一草一木的管理维护,每一个细节的用心,都向师生们传递着教育者别样的气质与精神。

(1)大环境——文化校园

校园文化以"礼仪、诚信、劝学、格志"为主题。结合学校的教育目的和学校精神,精心设计校园整体布局,我们精心选择了一些经典诗词歌赋、名人事迹、对联以及师生们的优秀书画作品布置在相适应的地方,力求让校园的每一面墙壁、每一个角落都会说话,把传统美德文化与现代文明相融相接,文化的气息弥漫在校园的每个角落,校园中处处都发挥着潜移默化和润物无声的教育作用。

(2)小环境——文化班级

班级文化主题:激励、个性、团结、高雅。班级是学生学习生活的家,班级文化环境对学生的教育、学习、成长起着不可估量的作用。因此,我校十

分重视班级文化环境的布置,用"我爱我家"的心来装扮教室,各班学生自主布置班级环境,创意设计班徽、选择班歌、确立班级精神。在艺术角、学习园地、素质展台、班级风貌、学习擂台等个性化的布置中散发出浓郁的文化气息,凸现出班级特色,透出的是强烈的积极进取、奋发向上的精神。

5/着力于顶层系统设计,致力于目标的导向功能

管理是为了理顺和维护工作秩序,达成组织目标,这就需要解决"为什么而管,管到什么程度"的问题,这是管理的出发点。而学校管理的出发点,就是围绕办学目标而管,围绕"办怎样的学校"而管,因此,做好学校办学的顶层设计是学校管理的基础。

学校顶层系统是管理的出发点和精神依据,决定着学校究竟走向何方,在学校管理的每一个领域里,提倡什么,追求什么,反对什么,如何定义成功和失败。这需要结合学校的校情及发展愿景而制定,其内容应该包括:

一是核心理念的提炼,如办学理念、学校精神、校风、校训、教风、学风、教学主张等。

二是办学目标的确定,远期发展规划、近期发展计划、年度工作计划、师生发展目标等能体现核心理念的基本意蕴和价值取向的,要简明精炼、通俗易懂、指向明晰。

三是管理体系的保障,其主体包括制度建设与执行体系,这是实现学校文化核心的有力手段和保障。如果没有有效的保障系统的设计,那么理念、目标、计划等均无法落实,将形成口号与实践的巨大落差。

顶层设计是学校管理的出发点和精神依据,是学校的宏观管理·决定着学校微观管理的实效性,我认为核心理念要契合校情,切忌"高大全",办学目标要清晰明了,切忌"假大空",保障体系要可操作可落实,切忌"虚缺软"。

在学校管理中,仅仅有宏观设计是不够的,还需要有行动的目标。目标管理具有导向功能、激励功能、整合功能,设定适宜的工作目标,能给教师指明工作方向,调动工作积极性。要实现学校的办学目标,仅有学校的目标定位是不行的,要把办学目标细分成各个部分的分目标,同时还要把

分目标分解成各个时期的阶段目标,一步一步地去努力,去实现,最终才能实现学校的办学目标。

我校尝试进行目标管理的做法是,将五年规划设定的总目标层层分解,逐级展开,制定出各层次、各阶段甚至分解到每个人的分目标,从而建立一个自上而下逐级展开、自下而上层层保证的目标体系。

(1)建立宏观目标

宏观目标是学校发展规划,居于学校特殊的校情,我校仅对中、短期目标进行规划,确定哪些是按期努力应达到的阶段目标,哪些是经过不间断的努力可以实现的目标。

(2)逐层解析目标

把学校总体目标进行横向与纵向的分解,使之逐步实现。

横向分解是根据学校教育的组成部分把总目标分成各局部的目标:德育常规教育目标、文明学校建设目标、教学质量目标、教学条件目标、学生素质发展目标、校园文化建设目标、学科建设目标等。

纵向分解根据学生身心发展规律,以及学生行为习惯的养成特点,结合各阶段教学的要求,尝试制定各年级的工作目标。

(3)注重微观目标

在宏观目标纵横分解的基础上,把各种纵横向目标按学期或学年制定具体的阶段工作目标,落实到每一个人,这就是教师的阶段工作目标,是围绕中心目标进行最基本分解而形成的微观目标。如开学初根据各年级基础情况,确定各年级各学科的教学质量目标,对学科及格率、优秀率、均分提出明确的要求;又如结合本学期习惯养成教育的主题,确定德育工作的具体目标:主题活动的内容,班级行为常规示范评比的目标,五项评比的目标等。

目标管理是一个系统工程,是学校根据办学目标,结合教育教学实际情况制定的。当然,制定后的目标并非一成不变的,相反,我们要在后续的教育教学实践中不断探索、修改和逐步完善,从而形成一个适合我校校情的目标管理体系。

6/建立诊断与反馈机制,致力于坚持与落实

每一位做过管理的人都耳熟能详的一句话是"没有规矩,不成方圆"。制度的精细化包括制订与落实两方面,以落实为关键,正所谓"赢在执行"。

首先,制度建设要量体裁衣。对于一个新组建的学校而言,首先需要解决的就是建章立制,科学制度是学校良性运转的基本保障。建校初期,学校制定了一系列具有自身特色的管理制度,诸如评价、考核、激励机制,使工作有章可循,有规可导,这些制度蕴涵了学校的办学理念,规范了学校的日常教育教学行为。

相类似的制度各个学校都有,但经验告诉我们,这类制度常常是"说起来重要,做起来次要,忙起来不要",很容易流于形式,无法真正落实。那么,蔡塘学校会不会也落入这类的管理迷局,重蹈覆辙呢?我认为关键在于制度的科学性与有效性。学校本着"向管理要质量,向常规要效益"的理念,建立诊断与反馈机制,在依规管理的同时,结合工作实际不断进行修订和完善,使规章制度能更契合学校实际。通过制度的规范,在保护整体工作大环境的同时,维持一种秩序、一种原则,抵制个别存在随意性和自由主义的现象,凝聚学校工作精神,明晰工作岗位责任,使学校里的每一位教职工"教有规,行有则,绩可评","人尽其责,物尽其用",营造出自强、拼搏、竞争的工作氛围,形成严谨的教风和勤奋的学风,为学校的发展奠定坚实的制度基石。

有人说,好的制度可以提升人,在科学的制度下,非一流的人才也能创造一流的业绩。由于体制的创新、精神的凝聚、责任的明晰,教师们的组织纪律性和责任意识普遍提高,学校的各项管理措施不再只是挂在墙上的一纸空文,遵守学校制度成了蔡塘教师的自觉行为,这些都证明学校的新体制利于提高工作效率,达成管理目标。

其次,学校制度在精而不在多,关键是有效,是落实。制度的落实关键在于是否一视同仁,在于干部是否以身作则而使人信服。如考勤:全体干部(包括校长)与老师一样打卡考勤;如奖罚:我作为校长,就曾因为两次学校老师的工作失误,自我追责扣罚当月的所有绩效工资,虽然这两次扣罚

的鞭子抽在校长身上,但树立起来的却是学校制度的威信,这对于学校的制度管理和执行有很大的促进作用。

7/着眼于团队情感管理,致力于工作激情的唤醒

苏霍姆林斯基说过,"领导学校,首先是教育思想上的领导,其次才是行政上的领导。"所以,作为学校的管理者和引领者的校长,要充分理解教师心理之重,尊重教师人格、尊重教师工作、尊重教师精神需求,帮助教师优化心理,努力达到管理过程与结果的和谐。

(1)构建核心价值,凝聚团队精神

我们在凝聚师资队伍的办学实践中逐步形成了六种意识,有激励的,有诫勉的,还有疏导心理的。

狼群意识:蔡塘学校的师资结构扁平化的问题比较突出,这就需要队伍要有较强的团队协作意识,狼群意识由此而生。一只狼独处时,它不是强者,还可能因为势单力薄而遭遇饥饿、困顿而孤独地死去,但一群狼的通力合作,几乎是所向披靡,敢与狮子一较高下,就能生存和发展,狼群的合作与拼搏正是它们生存的法宝。

危机意识:蔡塘学校始终在夹缝中求生存,存在被拆并的可能,前景不妙,如果学校解体了,等待我们的又是漂泊的生活。如果决定学校前途的因素中50%在外部,那么仍有50%的机会把握在我们自己手中,只有今天努力工作,才能保住工作、保证明天。

细节意识:精彩来自细节,细节决定成败。细节,是认真严谨的工作态度,是一丝不苟的工作作风,做好每一个细节才能成就优秀的整体。

质量意识:质量是学校的生命线,是学校发展的核心竞争力。这里的质量不仅仅是教学质量,更包括学校教育教学各方面的工作质量,优质的工作质量才能构建高品质的教育,学校才能实现优质发展。

主体意识:在蔡塘的每一个教职员工都是主人,因为我们是为自己现在的未来而努力,为我们全体人员阶段性的事业而努力。

职业意识:为师者应有"淡泊以明志,宁静而致远"的心境,要有"学为

人师,行为世范"的追求,要有"学而不厌,诲人不倦"的精神,因"传道"与
"授业"之责而有所为有所不为。

（2）实行"民心"工程,以人文关怀感动人心

要想教职员工能够集中精力,全力以赴投入教育教学中去,学校一定
要知其所需,想其所想。我校的聘用教师在人事、职称、待遇等方面遇到许
多问题,尽管这些问题非学校力所能及的范围,但学校领导还是不断地为
老师们奔走呼吁,虽然是蚍蜉撼树,但老师们都看到了学校在努力,看到了
学校的真诚,感受到了学校的温暖,从而激发自身努力建设学校的责任心。

（3）实施民主管理,以主人翁精神调动人心

管理要管人,管人要管心,只有营造一种美好、信任、关怀、理解的健康
氛围,才能充分调动其积极性,让每位教职工愉快工作。学校定期不定期
地公布议题,鼓励教师通过各种方式向校长建言献策,对工作中存在的问
题,及时调整改进。发挥教代会的职能,让老师共同参与学校的规划、制度
的制定,讨论学校面临的困难与对策,参与学校的决策和管理,从而树立聘
用教师的主人翁意识。

（4）解决心理困扰,以积极心态引导人

一是学校定位的困惑。作为厦门第一所九年一贯制学校,由于学校定
位不明,身份混淆,在一段时间内对我们的干部和老师造成困扰,影响大家
的工作干劲。当时我们的观点是:学校办的是教育,不是办学校的级别,教
育有教育的本质,不在外表有多美,不在架子有多大,既然目前无力解决这
个问题,那就让时间去解决。

二是学校发展与未来的困惑。从建校伊始,就存在"搬、扩、拆"等不同
版本的传言与议论,使得人心惶惶,感觉没有明天,一度动摇了干部队伍的
思想。学校倡导的观点是:做人要活在当下,不要活在过去,未来是要靠自
己的今天去创造的。把握好了现在,才有可能创出意想不到的未来。

三是外聘老师的归属感及对学校的认同感问题,我们努力做到几点:

尊重。尊重教师的人格和学术能力,不因为他的聘用身份而低看或歧
视他,要坚持平等对话,给予老师们应得的支持与认可。

建立共同的工作愿景。制定学校发展规划时,都是通过召开全员研讨
会,让每一位老师参与畅谈梦想:"你希望五年后的学校办成什么样?"人人参

与,梦无疆域,畅所欲言。每个人梦想的交集就是这个学校五年发展规划的愿景,这既是大家共同的理想,也是自己的梦想,还会有人不认同吗?

建立教师的业务自信。我们的老师因聘用身份,总觉得自己比在编的人矮一截,再加上外校老师好奇的目光,甚至影响到他们对自己业务能力的自信心。学校的做法是:帮助老师找回自信,告诉老师们,"你一样经过正规的师范教育,你一样在学校磨炼多年,你们中有的还是来自重点学校,你哪一点都不比他们差!"这点对我们年轻的队伍来说尤其有激励作用。

建立自强不息的信念——堂吉诃德的精神。虽然我们学校规模小条件差,但我们不能因此而沉沦下去,尽管很多人不屑谈起蔡塘学校,但我们自己不能不屑、自卑,相反,我们要有明知未必是对手,也要敢于挺剑上前的拼搏精神!

(5)发扬干部表率作用,以人格魅力鼓舞人心

"榜样的力量是无穷的","群众看干部",这已经成了约定俗成的道理。我校有一支锐意进取、刻苦务实、求真团结的行政班子,我们的工作精神是:行政领导应该与教师同担当,共呼吸,要求教职工做到的,行政领导务必先做到。

多一分淡泊的心情,少一分功利的想法,以积极的行动去争取,以平和的心态看结果,也许这样,教育这份职业在心里就会是另一番美丽的风景了。

8/精细化管理的几个误区

谈到学校精细化,很容易认为,精细化管理以制度化管理见长,凡事都必行细化要求,工作都必须流程化管理,其实这是异化了精细化管理的内涵。精细化管理不是机械、僵化的管理,而应突出以人为本的管理思想,渗透情感交流的管理方法,要谨防以下三个误区。

(1)不能唯"制度"而使管理失去了"温度"

管理的重点不在管,而在理。不是强制,而是理清、理顺、理活。要辩证地处理好"精细管理"与"人文管理"的关系,实施学校精细化管理应该是

"以人为本"为核心的管理观,是有温度的。学校的管理者充分理解教师心理之重,尊重教师人格、尊重教师工作、尊重教师精神需求,优化心理,期望达到管理过程和结果的和谐。"成功的管理就是要让教师有幸福感,学生有愉悦感,师生都有主人翁感。"

（2）不能唯"细度"而使管理失去了"厚度"

一提到精细化管理,就容易让人想到,把学校中的大大小小的事,都要进行全面的管理,尽其所能地做到细化管理的程度。如果用这样的想法来理解学校的精细管理,既没有可能性,也没有必要性。凡事过于细化要求,只会使教育教学工作失去更为丰富的内涵,而变成对微枝末节的苛求,变成吹毛求疵了。而有效的细化管理,应该是要求管理者通过对教育教学过程的全面分析,找出关键的"连接点"或者"研究点",或者对学校、学生、教师有长远影响的事情,进行精心的设计与策划,从而集中资源将其做好、做优、做强。

（3）不能唯"流程"而使管理失去了"宽度"

我们认为,学校教育与其他行业都不一样,不是工厂,不是企业,在学校的工作中,不是所有的事情都可以流程化,比如思想的教育、课堂的教学、学生的教育等等。所以,基于这些认识,我认为,"精细"是一种意识,一种态度,一种文化,是一种精益求精、追求完美的管理理念。我认为管理就是合作,与干部们合作,与老师们合作,与学生合作。要把先进的理念和工作的目标变成明明白白的工作要求,扎扎实实地做好常规管理,这才是学校管理的重心。

科学的制度可以提升人,精细的管理可以提升品质,可以落实学校发展规划。"把简单的事做好,把平凡的事做实""细节就是教育,细节决定成败",这些就是我校质朴而真实的精细管理。

总之,成功的管理目的在于创造良好的育人环境,使师生行有规、做有则,培养学生在学校这个"准社会"里的生活能力、交往能力、规则意识、责任担当等,培养学生的校园生活能力,使自己成为一个品行端正的人,求真知,学真本领,养真道德,说真话,办真事,追求真理,做真人,达到知行合一。

第十篇

精神即积淀，学校文化之魂

学校的发展首先是教师和学生思想的发展，蔡塘学校的创办历程，是一个奋斗的历程，更是一个文化创建的历程，特定的办学条件，特定的校情实际，逐渐形成了一个独具风格的校园文化。一路拼搏，一路创新，被誉为"蔡塘奇迹"，这一路积淀出了属于蔡塘人自己的文化符号，凝练出"德以立人，学以至善"的文化核心，形成了"自强不息，和谐共进，勇于创新，敢于发展"的学校精神，由此演绎出了丰富的文化内涵，在素质教育督导中说蔡塘学校是"一所有思想的学校，一所有文化的学校，一所有仁爱的学校，一所有活力的学校"。

第一部分　筚路蓝缕，积淀出"蔡塘精神"

蔡塘精神文化是"蔡塘人"在一路的栉风沐雨中逐渐感悟、凝练而来的共识和精神归属。

1/"百分之五十的可能"压出来的韧劲

狄更斯说过："生活，虽然不会像我们想象的那样美好，但是也不会像我们想象的那么糟糕。"世上没有谁天生就优秀，也没有谁天生就注定一事无成，人都是逼出来的。这句话用在蔡塘学校的创建过程是再贴切不过了。

2005年秋蔡塘学校刚成立不久，有一位主管领导因为看到学校条件简陋，学情薄弱，师资单薄，他说，等周边新校建起来后，中小学部分别归并到其他学校。对于刚刚开张的学校来说，这样的决定是草率的；对于在这里工作的老师来说，这样的决定是不公平的；对于好不容易进城就学的农民工子女来说，无疑是不负责任的；对于我这校长来说，更是极为残酷的。

寒假，在学期工作及学校办学研讨会上，我把领导的话转述给全体教职员工，现场所有的人都愕然了，凝重的气氛把人压得喘不过气来。"我们该怎么办？我们将何去何从？"我问。没有人回答我，长时间的沉默，有几个女教师已经开始抽泣了。因为领导的这个决定，意味着这里面有的校聘合同制教师将失去工作，这是一种令人沮丧的局面。

"我们还有机会吗？"一个老师问。我说："有！"学校可以被拆并，因为它太薄弱，太不成样子，没有社会效益。但，我相信，没有一个领导会轻易地撤去一所优质的学校。学校是否有价值，决定于我们的努力和办学成效。这位领导的决定是学校遇到的危机，当然"危机"中，一半是"危"，还有另一半是"机"，也就是危机中还有50%的成分是机遇。如果一件事成功的可能性是百分之五十，你怎么可能不选择去做？学校建校时一无所有，那做什么都不害怕失去，就算没有成功，最差的结局也是和开始的时候一样。只要我们足够努力，足够坚持，办出优质的教育，学校就能化"危"为"机"。

借用一句网络的心灵鸡汤："一个鸡蛋，被人从外部打破，就是成为一盘菜；如果它努力生长自己，从内部打破，则成为生命，相当于一种重生。"学校发展面临着阻碍及挫折，我们没有退路，只有积极主动地迎接挑战，战胜困难，才能获得发展的机会。

老师们都不想被变成"一盘菜"，老师们开始了"绝地反击"的策略讨论，要成为被上级和家长都能接受的学校，我们该做些什么？怎么做？要有优秀的成绩，要有优良的校风，要把工作做到极致，要咬牙坚持到最后，不见结果不放弃。老师们分析学校办学的优势与劣势、机遇与挑战、目标和展望、行动和策略……一场研讨会，我们制定了行动方案，形成了团队共识：用今天最大的努力和坚持去争取明天的存在。

以后的日子，蔡塘的伙伴们埋头苦干，他们不放弃任何一个学生，自觉用课余时间帮助学生；有的老师用自己的钱去帮助生活困难的孩子，鼓励他们刻苦上进；老师们放弃休息日进行全面家访，让家长认识和理解学校。那些年，教师办公室的灯光越亮越迟，老师们傍晚辅导完学生后，还留在学校备课、批改练习,常常晚上八九点后与我告别回家。我看到每一个教职员工把自己负责的工作尽己所能做到极致,不论是教师还是后勤人员,就连保安,也会主动把校门口打扫得干干净净。虽然有时难免也听到一些压抑的叹息声,但没有人放弃和逃离,我们所有的人都在咬着牙坚持着。三年后,当我宣布第一届中考我校以及极薄弱的农民工子女学生取得全市前茅的成绩时,很多人喜极而泣。

从此,拆并蔡塘学校的声音再也没有出现,我们成功地走出生存危机。

那些年,我们形成了一种永不言弃的精神,我们形成了团队协作的意识,我们学会了在最困难的时候也不放弃的坚持,我们学会了在绝处努力着并等待机会的坚持,我们学会了遇到发展瓶颈也要不断突破的坚持。我们逐渐形成一股"滴水穿石、绳锯木断"的信念,那是一种对困难不妥协的韧劲。

歌德说,世上只有两条路能通往成功的目标并成就伟大的事业,那就是力量和坚韧。坚韧从来不负众望,因为它沉默的力量将随着时间的推移一天天壮大,直到所向披靡,无以抗拒。古人云:"锲而舍之,朽木不折;锲而不舍,金石可镂。"我们用百分之五十的机会创造了基础教育的"奇迹"。2017年《人民教育》以"蔡塘传奇:一所随迁子女学校的崛起"和"实现学生增值的优质教育"两篇长幅文章报道学校的办学情况。

在危机中育新机,在变局中开新局,坚韧,这是蔡塘的态度,也是蔡塘精神!

我很赞同一种说法:成功的本质,就是站起来的次数永远比倒下去多一次。蔡塘人所难熬的苦,也都是向上的路。

2/窘迫的条件挤出来的闯劲

有人说过这样一句话:所谓的完美结局并不包括完美的过程,所谓幸福的结局就是抱着永不放弃的希望继续前行。蔡塘学校在几近空白的办学条件下,在极其薄弱的生源基础上,要想继续生存下去,只有闯出一条质量之路。

蔡塘学校由一所即将关闭的农村小学改造而来,没有开办经费,校园局促,条件简陋,全校仅有3台老式电脑,操场跑道是用煤渣铺设而成的。

没有实验室，没有专用教室，甚至没有初中课桌椅。这样"一穷二白"的起步不禁让人惊愕。许多事情，不是因为有希望才去坚持，而是坚持做下去才有希望。比别人多坚持一会儿，可能就多一次机会；比别人多一点执着，可能就多一分收获。

要生存，没有条件就得创造条件，我们收罗别的学校淘汰下来的实验设备，向兄弟中学借来一百套初中课桌椅。每学期节约各项办公开支，用有限的办公经费在局促的校园角落搭盖一间间简陋的铁皮屋，就这样，我们有了生化实验室、简易图书馆、物理劳技实验室，还搭盖了一间别具风格的美术教室。教室不够，就把原有的食堂分隔开，一半做教室，一半做教师办公区，还把教学楼里的门厅封起来做教室。而解决老师的午餐问题，就只能依靠搭盖一间活动房作为教师餐厅。

一位老教师在回顾那段岁月时说："我当年任教的初一（1）班，是在一间不规则的小屋子里。这不是一间普通的教室，它没有南北通透的格局，也不是窗明几净的长方形教室，而是由原来小学部食堂隔成的一间教室，这间教室没有雨披，没有屋檐，没有前后门，便硬生生地从一面墙壁开了教室的出入口。食堂的另外两个隔间，一间是教师办公室，一间是保管室。隔壁只要轻轻咳嗽一声，三间都可以相互听得清。所以，那时我们每节课都是'公开课'。这间教室位于学校操场的一个角落，几棵高山榕掩映其中。潮湿阴暗，蚊虫特别多，这就是我切身的感受。夏天，如果不用半瓶风油精涂满全身，那么，身上就会有十几个'红包'。印象最深刻的是，每到下大雨的时候，我们这间教室的地板都会被淹，学生要用桶用畚斗从教室里舀水出来，只有把水舀完之后才能继续上课。教室里面仅有 3 台风扇，风力不大，夏天来临，老风扇吱悠悠地转，就像老水车舀着岁月。教室里没有对流的窗户，仅有的两扇窗户是同一排的，教室闷得根本没有通风可言，上完一堂课，早已是汗流浃背，浑身湿透。"她微笑地回忆，眼里却含着泪水，那是一种历经艰辛而有所收获的幸福感。

学校没有钱购买多媒体教学设备，我们让电脑技术人员想办法，用别的学校淘汰下来的学生电脑和原来小学移交的电视机拼凑出简易的多媒体，至少具备了 PPT 和音视频播放条件，闯出一条简易多媒体教学新路，为多年以后的"新媒体条件下的课堂教学"积淀了宝贵而独特的经验。

学生学习基础差，为了提升课堂教学效益，我们一头扎进课堂教学改革的行动研究中，设计教学载体，尝试小组学习，开展合作教学，为后来的构建"学习型课堂"教学改革铺垫，闯出一条适合自己的质量之路。

教师们非常年轻,没有经验,更没有名师,但我们有朝气,有梦想,有干劲。我们相信,虽然一个人不够优秀,但群体的智慧足以弥补短板。为了提高自己的教学能力,老师们相约开放自己的课堂,开展跨年级、跨学科,甚至跨学部的听课评课,互相取长补短,相互诊断,孕育"教师共同体"的雏形,闯出了一条教师专业成长的路子。

没有"九年一贯制"办学经验,我们就一路尝试,一路总结,成为"第一个吃螃蟹"的人;没有"外来务工人员子女专门学校"的办学经验,没有现成答案,我们在做中学,在实践中摸索,我们要蹚出一条新路,必须迎难而上。敢于涉险滩,敢于担责任,何愁学校不能突破?

记得中国改革开放的总设计师邓小平说过:"没有一点闯的精神,没有一点'冒'的精神,没有一股子气呀、劲呀,就走不出一条好路,走不出一条新路,就走不出新的事业。"蔡塘学校的办学历程,就是一路闯过来的。"闯"是猛跑、猛冲的劲头,是一种昂扬向上、不甘人后的精神风貌,是一种大胆探索、发奋图强的工作态度,是一种勇于突破、敢为人先的精神境界,是一种主动担当、肩负重任的不懈追求,是一种百折不挠、敢拼会赢的进取状态。当我们一个难关一个难关地闯过去时,会发现,正是这些艰难将学校变成了"传奇",要感谢那段"绝路",因为没有退路,才有出路。

蔡塘学校自校长到普通教职员工再到学生,他们都是特别能吃苦、肯干的一群人。正是有着这样一群敢闯敢拼的蔡塘人,一直坚持做着蔡塘学校的办学梦想——追求卓越。

3/垫底的生源逼出来的拼劲

蔡塘学校的学生学业基础较为薄弱,多年来初一新生在入学水平测试中都处于全区垫底,许多学生三科成绩加起来不超过百分,"垫底的生源"对刚刚起步就面临生存危机的学校来说,是残酷的现实。

我们不讳言教学质量是衡量一所学校办学水平的重要指标,没有优异的教学质量,学校的社会口碑就好不起来,正所谓"没有成绩今天过不去,只有成绩明天过不好"。面临着"拆并威胁"的蔡塘学校,要迈过的第一道坎就是要有优异的教学质量。然而这也是这所学校最艰难的事情,简陋的教学条件、年轻的师资队伍、垫底的生源基础，这些因素叠加在一起，没有人相信这样的学校能够拿出像样的成绩。

在这样的条件下提升教学质量是没有捷径的，基础薄弱的学生要在同样的时间里走比别人更远的路，才能赶上别人，那就得日夜兼程，要比别人更刻苦、更努力、更专注。任何时候，苦干实干都不过时，勤勉的态度和坚韧的作风才是成功的"捷径"。正如鲁迅先生所说的"要把别人喝咖啡的时间都用来读书"，唯有如此才有可能。

我始终相信，没有一份成功、没有一份好成绩是轻而易举就能获得的。面临这样的几乎不可能完成的任务，蔡塘人并没有气馁，"拼尽全力，务求极致"成了教师的工作信念，改变孩子命运的使命感和改变学校命运的压迫感交织在一起，老师们用最大的热情投入教育教学中。他们每天都在默默地坚持着，为了随迁子女的诗和远方，在人们看不见的背后拼尽自己的全力。学校在老师和学生必经的一个楼梯口，挂着一副对联："有志者，事竟成，破釜沉舟，百二秦关终属楚。苦心人，天不负，卧薪尝胆，三千越甲可吞吴。"这句话一直激励着师生们努力做最好的自己。

蔡塘学校的家长因工作要早出晚归，学生们常常不得不早早到学校，因为家里没有学习环境，甚至没有独立的书桌，一些孩子放学后要在学校完成作业后才回家，老师们因此早早到学校，许多老师傍晚都会自觉留在学校辅导学困生，"早出晚归，披星戴月"是勤奋的蔡塘老师日常的工作状态。为了帮助学生更扎实地掌握知识，老师批改作业是"一批，二改，三订正"；为了帮助学困生解决学习问题，老师在傍晚主动留下辅导学生是常态，为的是"学习问题不过夜"。在蔡塘学校，老师会把学生当成自己的孩子来看待，珍惜每一点在校的时间，与困难学生谈心，每天傍晚看到老师主动帮助困难的学生消化当天的学习问题；至于放弃婚假、不请事假、"轻伤不下火线"等等敬业的现象比比皆是，老师们常说的一句自我激励的话是"不拼不行，爱拼才会赢"。年轻老师几乎全天都和学生们摸爬滚打在一起，陪伴他们成长，自己也在成长。

为了上好一堂课，缺乏经验的年轻老师反复研究教材，研究教辅，别人看一本，我们的老师会看好几本，靠着自己的拼劲把教材吃透。老师们观摩优秀课例，随时随地与同伴讨论，即使在餐厅里吃饭时，听到老师们交流的是学生的事件，或是课堂教学心得的分享，所有的老师都在努力地学习着，努力地把每一堂课上得更好点，把学生教得更好点，让每一次考试的成绩都能更高点。

老师到底有多拼呢？有一位班主任老师的工作日志是这样写的："几乎每天早上我都在 7 点左右到校,先到班级看看早来的学生,与他们聊聊并顺带让学生们自己组织早读,而后检查班级的室内外卫生,七点半统计缺勤学生的情况,然后抓紧批改两个班的教学案,上完第一、二节课后,紧接着组织学生大课间,为了纠正学生课间操的动作,我自己也学会了广播操。大课间结束之后,我要批改两个班的课堂检测,归纳学生问题,寻找变式训练的类型,再跟师傅请教一些课堂上没处理好的环节的建议,一个上午就这样过去了。中午,老师们上完第四节课紧接着要带餐陪餐,维护午餐秩序,帮学生打汤,和学生一起吃饭,借这个时间,我会和今天要谈话的学生坐一起吃饭,边吃边聊,解决他们的一点思想问题。午餐后,往往主科老师会来辅导个别学生,学生午休时,作为班主任还得时不时去班级巡视。下午一般是教研集备时间,或自主备课,自主备课时间特别辛苦,一节课我要翻阅四五本教参,至少观摩一节课例,也只有这样准备,我才能从容地走进课堂。一个下午倏忽就过去了,送走放学的学生,还有二十几个孩子因为家里学习条件不好留在教室里写作业,也有个别同学被科任老师留下来辅导的。我一般会陪着孩子们,一边可以辅导,一边也让他们安心写作业。送完最后一个学生离开学校的时候,路灯早已经亮起来了,胡乱吃点饼干,在办公室里面备好课再回家,工作日基本上都是八九点了才吃晚餐。校长常说,教师就是一个良心的职业,每个老师身上都肩负着近一百个家庭的希望,我不敢懈怠。"

本着"一个都不能少"的教育良心,拼尽全力拉住每一个后进生;也拼尽全力学习,让自己成长更快些,让自己早日成为有称职的教师;拼全力让上好每一节课,解决好每个教学问题,在拼搏中成全了学生,发展了学校,也让自己得到提高,所以蔡塘学校是"年轻教师成长的熔炉"。

"天道酬勤,力耕不欺。"这种拼搏进取的工作创造出了奇迹般的教学质量,"拼"成为蔡塘校园的一种生活状态和进取的精神。拼,就是敢闯敢试,敢为人先;拼,就是信念坚定,埋头苦干。从全区倒数到蝉联夺冠,这一路走来,见证了蔡塘的奇迹。"自强不息,拼搏进取"成为我们这个学校的精神皈依。

4/"实现增值的教育"奠定了自信

当学校第一次中考成绩取得全市第三名时，传递回学校的不是成功后的喜悦，反而是被质疑的打击："这怎么可能?"当时有人说："这所学校是哪里来的? 是不是生源择优，如果是农民工子女专门学校，这其中是不是有猫腻?"为了稳妥起见，他们决定暂不把蔡塘学校纳入全市质量评估表彰。

那些年，每每蔡塘学校在各级质量监控中取得了优异成绩，却总是面临着不知情的同行这样或那样的质疑："成绩是真的吗? 是不是集体作弊的?"尽管是同行之间不够了解的猜忌，但部分领导也戴着不信任的眼光看待蔡塘，把蔡塘排斥在教育评价的体系之外。这种不信任并且不调研的歧视，很令人沮丧和深感不公，但并没有使蔡塘学校的老师沉沦下去，我跟老师们说："一次优秀的成绩，有可能是偶然的，如果每一次都是优秀的成绩，就足以证明我们是真的优秀。把时间的维度拉长一点，不要只拿眼前来比，只有比别人高出许多层次了，你才能真正做到比别人更硬气。今天有人因为不了解蔡塘学校，而用不屑和不信任的眼神看我们，只要我们坚持下去，足够优秀，明天就能让他们仰视我们。"我们专注做着最重要的事情，做好自己的分内工作，追寻自己的教育初心，而这份坚持，助力了蔡塘学校在发展的过程当中不断地更上一层楼。

接下来的日子，蔡塘人依然用顽强意志和坚定的教育初心，心无旁骛地在学校做着自己心中的理想教育。我们知道自己要什么，想做什么，目标坚定。我们没有过多地渲染，也没有过多地宣传，就是为了孩子们能够享受到最真实的教育。我们不留遗憾地在为教育梦想拼搏，走自己的路，不论外界如何评论，蔡塘人用自己的行动一步一步地创造出后来被称为"蔡塘传奇"的优质教育：教学质量评估指数每年位居全市前列，甚至名列前茅。学校从名不见经传，到开始输出优质毕业生源、师资和办学经验，学校从几年前的默默无闻，到最近每年都要接待万余名来自省内外甚至国外的参观者，名气越来越大。

终于有人说："蔡塘学校最让人服气的是，生源条件比较差，也就是入口低，但出口高，教育'增值'显著。"很多名校之所以"有名"，主要原因在于其集中了大量优质的教育资源,尤其是高质量的生源。学生好,学校才好。而蔡塘学校是一个"另类",不管是生源,还是师资、办学条件都"一穷二白",却以全市垫底的生源质量,取得了位居前列的教育质量,实现了巨大的增值效应。

"入口"是学业水平低、行为习惯较差的学生,"出口"却是各方面发展都比较好的学生,我们成功实现突破。我们开始对自己的教育教学改革有了自信,能够在优质学校众多的厦门教育当中独树一帜,形成自身的特色,打造属于蔡塘学校特色的教育教学风格。

该奋斗时奋斗,该努力时努力,做与自己能力相符的事情。蔡塘学校在缺乏关注、条件不如人的情况下,不自弃,真正把德育与智育打通,依靠行为塑造、教学改革和文化建设,成功实现了教育对人发展的增值效应。学校根据办学理念和核心价值观,制定了具体、可观察的行为规范,在全校范围贯彻实施,强化积极行为,消除消极行为,从而建立起多层次、全方位、全员参与的积极行为支持系统。在教学研究方面,蔡塘学校始终坚持以问题为导向,敢于直面问题,并坚持不懈地解决问题,进而结合理论进行总结提升,最终提高教学质量。就这样,一路坚持,坚守初心,我们逐渐形成了身处逆境也不屈服的"蔡塘精神"。我也告诉老师们:"在蔡塘这个地方,如果你想成为一个优秀的师者,这里是熔炉;如果你只想混日子,这里是炼狱。"何谓"蔡塘精神"?一位青年教师说:"蔡塘精神在我看来就是团结、实干、锲而不舍,甚至执着到有些固执,在厦门这样一个沿海发达城市,这可能真的是独一无二的。"

一个人真正的自信来源于什么?知乎上有一个高赞回答:最好的出路,便是拼命努力,强大自身,做自己最稳的靠山和最硬的底牌。今天的蔡塘学校还是依旧努力,它有一颗坚韧不拔的教育初心和一种持之以恒的创新思维,它用自身的行动告诉师生,告诉外界的所有人,这是一所看似平平无奇的学校,实际上却蕴含着无限生机和希望。

5/"草根的群体"注定更接地气

"我们是草根",这是我常跟老师们说的一句话。初创时期,学校规模小,设施落后,95％的学生为外来务工人员随迁子女,教师队伍以年轻的非在编教师为主体,是一支拼凑起来的"游击队",在名校林立的厦门教育界中,蔡塘学校显得格外寒碜。

15 年办学历程,我们像草根那样顽强地生长,面对困难时不屈不挠,也注定我们接了地气,我们更能理解外来务工人员家长的教育期望和随迁子女的发展需要,我们更能理解薄弱学校的办学困难,草根的群体在艰难的办学历程中逐渐形成了蔡塘学校"真实、简单、质朴"的教育精神。

我们坚持"做真实的教育",在学校迎门石上镌刻着"求真知,做真人"六个鲜红的大字,我们把做真实的教育当作永远的追求。真实的教育就是遵循教育规律,以充分尊重学生的主体地位,充分关怀学生的个人价值和终极命运为前提实施教育。真实的教育不功利,不跟风,不做作,不沽名钓誉,不搞虚假的形象工程,立足于学生的生活、着眼于学生的发展、着力于习惯养成,培养学生"具有良好的行为、良好的品格和适应未来社会的生活能力"。真实的教育,充满人文关怀,一定让学生在校有幸福感,让学生充分体会到"以约束为前提的自由",培养起"根植于内心的修养""为他人着想的善良"以及"无需提醒的自觉"。我们强调德育活动要"接地气",要"贴"在学生身上去做,甚至要伏地而行,就是看到学生缺少什么便补充什么,要让学生从中有收获。德育的入口可以很"低",低到适合任何学生;德育的出口很"高",指向教育的最高目标和终极价值取向。同时,强调真实的学习,在教学方面,承认学生的主体地位,构建教与学和谐成长的生态课堂,关注学生的学习质量,树立了"教"为"学"服务的意识,我们才能做到把课堂还给学生。

我们提出并坚持"质朴地做教育"。教育应该返璞归真,庄子有一句话讲:"朴素而天下莫能与之争美。"我以为,朴素的教育就是体现质朴、本色、宁静,不浮夸、不浮华、不浮躁,带着对孩子、对教育的一种真实情感,静下心来办教育。我们要守住朴素的教育初心,祛除自身的浮夸、浮华和浮躁之气,不急功近利,不贪图荣誉,耐得住寂寞,潜得下心来,沉稳地做教育,努力增加我们的教育高度,拓展出教育的厚度,而不追寻"名声"和奢华。

我们学会"过简单的教育生活"。简单做教育,才能做出最好的教育。当下,教育的内涵与外延被无限放大,教育的功能被无限叠加,使教育人感到不堪重负。然而,当我们放下一切好高骛远的杂念时,回看我们的教育初心,原来是那么的简单,就是"教书育人"。简单的教育生活就是专注于此,眼里心里只关注如何教好书、育好人,而不是以"教书育人"为途径去追逐各种标签。简单的教育生活,就是专注于自身内在"为人师者"的修养提升,而不羡慕身外的各种荣誉或头衔,能屏蔽各种诱惑。简单的教育生活是淡泊明志,是宁静致远。简单是一种艺术,一种大境界。简单并非单调,你看温暖的阳光,静静地普照世间万物,可是阳光下万物的生活却是多么的丰富多彩呀!老子说:"吾言甚易知,甚易行,天下莫能知,莫能行。"天下大道,至深至奥,却又简明易行。

我们始终"坚韧不拔地生长"。坚韧不拔,朴实无华而又顽强生长,这就是草根的本色。一点点贫瘠的泥土也许不足以使它们根壮叶绿,但它们将根须向外伸延,穿越石缝,穿越沙砾,见缝插针,去寻找一片沃土,增添一方绿色的景致,为人类输送一缕缕绿的芬芳。蔡塘学校的教师队伍就是具有草根精神的那类人。

草根的蔡塘学校富有民众精神,担起平民教育的社会责任,注重内部师生的愉悦发展和幸福成长,是一所"接地气的学校,做真实的教育,办新时代的平民教育",努力营造良好的育人环境,造就"个个可以成才、人人可以成功"的学习氛围,以优质的义务教育为随迁子女服务。

第二部分　对学校文化建设的思辨

随着人们对学校的教育与管理进行本质的追问,更多的学校管理者已经认识到文化建设的根本作用,意识到了学校的顶层建设是学校文化的建设,"文化力"是一所学校最核心的发展力逐渐成为共识,学校文化建设已成为教育发展的重要内容。为了推动学校文化的建设,学校管理者们进行了积极的探索和实践，但在这个过程中，由于一些人对文化的内涵了解不深，思想和理念还存在一些误区，出现了对学校文化认识模糊、建设过程舍本逐末或急于求成等偏离现象，这些都需要学校管理者对学校文化的本质、学校文化系统内在的层次关系及学校文化建设的主次关系进行厘清，只有厘清和正确处理好这些关系，才能走上健康的良性发展之路，学校文化才能对促进师生发展、促进学校发展具有积极意义。

1/ 厘清学校文化与校园文化的从属关系

我多次参加学校文化建设的学习考察，其中有不少的校长谈及学校文化时皆冠之以"校园文化"之名，在介绍学校文化建设的成果时，更多对校园文化设施、硬件建设津津乐道；同时，在关于学校文化的论述中，也有把"校园文化"等同于"学校文化"的，或把"校园文化建设"认同为"学校文化建设"，这是对两者概念的混淆，学校文化与校园文化不论文化属性还是文化内涵都不是等同的。

首先，就文化定位而言，学校是一个社会组织，学校文化应属于组织文化的一种，具有组织文化的特征。华东师范大学阎光才教授认为：影响组织动作、发展过程中的所有文化因素及其组织内部所存在的种种文化现象统称为组织文化，学校文化是学校成员共同具有的思想观念和行为方式，是学校所特有的文化现象，属于社会的亚文化①。而校园是一个空间概念，是空间内的区域或者说是一种场所，包含在"学校"这个特定的组织机构中，两者相比较，"校园"只能说是"学校"的组成部分之一。

其次，就文化内涵而言，学校文化是学校各种文化的总和，是学校在长期的教育实践中创造并积淀下来的，为全体成员所共同追求的价值观念、理想信念、行为方式。它包括学校的教育目标、校园环境、校园里的思潮、校风、学风，还包括了以学校教育为特点的文化生活、学生社团、学校传统、制度规范等内容。一般我们把学校文化分为精神文化、制度文化、行为文化和物质文化。而校园文化是以特定的校园为空间，以全体师生员工组成

---

① 赵中建.学校文化[M].上海：华东师范大学出版社，2004：32.

的校园人为主体,以校园精神为主要特征的活动方式和活动结果,是一种群体文化。在通常的理解中,校园文化主要包括具有特色的校园环境及教师主导下的学生活动。

学校文化具有丰富的内涵和外延,于内总揽校园内各种文化层次,于外衔接着社会文化大背景,强调学校与社会的必然关系。而校园文化局限于学校内部,具有一定的封闭性和局限性,应归属于学校文化。

最后,相对于文化分类而言,学校文化只是社会文化的一个子范畴,如比照企业文化,与之对应的只能是学校文化,而不是校园文化①。

因此,从文化分类、文化层次、文化的内涵及外延等方面而言,校园文化只是学校文化的一个子系统。如果把学校文化建设理解为校园文化建设,必然弱化学校文化建设的意义、任务与功能。学校文化建设应当重视校园文化建设,但是又不能仅仅停留在显性校园文化建设的水平,而要追求更深层面的隐性文化建设。

2/ 理解学校文化内在结构的层次关系

学校文化是一个文化系统,在这个系统中每个组成部分都具有其独特的功能和作用,都是不可或缺的。但正如任何一个系统结构一样,在学校文化的结构中,也有主次之分、轻重之别。在进行学校文化建设时,只有清晰地理解文化的层次关系,把握文化的核心内容,解决文化建设的根本问题,才能促进学校文化的健康发展。

(1)精神文化重于物质文化

随着我国经济水平的提高,政府对教育的投入迅速增长,为学校物质文化的建设提供了有力保障。由于物质文化的建设时间短、见效快,更容易凸显学校文化建设的力度,同时也因为有些校长将"学校文化"等同于"校园文化",在当下的学校文化建设中存在一种"重物质,轻精神"的倾向,校长们在规划学校文化建设时,更侧重于建多少文化艺术的设施,如何

---

① 张启建.学校文化建设的真伪思辨[J].教学与管理,2011(14):12-13.

美化环境，建好图书馆、陈列室等等，以校园文化建设的成果来替代学校文化；有些管理部门在推动学校文化建设时，也更多是以物质环境的建设为主要参考指标，于是一所所"书香式、花园式"学校应运而生。然而仅靠物质文化不足以建构一个优秀的学校文化，缺乏精神文化支撑的物质文化建设，就是缺乏灵魂的摆设，沦为了装饰品而已，学校管理者应当厘清学校精神文化与物质文化的本末关系。

民族的发展要靠精神的力量，学校的发展同样要有精神的支撑。学校精神文化是学校的本质文化，包括了学校价值观、学校精神、学校形象，体现在学校的教风、学风、校风、校训、精神符号等方面，是学校文化建设的核心内容，导引着师生的行为，决定着学校的办学特质。学校的形象、个性、风貌往往通过精神文化建设体现出来，良好的精神文化通过其特有的精神环境和文化氛围使校园内的每个人在潜移默化之中受到感染，能在教育难以直接达到或不能充分发挥效用的地方产生影响，实现对人的精神、心灵、性格的塑造。

物质文化只是精神文化的显性载体。学校物质文化包括学校标志、学校环境、学校的文化设施，能够迅速为人们提供感官刺激，给人一种有意义的情感渲染和启迪，是一种物质形态上的表层文化。校园物质文化建设不是目的，而是手段，重在为学校文化建设提供基础并使它成为承拄精神文化的载体。因此，物质文化的建设应该服务于学校精神文化的建设，精神文化可以指导物质文化的建设，但物质文化发展并不取代精神文化的发展①。学校物质条件的优劣与学校文化的建设与发展并不成正比关系，物质条件丰富的学校不一定就有优秀的学校文化，物质条件贫乏的学校也可以建设出优秀的学校文化，关键是我们在学校文化建设时是"重物"还是"重人"。

学校的精神文化决定着学校的本质特征，在学校的教育中，真正影响人一生的文化底蕴绝不是单纯靠物质和经济可以塑造的，而是更需要对人行为和精神上的感召与提升。这就决定着学校应该把精神文化建设摆在首位，在关注物质的同时，更要关注人的行为和精神，使物质文化与精神文化建设相辅相成，相互促进。

---

① 季苹."学校文化"的反思与再建[J].人民教育，2004(5)：5-8.

（2）教师文化建设应先于学生文化建设

教师和学生是学校文化的创造者和实践者，也是学校文化的主要表现者，从类群上来说分别形成了教师文化和学生文化。然而许多学校对教师文化和学生文化的重视程度是"厚此薄彼"，在学生文化建设方面可谓是用心良苦，但在教师文化的建设方面却存在许多值得学校管理者思考的问题，如教育学生勤学尊师，但个别教师难说做到了敬业爱生；教育学生文明有礼，但有的教师对学生的问候视若无睹；要求学生穿着合乎身份，教师群体中部分人的穿着却不合时宜等等，教师行为存在诸如此类与自己的教育要求相悖的现象，又岂能指望培育出良好的学生文化？

教师文化是以教师为主体的行业文化和群体文化，表现在该校教师特有的价值观念、行为习惯、知识技能、专业技能等。教师文化大致包括两个方面：一方面是指教师所特有的个性特征与行为方式，另一方面是指教师的教育观、教学观、学生观、教育教学方法等①。教师文化的内容反映在教师所想、所说和所做之中。研究人员把教师文化类型分为强硬专断型、仁慈专断型、放任自流型和民主型。不同类型教师的文化表现形式是不一样的，如强硬专断型的教师对学生时时严加监视，而仁慈专断型的教师则更多的是表扬并关心学生。

学生文化是指以学生为主体参与者，依托校园资源和空间，受到学校教育者和社会共同作用而形成的校园文化的亚文化，表现在学生群体总体的行为准则、心理状态等，它是学生在课堂外锻炼能力、重构知识、开拓视野、培育审美的有效载体和平台，是学校精神在学生身上的移植和发育。

就文化关系而言，教师文化在很大程度上影响着学生文化的形成和发展，甚至是孕育着学生文化，有怎么样的教师文化，就会产生怎样的学生文化。在具体的学校管理中，教师处于文化的主导地位，而学生处于被动地位，教师文化通过教师的态度、价值观对学生产生间接的影响。在民主型的教师文化中，教师给予学生客观的表扬和批评，很乐意给个别学生以帮助和指导，在这样的教师带领下学生喜欢学习，乐于助人，善于合作，会形成认同、投入、责任和宽容等品质的积极文化；而在强硬专断型的教师文化中，教师更多地表现为对学生严加监管，纪律严厉，多批评少表扬，在这样的文化氛围中，学生更容易呈现屈服、反抗、易怒、推卸、表里不一

---

① 赵振杰.论教师文化的核心、功能与结构[J].当代教育与文化,2010(1):103-106.

等品质的消极文化。因此学校管理者应当充分重视教师文化对学生文化的影响，只有当教师文化具有激励功能，在教师身上就表现出强烈的职业道德感与社会责任感时，才能抑制学生的反学校文化行为，才能引导和感染学生认识自身的责任，学会做人的道理，才能谈得上培育积极向上的学生文化。

就师生关系而言，教师文化决定着教师的教育行为，教师的教育行为决定着师生关系。在学校这个文化领域中，教师与学生关系是学校中一对最基本的人际关系，毋庸置疑的是师生关系对学生的身心发展具有明显的影响。学生作为发展中的人，最容易受到些身边人、事、物感染和震撼，并把这些文化元素内化为自己的行为方式，而教师是学生获得知识、学会学习、学会做人等必不可少的引导者和传授者，是成年人中陪伴和影响学生最为深刻的人之一。所以，教师所体现出的专业权威、外在形象（语言、仪表）、职业形象（师德、师风）、职业素质（行为、态度），都对学生的各方面产生潜移默化的影响。同时，我们必须注意到教师的言行对学生的影响作用有积极的一面也有消极的一面。积极的教师行为，建构出积极的师生关系，进而影响着学生的行为、观念，形成积极的学生文化，正所谓以优秀的教风培育优秀的学风。

由此可见，教师文化对学生的影响作用是直接的、前置的，期望培养良好的学生文化，前提是建设出优质的教师文化，建构师生和谐关系。所以说培育良好的教师文化是构建优质教育的前提，也是促进学生发展和教育革新的前提。

（3）制度文化是文化管理的基石

当下许多学校都在追崇文化管理，有些人为了突显文化管理的先进性，把管理改革定位为由制度管理向文化管理超越，以文化管理替代制度管理，似乎在文化之名下，学校的各式问题、各种弊端皆能迎刃而解。有人甚至不屑于订立制度，不需制度管人，只需文化感人，只需依靠师生的文化自觉而"无为之治"，这着实是一种刻意的高调，是不切实际的。

首先，文化管理不是空中楼阁，必须是一个组织经过长期的管理实践，并积累了丰富的管理经验和厚重的文化底蕴，而后采取的一种管理方式。研究企业的学者认为，企业中的文化管理，是企业走过了发展初期的经验管理阶段、发展期的制度建立阶段，进入到企业成熟期所谋求的一种"制度人文化"的管理。由此看见，要实施文化管理，必须有丰厚的管理积淀，而这种管理是制度管理基础上的发展。这些研究对我们在学校中进行文化管理非常具有借鉴意义。反观有的学校，制度文化尚且缺失，就高喊"文化管理"，是为操之过急。其次，文化管理不是万能的。文化管理强调的是情感化，重视内在精神价值的开发、集体感受和各种非正式规则、群体氛围的作用，是引导人性向善的一面。文化有感染力，但是缺乏强制的约束性。我们不能否认的是，人天生是"自我"的，当文化遇到人性中恶的一面时，文化管理的约束力是那么的虚弱无力。如果过分追捧文化管理，甚至异化成唯人性的管理，由于人们的价值取向的差异性，就可能走向"自由化、自我化"的管理，"无为而治"将异化为"无人可治"的乱象了。

实践证明，科学的管理应该是"制度人文化，文化制度化"的管理。

制度在于规范人，是刚性管理。文化在于激励、教化、引导人，是情感管理。制度管理与文化管理是相辅相成、相互促进的。在文化建设中，要注意给制度赋予精神文化的色彩，给制度以灵魂，学校在制定规章制度时，应突出价值观念、素质要求、态度作风等，使制度成为文化的载体。把文化的内核植于制度之中，制度文化将支撑着精神文化的天空。

3/把握学校文化建设中的主要关系

近些年来，建设学校文化已成为学校管理者口中的高频话题，学校文化评比更是起到了推动的作用，于是我们见到了一种迫切的文化建设，有些校长急功近利，在学校文化建设中，不是因势利导地建设学校文化，而是追潮逐浪，或自以为是地建设某一类型学校文化，既不尊重学校历史，也不考虑校情实际，仅凭个人之喜好，一时之需要，盲目提出一种不适合校情的文化建设目标，推出某些文化观念；有些学校领导热情激扬，在短期内炮制出了一系列的学校文化概念；有的学校迎合时尚，随着教育新概念的出现，在短期内不断更换学校文化内容，将校园文化建设庸俗化和功利化；一些普通学校照搬名校的文化概念，没有自己的特点，没有内在有机的连贯性，这样建设而成的文化是没有生命力的。之所以出现这些现象，是因为管理者们没有尊重文化生成的客观规律，混淆了创造文化的主体对象，对文化的共性与个性关系理解不清而形成的。

（1）学校文化的历史积淀与发展生成

学校文化不是凭空产生的，文化建设是一个积淀与发展的过程。研究学校文化的学者认为，学校文化的形成主要来自三个方面：一是学校的传统文化，就是学校在长期办学过程中出现动人的故事、优秀的教师、普遍认同了的行为准则和道德规范，以及长期形成的办学特色等等，这是学校文化的主要来源，是学校文化的基础部分。二是吸纳时代文化主流的核心文化，融合到学校文化中去，这是学校文化的一个重要来源。三是当下学校领导集体的学识、思想、品位对学校文化的影响，其价值观、信念、理想会影响学校文化的发展方向，这就是学校文化在新阶段的发展与生成①。

因此，我们应当理解文化的建设不是推倒重来，不是割断重建，而是一种传承之上的发展，是一个去伪存真、去芜存菁的过程，这种发展是在历史传承和过程积淀的基础上的文化生成。如果失去了历史和传统，学校文化将成为无本之木、无源之水。积淀是学校文化建设的基础，任何一所学校在办学过程中会积淀出一些传统，即使是在过去没有提出"学校文化建设"的学校，有一定的历史，就会有一定的积淀，就会有一定的文化传统，在提出文化建设时，也应立足现在，回望过去，挖掘学校历史上曾经有过的事件和人物的教育价值，不断提炼而形成文化元素，结合时代的要求，提炼出适合校情的学校文化，才能使学校文化充满令人亲切而向往的感情。

纵观一些具有浓厚文化底蕴的学校，无不是从深厚的历史积淀中产生文化的，如北大的"民主科学，兼容并蓄"，清华的"自强不息，厚德载物"，历久而弥新，今人仍不断从中汲取文化的营养。学校文化建设是一个长期的、系统的工程，这是一个传承、创造的过程，需要校长及学校领导班子长期耐心地培育和创造，需要长时间的积淀，不是靠一朝一夕突击出来的，更不能走形式，做表面文章。

（2）学校文化建设的主体与主导

在听取某校长有关学校文化建设的工作介绍时，校长自豪地说"我亲自为全体教职工讲解校园文化，亲自选定学校的办学思想，亲自确定校风、校训，亲自……"，结论是"我亲自建设了这个学校的文化"。且不说这位校

---

① 金薇薇.试论学校文化的积淀与生成[J].成人教育，2010(11)：14-17.

长所亲自设计的"学校文化"是否有文化,不妨追问这样一个问题:这个文化能被师生接受吗?接受度有多少?校长根据自己的理解和喜好,提出一些文化建设的口号和目标,强加给学校充为学校文化,其实,这种行为本身就是反文化的。在一些学校,常常见到的是校长们喊出高大上的办学理念,却少有教师的文化愿景,学生方面的文化参与更是鲜见,这种文化不能称为学校文化,充其量是一种校长文化,恐怕是没有生命力的,会因校长的离任而成明日黄花。正因为此,我们才会看到在一所学校里,一任校长提一种文化的怪现象。

学校教育的最终目的是师生的发展,教师和学生是学校的主体。同时,学校文化是通过师生开展各种活动来实施和展现的,因此学校文化在本质上是师生文化,学生和教师均是学校文化建设的主体。教师和学生既是学校文化的创造者、营造者,又是学校文化的传承者、弘扬者和发展者,也是学校文化的受教育者和受益者,是学校文化建设不可缺少的力量。[①]如果没有教师和学生的参与,再好的文化理念也将得不到落实,因为学校文化不是强制的结果,而是自发自为自然的结果,只有调动全体员工在学校文化建设上的积极性,学校文化建设才富有生命力。

那么学校管理者在学校文化建设中应该是什么角色呢?校长本质上仍是教师队伍的一员,所以,校长首先应该是学校文化的实践者和体现者,校长应当加强自身的学习和修养,以身作则,带头实践并组织师生实践学校文化,校长对学校文化的践行必须是师生的楷模。同时,校长又是学校中标志性的一员,是主要的管理者,具有责无旁贷的管理和领导责任,因此校长还必须是学校文化的倡导者、弘扬者,对学校文化发展的思考必须源于师生而高于师生,应该充分依靠自己的人格、品质、价值取向积极影响学校文化的发展,把自己的办学思想和治校理念融合到学校文化中,引导学校文化的发展。校长还应该是学校文化的反思者、创新者,校长要继承学校文化,也要引领学校文化的健康发展,根据时代的发展,对原有文化提出理性的、有洞察力和说服力的批判,在学校原有文化的基础上,对学校文化进行必要的创新,当然这种创新只有成为多数师生的一种精神状态和行为方式时,才能成为实实在在的学校文化。

由此看来,校长及学校的管理层是学校文化建设的主导者,而不是文化的制造者、生产者,这是有本质区别的,师生才是学校文化建设的主体,

---

① 苏鸿.基础教育课程改革与学校文化重建[J].课程·教材·教法,2003(7):14-18.

学校文化是在管理者的主导下由教师和学生共同创造的。

（3）学校文化建设的共性与个性

某次，在关于学校文化建设的研讨会上，众多的校长都提到了学校的"以人为本""为了师生发展"等相类似的理念为办学理念，受到了主持研讨会的专家的批评，说校长们缺乏办学个性，对学校文化缺乏深入的思考，办学理念雷同。对于专家的批评，乍听之下，感觉说得在理，然而细品之后，却又觉得不尽然。办学理念是一个学校办学的思想指南，属于学校文化的核心部分，专家指出的理念雷同，就是核心文化相同。那么，在不同学校的文化之间，是否可以有共性的部分呢？哪些部分又应该有学校的个性特点呢？

首先，我认为，不同学校之间的学校文化，其核心内容是可以而且必须有共性的部分的。所有的学校都是肩负着培养人的职责，学校的办学行为都必须围绕着"培养什么人"这一核心任务去开展，关于"培养什么人"，从政策层面上来说，所有的学校都只有一个共同的答案，那就是党的教育方针所规定的人，这是学校办学理念的核心要求，也是学校文化的共性的要求，是所有学校必须遵守的。从教育的角度来说，学校都是培养未来的人，学校教育的根本目的是为了人、发展人，这是所有学校天然的使命，也是学校文化的共性部分。因此，确立学校文化中"培养什么人"这一核心命题时，所有的学校文化都具有共同的使命，是学校文化的共性，"以人为本，为了人的发展"是学校共同的追求，并不因地域不同、条件不同而不同，我们应该旗帜鲜明地坚持，才符合现代教育的要求，由此出发形成的学校文化才有了正确的文化之魂。由此而推想出去，"素质教育理念""全面发展的理念""终身教育理念""现代教育理念"等等，都可以是学校文化的共性部分。

其次，学校文化建设要有个性发展。在坚持共性的教育理念之下，由于学校的办学历史不同，所处的地域不同，社区民情不同，办学条件不同，在各自的办学历史中，会形成有别于别校的历史传统、历史故事、价值理念、制度规范等，形成不同的教育特质，这是无法复制的，也是不会雷同的。因此在回答"怎样培养人"这个命题时，每个学校应该坚持自己的个性发展，学校文化的个性是学校发展过程中区别于其他学校的内在核心价值的体现，该部分文化必须与学校发展战略相一致，是引领学校向新的目标迈进的一种文化导向。它是学校文化的主要组成部分，是学校在发展过程中逐渐生成的具有特色的价值观念、思维方式、行为规范及其活动结果，是具有学校特色的精神形式、制度形式的外部表现,与学校的价值观、发展观的定位相一致。

学校文化共性规定了学校的办学思想、办学方向,是学校共同的使命,因此,在学校的文化建设中我们要理直气壮地坚持共性要求的部分,并以咬定青山不放松的韧劲长期地坚持并落实下去。学校文化的个性从根本上规定了学校的内在发展,是学校基于自身的发展,从文化共性中抽离出来的,具有学校特色的、以学校的教育教学和活动为载体的文化特性。它源于文化共性,与其在本质上是统一的,是文化共性的具体化、细化;它超越文化共性,是文化共性在不同环境中人为衍生和发展的结果,是学校自身特色发展的体现和提炼。一所学校的办学目标、宗旨始终源于其文化积淀,若缺少文化积淀,学校失去文化个性,就沦为一所"工厂"而不是学校。因此,我们说学校文化的个性正是一所学校存在的价值体现。

学校文化建设是关于办怎样的学校和怎样办学的设计,是学校灵魂的设计,是关系到"培养什么样的人"的根本问题,不是形象工程、政绩工程。学校教育的核心是人,工作的重心是育人,因此,学校文化的建设应该是围绕着"为了人的发展"这个中心进行,要摒弃急功近利的思想,要放下急于求成的做法,要蹲下来听取师生心里的文化愿景,要静心品味学校的历史,要在心里高高擎起"以人为本"的思想,唯有这样,学校文化建设才能走出"高大上"怪圈,避免"假大空"的虚无,学校文化才能成为每一所学校的发展之本,充分发挥育人功能,这才是学校文化建设应有之道。

后　记

教育需要坚守

教育寄托着我们太多的美好期待。我们期待，教育可以为人的终身发展奠定坚实的基础，让人实现更大的可能；我们期待，教育可以唤醒人内在的真善美，使人成为追求高尚的人；我们期待，教育可以促使每个人更好地发现自己、发展自己、成就自己，成为独立、完整、自由、全面发展的人；我们还期待，教育可以让未来的世界变得更加美好。

然而，当"一个都不能少"与"不要输在起跑线"相遇时，教育就开始一地鸡毛，当愈演愈烈的"剧场效应"席卷而来时，在全民的教育焦虑愈加严重时，在校园里坚守一份教育的宁静与淡定就尤为困难了。

今天的教育困境是"虽然大家都很累了，但不会有人选择先坐下来看"。不论是教育者还是家长，都在这个困境里苦苦支撑，但都说自己是被裹挟的，是无辜的。正如雪崩到来时，每一片雪花都说和自己无关，当洪灾袭来时，每一条小溪都说和自己无关，但其实只要灾难的链条足够长，参与的人足够多，每个人都不可以用"没办法""和我无关"来推脱责任。这也让我不由得想起了一句话："即使听过许多道理，我们还是无法过好一生，因为明白了，也未必能做到，总是有许许多多的借口，让人随波逐流。"

但是作为润泽生命、启迪心智的教育者，最不应该随波逐流，而是要坚守该有的原则和底线，守住人类灵魂生长的净土。

我有幸到了蔡塘学校这个平台，虽然开始时举步维艰，但是，在这个学校里，我和我的伙伴们努力寻找一种适合的教育，努力保持教育的平和淡定，本着追寻理想教育的梦想，用教育的情怀办有情怀的教育，一点一滴积攒着我们创造优质教育的经验，一砖一瓦地建设我们自己的理想校园，一直坚守着自己心中的教育梦想。

在蔡塘学校里，你会看到老师和学生在食堂同桌吃饭；你会看到课余时间老师对有困难的学生悉心指导；你会看到路上的老师和同学总是欢快交谈;你会看到操场上经常有老师学生一起跑步一起运动……我一直坚守育人要放在第一位,学习、生活在学校中,每个人都要体验到成长的喜悦,每个人都在成长为立体的、现代的、丰富的、独立的、真正的人。在这个学校里,遇见更多的是善良、坚持、温暖。一所好学校,首先要有人性的温暖,师生在润泽中成长,这就是我期望的教育慢生活,一种温润的教育生态。

这些年,学校里有不少老师向我讲述了课堂上发生的事,讲教学之难和教学之美,我从他们的讲述中感受到炽热的职业激情,也更清楚地认识到,教师遵循规律,恪守常识,是职业素养。这种对职业精神的坚持是我敬重的品质。

我尊敬那些安静地工作的老师,他们静心教学,静心读书,静心思考;他们不愿被社会风气绑架,没有被庸俗的名利观玷污职业荣誉;他们乐于在"普通学校"当"普通教师",过普通的生活,在平凡的工作中提升职业品质。一名教师,即使能力有限,作用有限,如果能保持独立思考,对现状有清醒的认识,就能在工作岗位上发挥作用。

教育是一种追寻:既是追寻他人的生命生长之道,也是追寻自我生命价值的实现之路。真正的教育者,既是追问者,也是寻路者,更是寻道者,其核心是对"什么是对的教育"的念念不忘和孜孜以求。

我期望,我们的教育能成为学生生命历程中的一段美好时光,会被学生视为一件高贵的礼物而倍加珍视。

我期望,我们的教育在成就学生的同时,也书写我们自己的生命传奇,从而获得一个更加完美的人生。

本书的教育观点是蔡塘人集体的结晶,感谢李滟芬、戴智钦、雷凌志、吴藤云、方少琴、侯根琼、姚秋芳、江丽芳、郑菲、林碧美、林红淼、黄亚妮、黄伟国、陈秋珍、陈倩倩、黄志娟、陈泳娣、陈雅妍、谢宝华、曾毅敏、郑娜、吴艺娜等老师为我提供了他们宝贵的教育故事和教育感悟。谨以此书感谢一路陪伴着蔡塘学校成长的伙伴们,怀念那些在艰难环境下砥砺前行的日日夜夜,我所有的思考,所有的收获,所有的成长,都离不开伙伴们的滋养、激励、触发。谨以此书纪念因故已经离我们而去的早期的创业伙伴龙延年老师,她为蔡塘学校的德育奠定了坚实的基础,为我们的德育理念培育出雏形。

感谢在蔡塘学校学习生活过的每一位学生,在陪伴他们成长的同时,他们的纯真质朴、努力生长也感染着我,净化着我的灵魂,鞭策着我去做一个纯粹的教育者。

感谢福建师范大学余文森教授及其专家团队,十余年来坚持不懈地对蔡塘学校进行理论指导,在他们的帮助下,蔡塘学校从蹒跚学步逐渐走向沉稳成熟,并昂首阔步走出自己的特色之路。

感谢湖里区这片教育热土,使我成为一个教育者;感谢每一个关心爱护和支持过蔡塘学校的领导和社会贤达人士,每一个人对我来说都很重要,是你们成全和成就了"蔡塘传奇"。

本书能出版,要特别感谢福建教育学院的于文安教授,我的写作完全随性而为,从未想过要结集出书,我很犹豫,担心这些零思碎想没有多大价值,是于文安教授极力鼓励和督促我出书。在他的不断鼓励下,我终于将文章整理出来。可以说,这本书,文章是我的,但催生书的人是于文安教授。

本书出版时,我已离开了我眷恋的那个校园,这里培养和成就了我的教育主张,祝愿在蔡塘学校里学习的外来务工人员随迁子女能够幸福快乐健康地成长,我将带着那份对教育的美好和纯粹的追求走向新的征程。

陈文斌

2020 年 12 月